NOVO CORAÇÃO DE SABEDORIA

Outros livros de Geshe Kelsang Gyatso

Contemplações Significativas
Clara-Luz de Êxtase
Compaixão Universal
Caminho Alegre da Boa Fortuna
Guia à Terra Dakini
O Voto do Bodhisattva
Joia-Coração
Grande Tesouro de Mérito
Introdução ao Budismo
Entender a Mente
Solos e Caminhos Tântricos
Oceano de Néctar
Essência do Vajrayana
Viver Significativamente, Morrer com Alegria
Oito Passos para a Felicidade
Transforme sua Vida
Novo Manual de Meditação
Como Solucionar Nossos Problemas Humanos
Mahamudra Tantra
Budismo Moderno

O lucro recebido pela Editora Tharpa com
a venda deste livro será doado ao
Fundo Projeto Internacional de Templos da NTK-UBKI,
de acordo com as diretrizes que constam
em *O Manual do Dinheiro*
[Reg. Charity number 1015054 (England)]
Uma instituição beneficente budista,
construindo pela Paz Mundial.
www.kadampa.org/temples.htm

GESHE KELSANG GYATSO

Novo Coração de Sabedoria

ENSINAMENTOS PROFUNDOS VINDOS DO CORAÇÃO DE BUDA

THARPA BRASIL
São Paulo, SP, Brasil

Primeira edição em língua inglesa em 1986 como *Heart of Wisdom.*
Publicado em língua inglesa em 2012, com revisões substanciais feitas pelo autor, como *The New Heart of Wisdom.*

Primeira edição em língua portuguesa em 2000 como *Coração de Sabedoria* e primeira reimpressão em 2005.
Primeira edição em língua portuguesa como *Novo Coração de Sabedoria*, a partir da edição em língua inglesa de 2012.

Título original:
The New Heart of Wisdom: Profound Teachings from Buddha's Heart

Tradução do original autorizada pelo autor.

Tradução, Revisão e Diagramação Tharpa Brasil

Dados Internacionais de Catalogação na Publicação (CIP)
(Câmara Brasileira do Livro, SP, Brasil)

Kelsang Gyatso, Geshe, 1932-
Novo coração de sabedoria: ensinamentos profundos vindos do coração de Buda: Geshe Kelsang Gyatso;
Título original: The new heart of wisdom: profound teachings from Buddha's heart.
Tradução: Tharpa Brasil - 1. ed. - São Paulo : Tharpa Brasil, Centro de Meditação Kadampa Mahabodhi, 2013.
336p.
Il.
ISBN 978-85-85928-74-2
1. Budismo 2. Carma 3. Meditação I. Título.
05-9278 CDD-294.3

Índices para catálogo sistemático:
1. Budismo: Religião 294.3

Todo o lucro recebido pela Editora Tharpa
com a venda deste livro será doado ao
Projeto Internacional de Templos da NKT-IKBU
parte da Nova Tradição Kadampa (*New Kadampa Tradition*).
[Reg.Charity number 1015054 (England)]
Uma entidade beneficente budista, construindo pela Paz Mundial.
www.kadampa.org/en/temples

2013

EDITORA THARPA BRASIL
Rua Fradique Coutinho, 701
05416-011 São Paulo SP Brasil
Fone: 11 3812 7509 / Fax: 11 3815 0358
www.tharpa.com.br

FSC
www.fsc.org
MISTO
Papel produzido a partir de fontes responsáveis
FSC® C106952

Sumário

Ilustrações

Agradecimentos

Este livro fundamenta-se em um comentário oral ao *Sutra Essência da Sabedoria* (o *Sutra Coração*), dado pelo autor, Venerável Geshe Kelsang Gyatso, no *Manjushri Kadampa Meditation Centre*, Inglaterra. Esse comentário foi publicado, originalmente, com o título *Coração de Sabedoria*, e, em 2011, foi substancialmente revisto pelo autor, com o título *Novo Coração de Sabedoria*.

Do fundo do nosso coração, agradecemos ao autor por sua grande bondade em preparar esta explicação completa e fiel ao *Sutra Coração*. Com este comentário inspirado, semelhante a uma uma chave – ou guia –, o leitor pode descobrir todos os aspectos vastos e profundos do sentido desse Sutra budista essencial. Sem a profunda compreensão do autor sobre o tema e sua compassiva determinação de compartilhá-la, este livro não poderia ser produzido.

Dirigimos, também, nosso apreço a todos os dedicados alunos sêniores do autor que o auxiliaram com a tradução e edição e aos que prepararam o manuscrito final para publicação.

Kelsang Dornyi,
Diretor Administrativo,
Manjushri Kadampa
Meditation Centre,
Outubro de 2011.

Nota do Tradutor

As palavras de origem sânscrita e tibetana, como *Bodhichitta*, *Bodhisattva*, *Dharma*, *Geshe*, *Sangha* etc., foram grafadas como aparecem na edição original deste livro, em língua inglesa, em respeito ao trabalho de transliteração previamente realizado e por evocarem a pureza das línguas originais das quais procedem.

Em alguns casos, contudo, optou-se por aportuguesar as palavras já assimiladas à língua portuguesa (Buda, Budeidade, budismo, carma) em vez de escrevê-las de acordo com a sua transliteração (*Buddha*, *karma*).

As palavras estrangeiras foram grafadas em itálico somente na primeira vez que aparecem no texto.

Nas páginas 88, 192 e 237, a palavra inglesa "*perversity*" foi traduzida por *perversidade*, e não "maldade". O emprego dessa palavra pode causar algum estranhamento devido ao peso moral negativo que carrega por ser utilizada, correntemente, para designar ações de grande crueldade ou contrárias à moral. Neste livro, porém, ela é empregada em seu sentido etimológico, a partir de consulta feita à *Tharpa Publications UK*. Em sua origem latina, o núcleo dessa palavra tem os sentidos de "voltar, virar, desvirar etc.", a partir do qual forma-se a palavra latina *perverto*, que possui o sentido de "colocar às avessas, mudar, alterar, corromper, desordenar etc.". Assim, a palavra *perversidade* está sendo empregada com o sentido mais amplo de *percepção distorcida*, *às avessas* ou *alterada* da realidade.

Nas páginas 220 e 222–223, a palavra inglesa "*grasping*" foi traduzida como "avidez", e não como "agarramento", por dois motivos: (1) pelo contexto do ensinamento no qual a palavra é definida e utilizada, e (2) para se diferenciar do conceito "agarramento ao em-si" ("*self-grasping*" em inglês), a raiz de todas as delusões. Por essa razão, o nono elo da Roda da Vida passa a ser denominado "avidez dependente-relacionada".

Buda Shakyamuni

Introdução

Sinto-me muito afortunado por ter a oportunidade de dar este comentário ao *Sutra Essência da Sabedoria*, ou *Sutra Coração*. De modo semelhante, todos os que têm a oportunidade de estudar o significado desse Sutra, que é a essência dos ensinamentos de Buda, são também extremamente afortunados. Devido à profunda natureza desse Sutra, é possível que algumas pessoas encontrem dificuldade em compreender certas partes deste comentário. Tentarei explicá-las o mais claro possível, no limite de minha habilidade, mas, porque esse Sutra revela a visão e a intenção últimas de Buda, devemos estar preparados para nos deparar com algumas dificuldades. Por favor, não fiquem desencorajados: por meio de estudo paciente e com esforço, obteremos uma clara compreensão do Sutra por inteiro. Nossa compreensão irá aumentar na mesma proporção do crescimento de nossa familiaridade com esses ensinamentos.

Os ensinamentos de Buda são, todos, ensinamentos de Sutra (os ensinamentos comuns) ou ensinamentos de Tantra (os ensinamentos incomuns); não há uma única escritura de Buda que não seja um desses dois ensinamentos. Os ensinamentos de Sutra são divididos em dois tipos: os Sutras Hinayana e os Sutras Mahayana. Dentre eles, o *Sutra Essência da Sabedoria* pertence à categoria dos Sutras Mahayana. O conjunto dos Sutras Mahayana contém muitos tipos diferentes de ensinamentos, mas o mais precioso e supremo são os *Sutras Perfeição de Sabedoria* (*Prajnaparamitasutra*, em sânscrito). A intenção última de Buda é conduzir todos e cada um dos seres vivos à felicidade suprema da iluminação, por meio de mostrar a eles o caminho mahayana. Para esse propósito, ele ensinou os *Sutras Perfeição de Sabedoria*.

Existem diversos *Sutras Perfeição de Sabedoria*, de extensões variadas. O *Sutra Perfeição de Sabedoria em Cem Mil Versos* é o mais extenso – a tradução tibetana consta de doze volumes. Há, também, um Sutra de extensão média (com 25 mil versos, em três volumes) e um Sutra de extensão curta (com oito mil versos, em um único volume). Além disso, há um Sutra ainda mais curto, em oito capítulos e em versos, conhecido como *Sutra Perfeição de Sabedoria Condensado*. Os *Sutras Perfeição de Sabedoria* explicam todas as etapas dos caminhos da sabedoria e do método. "Sabedoria" refere-se à realização que liberta nossa natureza búdica das obstruções, e "método" refere-se à realização que amadurece nossa natureza búdica. Em particular, Buda revelou, nesses Sutras, sua visão e intenção últimas e, por essa razão, dentre os Sutras, os *Sutras Perfeição de Sabedoria* são considerados como supremos.

O *Sutra Essência da Sabedoria* é ainda mais curto que os demais *Sutras Perfeição de Sabedoria*, mas contém, explícita ou implicitamente, o significado completo dos Sutras mais longos. Por conter a essência dos ensinamentos da perfeição de sabedoria, ele é conhecido como *Sutra Essência da Sabedoria*. Por meio do estudo e da prática desse Sutra, podemos obter uma compreensão perfeita da natureza última de todos os fenômenos, superar impedimentos e dificuldades em nossa vida diária e, por fim, superar os obstáculos que impedem nosso pleno despertar, de modo que alcancemos, assim, o estado iluminado de um Buda. Somos, de fato, afortunados por termos encontrado esses ensinamentos essenciais de Buda.

O conteúdo desses ensinamentos é o treino na perfeição de sabedoria. Sabedoria é uma mente inteligente virtuosa que atua dissipando a escuridão interior da ignorância. Com sabedoria, podemos compreender como as coisas realmente são. Normalmente, não compreendemos a natureza real das coisas; nem compreendemos que o sofrimento vem de ações não virtuosas e que a felicidade vem de ações virtuosas. Tudo isso é ignorância. Devido a essa falta de compreensão, mesmo que não queiramos sofrer, criamos nosso próprio sofrimento ao executar ações não virtuosas. E, embora queiramos ser felizes o tempo todo, destruímos nossa própria felicidade ao desenvolver raiva, visões negativas e intenções errôneas. Devemos saber que essa é a nossa situação normal.

Todo o nosso sofrimento e problemas vêm da nossa ignorância, e, devido à ignorância, temos experienciado sofrimento e problemas vida após vida, desde tempos sem início até esta vida. Agora é a hora de abandonar de modo permanente a ignorância, enquanto temos a preciosa oportunidade de ouvir com atenção e de praticar o *Budadharma*. O único método para abandonar nossa ignorância e conquistar a felicidade suprema da iluminação é alcançando a realização da perfeição de sabedoria, em geral, e a realização da perfeição de sabedoria superior, em especial.

A perfeição de sabedoria é uma sabedoria associada com a mente de compaixão por todos os seres vivos. Essa sabedoria nos capacita a obter a vitória sobre os *maras* – os demônios obstrutores exteriores e interiores – e a nos tornar um ser plenamente iluminado como Buda Shakyamuni. Que maravilhoso!

Comentário ao *Sutra Coração*

PARTE UM:
Explicação do Significado Direto do Sutra

Grande Mãe Prajnaparamita

Título e Homenagem

A EXPLICAÇÃO DO significado direto do Sutra é apresentada a partir dos seguintes três principais tópicos:

1. O significado do título;
2. A homenagem dos tradutores;
3. Explicação do corpo principal do Sutra.

O SIGNIFICADO DO TÍTULO

Essência da perfeição de sabedoria, a Mãe Abençoada

Essa é a tradução do título do Sutra para o português. No texto tibetano, o título é apresentado primeiro em sânscrito e, depois, em tibetano, como segue:

Sânscrito: ***Bhagavatiprajnaparamitahrdaya***
Tibetano: ***Chom den de ma she rab kyi pa rol tu jin pai nying po***

A essência da perfeição de sabedoria é uma sabedoria que realiza diretamente a vacuidade, associada com a mente compassiva da *bodhichitta*. Com essa sabedoria, podemos acumular, com uma mesma concentração, uma grande coleção de mérito e uma grande coleção de sabedoria, as principais causas do Corpo-Forma e do Corpo-Verdade de um Buda, respectivamente. Essa sabedoria nos conduzirá à conquista da plena iluminação muito rapidamente. Ela é chamada "a Mãe Abençoada" porque todos os Budas das dez direções nasceram dessa sabedoria. Em resumo, a essência da perfeição de sabedoria propriamente dita, a Mãe Abençoada, é a sabedoria que realiza diretamente a vacuidade, associada com a mente compassiva da bodhichitta. Ela é conhecida como "bodhichitta última".

Porque o Sutra nos ensina como realizar essa sabedoria, ele é chamado de *a essência da perfeição de sabedoria, a Mãe Abençoada*, indicando que podemos realizar a essência da perfeição de sabedoria, a Mãe Abençoada, por meio do estudo e da prática desse Sutra. Isso é semelhante ao texto *Sabedoria Fundamental*, de Nagarjuna, que é chamado de *Caminho do Meio* (*Uma*, em tibetano): embora o caminho do meio propriamente dito seja a vacuidade, esse texto é chamado de *Caminho do Meio* porque nos ensina como treinar na vacuidade.

Como foi mencionado anteriormente, em geral, sabedoria é uma mente inteligente virtuosa que atua dissipando a escuridão interior da ignorância. Com sabedoria, podemos compreender objetos profundos, como, por exemplo, de que modo as coisas realmente existem, os fenômenos dependente-relacionados sutis, e o carma – a relação entre as ações de nossas vidas anteriores e as experiências de nossa vida presente e entre as ações de nossa vida presente e as experiências de nossas vidas futuras. Esse conhecimento nos dá a libertação permanente do sofrimento e torna nossa vida humana significativa.

Muitas pessoas são muito inteligentes em alcançar aquisições mundanas. Essa inteligência não é sabedoria porque aquisições mundanas – como posição social elevada, reputação, riqueza e sucesso nos negócios – são enganosas. Se morrermos amanhã, elas desaparecerão amanhã e nada restará para o nosso futuro. A sabedoria, no entanto, nunca nos decepcionará. Ela é nosso Guia Espiritual interior, que nos conduz ao caminho correto. Ela é o olho divino através do qual podemos ver o que devemos conhecer, o que devemos abandonar, o que devemos praticar e o que devemos alcançar. Devemos saber que, devido à ausência de sabedoria, desperdiçamos, sem sentido algum, nossas incontáveis vidas anteriores. Quando renascemos como um ser humano neste mundo, não trouxemos nada conosco das nossas vidas anteriores, exceto sofrimento e delusões. Devido a sua compaixão, Buda deu ensinamentos sobre a perfeição de sabedoria para libertar todos os seres vivos do sofrimento. De todas as sabedorias, a perfeição de sabedoria da bodhichitta última é a suprema. Podemos realizar essa sabedoria por meio de estudo e prática sinceros deste Sutra.

A HOMENAGEM DOS TRADUTORES

Homenagem à perfeição de sabedoria, a Mãe Abençoada.

Neste contexto, a perfeição de sabedoria, a Mãe Abençoada, refere-se ao ser iluminado feminino Grande Mãe Prajnaparamita, a manifestação da perfeição de sabedoria de todos os Budas das dez direções. Quando este Sutra foi traduzido do sânscrito para o tibetano, os tradutores fizeram uma prece especial à Grande Mãe Prajnaparamita para pacificar obstáculos e difundir os ensinamentos deste Sutra precioso. Devemos nos regozijar profundamente nos excelentes feitos desses tradutores e reconhecer sua grande bondade por nós. Sem seus esforços em traduzir este Sutra, tanto os tibetanos quanto os ocidentais não teriam base para ouvir este Sutra precioso, menos ainda para estudá-lo e praticá-lo. Quão bondosos esses tradutores são para nós! Talvez eles sejam emanações do próprio Buda. É nossa responsabilidade retribuir a bondade deles, estudando e praticando sinceramente este *Dharma* sagrado e precioso, para que possamos satisfazer tanto os nossos próprios desejos quanto os desejos dos outros.

O Contexto e a Pergunta de Shariputra

EXPLICAÇÃO DO CORPO PRINCIPAL DO SUTRA

Esta explicação é dada a partir dos seguintes três principais tópicos:

1. Explicação comum do contexto do Sutra;
2. Explicação incomum do contexto do Sutra;
3. Explicação do Sutra propriamente dito.

EXPLICAÇÃO COMUM DO CONTEXTO DO SUTRA

Assim eu escutei. Naquela época, O Abençoado vivia em Rajagriha, na Montanha do Bando de Abutres, juntamente com uma grande assembleia de monges e monjas, e uma grande assembleia de Bodhisattvas.

Essa parte da explicação do contexto do Sutra é chamada "a explicação comum" porque trata de aspectos do contexto que são facilmente compreendidos e que foram conhecidos em comum por todos os que estavam presentes.

"Assim eu escutei" indica que essa parte do texto foi pronunciada explicitamente por Ananda, que foi um discípulo próximo de Buda. Após a morte de Buda, foi principalmente Ananda quem coletou as palavras de Buda e transmitiu seus ensinamentos aos demais. Embora a explicação do contexto não tenha sido proferida por Buda, essas palavras são, não obstante, consideradas como a palavra de Buda, porque o próprio Buda abençoou o *continuum* mental de Ananda e deu a ele permissão para dizê-las.

No início dos Sutras mais extensos, é uma prática usual apresentar o contexto do Sutra em detalhes. Neste caso, o contexto está muito abreviado; mas, apesar disso, contém os seguintes quatro pontos:

1. O orador do Sutra;
2. A época em que o Sutra foi transmitido;
3. O lugar em que o Sutra foi transmitido;
4. Para quem o Sutra foi proferido.

O ORADOR DO SUTRA

"O Abençoado", aqui, refere-se a Buda Shakyamuni. Foi ele quem, efetivamente, transmitiu esse Sutra, como será explicado adiante.

É muito inspirador contemplar a história da vida de Buda e seus excelentes feitos. Em geral, "Buda" significa "O Desperto", alguém que despertou do sono da ignorância e vê as coisas como elas realmente são. Um Buda é uma pessoa que é completamente livre de todas as falhas e obstruções mentais. Há muitas pessoas que se tornaram Budas no passado, e todos os seres vivos irão se tornar Budas no futuro.

O Buda que é o fundador da religião budista é chamado Buda Shakyamuni. "Shakya" é o nome da família real na qual ele nasceu e "Muni" significa "O Capaz". Buda Shakyamuni nasceu como um príncipe em 624 a.C., num lugar chamado Lumbini, que hoje faz parte do Nepal. O nome de sua mãe era rainha Mayadevi e o nome de seu pai era rei Shuddhodana.

Uma noite, a rainha Mayadevi sonhou que um elefante branco descia do paraíso e entrava em seu útero. O elefante branco entrando em seu útero indicava que, naquela mesma noite, ela havia concebido uma criança que era um ser puro e poderoso. O elefante descendo do paraíso indicava que a criança vinha do paraíso de Tushita, a Terra Pura de Buda Maitreya. Mais tarde, quando a criança nasceu, a rainha, ao invés de experienciar dor, teve uma visão pura e especial na qual se encontrava em pé, apoiando-se no galho de uma árvore com sua mão direita, enquanto os deuses Brahma e Indra tiravam de modo indolor a criança de seu flanco. Eles, então, honraram o menino oferecendo-lhe abluções rituais.

Quando o rei viu a criança, sentiu como se todos os seus desejos tivessem sido satisfeitos, e chamou o jovem príncipe de "Siddhartha". Ele convidou um brâmane vidente para fazer predições sobre o futuro do príncipe. O vidente examinou a criança com sua clarividência e disse ao rei: "Há sinais de que esse menino possa se tornar tanto um rei *chakravatin* – um legislador de todo o mundo – como um Buda plenamente iluminado. No entanto, uma vez que a época dos reis chakravatin agora é passado, com toda a certeza ele irá se tornar um Buda e sua influência benéfica irá permear um bilhão de mundos, como os raios de um sol".

À medida que o jovem príncipe crescia, ele dominava todas as artes tradicionais e ciências, sem precisar de qualquer instrução. Ele conhecia sessenta e quatro línguas diferentes, cada uma com seu próprio alfabeto, e também era muito habilidoso em matemática. Certa vez, ele disse ao seu pai que poderia contar todos os átomos do mundo durante o intervalo de uma simples respiração. Embora não precisasse estudar, ele o fazia para agradar seu pai e para beneficiar os outros. A pedido de seu pai, ingressou em uma escola onde, além de estudar vários temas acadêmicos, ele se tornou hábil nos esportes, como as artes marciais e a arte do arco e flecha. O príncipe aproveitava cada oportunidade para transmitir intenções espirituais e para incentivar os outros a seguirem caminhos espirituais. Certa vez, quando participava de um torneio de arco e flecha, declarou: "Com o arco da concentração meditativa, irei disparar a flecha da sabedoria e matarei o tigre da ignorância em todos os seres vivos". Então, ele lançou a flecha e ela voou diretamente através

Avalokiteshvara

de cinco tigres de ferro e sete árvores, antes de desaparecer na terra! Por testemunharem demonstrações como essa, milhares de pessoas desenvolveram fé no príncipe.

Algumas vezes, príncipe Siddhartha ia à capital do reino de seu pai para ver como o povo vivia. Durante essas visitas, entrou em contato com muitas pessoas idosas e doentes e, numa ocasião, viu um cadáver. Esses encontros deixaram uma profunda impressão em sua mente e o levaram a compreender que todos os seres vivos, sem exceção, têm de experienciar os sofrimentos do nascimento, da doença, do envelhecimento e da morte. Porque compreendia as leis do renascimento, ele também realizou que todos os seres vivos experienciam esses sofrimentos não apenas uma vez, mas muitas e muitas vezes, vida após vida, sem cessar. Analisando de que modo todos os seres vivos estão presos nesse ciclo vicioso de sofrimento, sentiu profunda compaixão por eles e desenvolveu o desejo sincero de libertar todos os seres vivos de seus sofrimentos. Compreendendo que somente um Buda plenamente iluminado tem a sabedoria e o poder para ajudar todos os seres vivos desse modo, o príncipe Siddhartha decidiu deixar o palácio e retirar-se para a solidão da floresta, a fim de se empenhar em profunda meditação até conquistar a iluminação.

Quando o povo do reino Shakya percebeu que o príncipe pretendia deixar o palácio, pediram ao rei que lhe arranjasse um casamento, na esperança de que isso o fizesse mudar de opinião. O rei concordou e, rapidamente, encontrou para seu filho uma noiva adequada, Yasodhara, a filha de uma respeitada família Shakya. O príncipe Siddhartha, no entanto, não tinha apego pelos prazeres mundanos porque havia compreendido que os objetos de apego são como flores venenosas que, inicialmente, aparecem ser atraentes, mas que, por fim, fazem surgir grande dor. Sua decisão de deixar o palácio e conquistar a iluminação permaneceu inabalada, mas, para satisfazer os desejos do pai e trazer benefício temporário ao povo Shakya, ele concordou em casar com Yasodhara. Entretanto, ainda que permanecesse no palácio como um príncipe, ele devotava todo seu tempo e energia para servir ao povo Shakya de todas as maneiras que pudesse.

Quando tinha 29 anos de idade, o príncipe teve uma visão na qual todos os Budas das dez direções apareceram a ele e falaram em uníssono, dizendo: "Anteriormente, decidiste te tornar um Buda Conquistador, para que assim pudesses ajudar todos os seres vivos presos no ciclo de sofrimento. Agora é o momento para realizares isso". O príncipe dirigiu-se imediatamente a seus pais e disse-lhes a sua intenção: "Desejo retirar-me a um lugar pacífico na floresta, onde eu possa me empenhar em profunda meditação e conquistar, rapidamente, a plena iluminação. Uma vez que eu tenha conquistado a iluminação, serei capaz de retribuir a bondade de todos os seres vivos e, especialmente, a grande bondade que vocês têm me demonstrado. Portanto, solicito vossa permissão para deixar o palácio". Quando seus pais ouviram isso, ficaram chocados, e o rei recusou-se a conceder sua permissão. Príncipe Siddhartha disse a seu pai: "Pai, se puderes dar-me liberdade permanente dos sofrimentos do nascimento, da doença, do envelhecimento e da morte, ficarei no palácio; porém, se não podes, devo ir e tornar minha vida humana significativa".

O rei tentou todos os expedientes para impedir que seu filho deixasse o palácio. Na esperança de que o príncipe pudesse mudar de opinião, ele o cercou de um séquito de lindas mulheres, dançarinas, cantoras e musicistas que, dia e noite, utilizavam-se de seus encantos para agradá-lo. Caso o príncipe pudesse tentar uma fuga secreta, o rei postou dois guardas ao redor das muralhas do palácio. No entanto, a determinação do príncipe em deixar o palácio e ingressar numa vida de meditação não podia ser abalada. Uma noite, ele usou seus poderes miraculosos para lançar os guardas e criados num sono profundo, enquanto escapava do palácio com a ajuda de um assistente de confiança. Depois de terem viajado cerca de dez quilômetros, o príncipe desmontou de seu cavalo e disse adeus ao seu assistente. Então, o príncipe cortou seu cabelo e lançou-o ao céu, onde foi apanhado pelos deuses da Terra dos Trinta e Três Paraísos. Então, um dos deuses ofereceu ao príncipe as vestes de cor açafrão de um religioso mendicante. O príncipe aceitou-as e, em troca, deu ao deus suas vestimentas reais. Desse modo, ordenou-se monge a si mesmo.

Siddhartha, então, dirigiu-se a um local próximo a Bodh Gaya, na Índia, onde encontrou um lugar adequado para meditação. Ele permaneceu ali, enfatizando uma meditação denominada "concentração semelhante-ao-espaço no *Dharmakaya*", na qual se concentrou de modo estritamente focado na natureza última de todos os fenômenos. Após treinar nessa meditação por seis anos, ele percebeu que estava muito próximo de conquistar a plena iluminação e, por essa razão, caminhou até Bodh Gaya, onde, no décimo quinto dia do quarto mês, sentou-se em postura de meditação sob a Árvore Bodhi e fez o voto de não sair da meditação até que tivesse conquistado a perfeita iluminação. Com essa determinação, ele entrou na concentração semelhante-ao-espaço no Dharmakaya.

Ao anoitecer, Mara Devaputra, o chefe de todos os demônios - ou maras - deste mundo, tentou interromper a concentração de Siddhartha, conjurando muitas aparições assustadoras. Ele manifestou hostes de demônios apavorantes - alguns arremessando lanças, outros atirando flechas, outros tentando queimá-lo com fogo, e outros lançando blocos de pedra e até mesmo montanhas sobre ele. No entanto, Siddhartha permanecia completamente sereno. Devido ao poder de sua concentração, as armas, rochas e montanhas apareciam a ele como flores perfumadas, e o violento incêndio transformou-se em oferendas de arco-íris.

Vendo que Siddhartha era incapaz de ficar amedrontado a ponto de abandonar sua meditação, Mara Devaputra tentou, então, distraí-lo manifestando incontáveis lindas mulheres, mas Siddhartha reagiu desenvolvendo concentração ainda mais profunda. Desse modo, ele conquistou todos os demônios deste mundo, razão pela qual se tornou conhecido, posteriormente, como um "Buda Conquistador".

Siddhartha continuou com sua meditação até o amanhecer, quando, então, alcançou a "concentração semelhante-a-um-*vajra*". Com essa concentração, que é a última mente de um ser limitado, ele removeu os últimos véus da ignorância de sua mente e, no momento seguinte, tornou-se um Buda, um ser plenamente iluminado.

Não há nada que Buda não conheça. Por ter despertado do sono da ignorância e removido todas as obstruções de sua mente, Buda conhece tudo do passado, do presente e do futuro, direta e simultaneamente. Além disso, Buda tem grande compaixão, que é completamente imparcial e inclui todos os seres vivos, sem discriminação. Buda beneficia todos os seres vivos sem exceção, emanando diversas formas por todo o universo e concedendo bênçãos sobre suas mentes. Ocasionalmente, por receberem as bênçãos de Buda, todos os seres – incluindo o mais inferior dos animais – desenvolvem estados mentais virtuosos e pacíficos. Por fim, ao encontrar uma emanação de Buda na forma de um Guia Espiritual, todos terão a oportunidade de ingressar no caminho à libertação e à iluminação. Como o grande erudito budista indiano Nagarjuna disse, não há ninguém que não tenha recebido o auxílio de Buda.

Quarenta e nove dias após Buda ter conquistado a iluminação, os deuses Brahma e Indra pediram a ele que ensinasse, dizendo:

> Ó Buda, Tesouro de Compaixão,
> Os seres vivos são como cegos, em constante perigo de caírem em reinos inferiores.
> Além de ti, não há outro Protetor neste mundo.
> Por essa razão, rogamos a ti, por favor, sai do equilíbrio meditativo e gira a Roda do Dharma.

Como resultado desse pedido, Buda saiu de sua meditação e ensinou a primeira Roda do Dharma. Esses ensinamentos, que incluem o *Sutra das Quatro Nobres Verdades* e outros discursos, são a principal fonte do Budismo Hinayana, ou Veículo Menor. Posteriormente, Buda ensinou a segunda e a terceira Rodas do Dharma, que incluem os *Sutras Perfeição de Sabedoria* e o *Sutra Discriminando a Intenção*, respectivamente. Esses ensinamentos são a fonte do Budismo Mahayana, ou Grande Veículo. Nos ensinamentos *hinayana*, Buda explica como alguém pode conquistar a libertação do sofrimento para si mesmo apenas. Nos ensinamentos *mahayana*, ele explica como conquistar a plena iluminação, ou

Budeidade, para o benefício dos outros. Ambas as tradições floresceram na Ásia: primeiro na Índia e então, gradualmente, nos países vizinhos, incluindo o Tibete. Agora, esses ensinamentos também começam a florescer em países por todo o mundo.

A razão pela qual os ensinamentos de Buda são chamados de "Roda do Dharma" é a seguinte. Diz-se que, em tempos antigos, havia grandes reis, conhecidos como "reis chakravatin", que governavam o mundo inteiro. Esses reis tinham muitas posses especiais, incluindo uma preciosa roda na qual podiam viajar ao redor do mundo. Aonde quer que essa preciosa roda fosse, o rei podia controlar essa região. Diz-se que os ensinamentos de Buda são como uma preciosa roda porque, por onde quer que eles se propaguem, as pessoas dessa região têm a oportunidade de controlarem suas delusões, ou aflições mentais, colocando esses ensinamentos em prática.

"Dharma" significa "proteção". Ao praticar os ensinamentos de Buda, protegemo-nos de sofrimentos e problemas. Todos os problemas que experienciamos durante a vida diária originam-se da ignorância, e o método para eliminar a ignorância é praticar o Dharma.

A prática do Dharma é o método supremo para aperfeiçoar a qualidade de nossa vida humana. A qualidade de vida não depende de desenvolvimento exterior ou de progresso material, mas do desenvolvimento interior de paz e felicidade. Por exemplo, no passado, muitos budistas viviam em países pobres e subdesenvolvidos, mas eram capazes de encontrar felicidade pura e duradoura por meio de praticar o que Buda havia ensinado.

Se integrarmos os ensinamentos de Buda em nossa vida diária, seremos capazes de solucionar todos os nossos problemas interiores e de alcançar verdadeira paz mental. Sem paz interior, a paz exterior é impossível. Se primeiro estabelecermos paz em nossas mentes por meio de treinar caminhos espirituais, a paz exterior virá naturalmente; mas, se não o fizermos, a paz mundial nunca será conquistada, não importa quantas pessoas se esforcem para isso.

A ÉPOCA EM QUE O SUTRA FOI TRANSMITIDO

"Naquela época" refere-se ao período após Buda ter viajado de Vaishali a Rajagriha, tendo demonstrado seus vastos poderes miraculosos. Portanto, Buda tinha aproximadamente cinquenta e sete anos de idade quando transmitiu esse Sutra.

O LUGAR EM QUE O SUTRA FOI TRANSMITIDO

"Vivia em Rajagriha, na Montanha do Bando de Abutres". Esse Sutra, assim como os *Sutras Perfeição de Sabedoria* mais longos, foram transmitidos enquanto Buda Shakyamuni permanecia próximo a Rajagriha, atual província de Bihar, na Índia, bastante próxima de Bodh Gaya. A localização precisa do discurso era a montanha conhecida como "Montanha do Bando de Abutres" (*Gridhrakutaparvata* em sânscrito).

Quando Buda estava expondo os *Sutras Perfeição de Sabedoria*, muitos *Bodhisattvas* de diversos mundos vieram para ouvir, manifestando-se na forma de abutres. Aos olhos das pessoas comuns, isso aparecia como se a montanha estivesse coberta por um vasto bando de abutres e, como resultado, a montanha tornou-se conhecida como "Montanha do Bando de Abutres". Essa é uma das diversas interpretações da origem desse nome.

PARA QUEM O SUTRA FOI PROFERIDO

"Juntamente com uma grande assembleia de monges e monjas, e uma grande assembleia de Bodhisattvas": já que Buda estava dando discursos mahayana durante sua permanência na Montanha do Bando de Abutres, seu círculo de seguidores incluía não somente um grande número de monges – como Shariputra e Subhuti – e de monjas, como também um grande número de Bodhisattvas, como Avalokiteshvara e Maitreya. Um grande número de deuses, semideuses, *nagas* e espíritos também estavam presentes.

EXPLICAÇÃO INCOMUM DO CONTEXTO DO SUTRA

Naquela ocasião, O Abençoado estava absorto na concentração dos incontáveis aspectos dos fenômenos, chamada "Profunda Iluminação".

Nessa mesma ocasião, o Superior Avalokiteshvara, o Bodhisattva, o Grande Ser, observava perfeitamente a prática da profunda perfeição de sabedoria, observando também perfeitamente que os cinco agregados são vazios de existência inerente.

Essa parte da explicação do contexto do Sutra é chamada de "explicação incomum" porque explica aspectos das circunstâncias do Sutra que não eram conhecidas, em geral, por todos que estavam presentes.

Na época do Sutra, durante a permanência na Montanha do Bando de Abutres, Buda estava absorto num estado de concentração meditativa na realização direta da união das duas verdades – a união da vacuidade e iluminação profundas, a mera aparência dos incontáveis aspectos de todos os fenômenos. Essa é uma qualidade suprema incomum de Buda.

Essa concentração meditativa é também denominada "Profunda Iluminação" porque, enquanto a mente de Buda estava estritamente focada nesse profundo objeto, a união das duas verdades, seu corpo irradiava uma vasta quantidade de luz brilhante, preenchendo todo o mundo. A luz purificou o ambiente e as mentes dos seres vivos e fez com que as sementes dos caminhos à libertação e à plena iluminação amadurecessem em suas mentes. Apenas os seres com mentes suficientemente puras foram capazes de perceber que Buda estava empenhado nessas ações e emanando luz desse modo. Esse é o motivo pelo qual essa parte do contexto é incluída na explicação incomum.

Havia outra razão pela qual Buda irradiava luz desse modo. Quando discursos profundos como os *Sutras Perfeição de Sabedoria* estavam sendo proferidos, uma vasta hoste de deuses do reino do desejo e do reino da forma também veio para ouvir. Esses deuses têm corpos que irradiam luz e, de seu ponto de vista, os humanos

Manjushri

são atrofiados, mal cheirosos e repulsivos. Por essas razões, quando esses seres celestiais chegaram à Montanha do Bando de Abutres, suas mentes estavam repletas de arrogância e orgulho. Possuir um orgulho como esse é um grande obstáculo para receber os benefícios de ensinamentos espirituais e, por isso, para esvaziar o orgulho deles, Buda irradiou uma luz brilhante de seu próprio corpo. Seu corpo brilhou mais que os corpos dos deuses, assim como o sol brilha mais que a luz dos vaga-lumes. Por meio dessa manifestação, os deuses ficaram humildes e suas mentes tornaram-se receptivas aos ensinamentos de Buda.

Enquanto Buda estava absorto em concentração, Avalokiteshvara estava meditando na profunda visão da vacuidade. O texto afirma especificamente que Avalokiteshvara estava observando como os cinco agregados – forma, sensação, discriminação, fatores de composição e consciência – são vazios de existência inerente, mas a presença da palavra "também" implica que Avalokiteshvara tinha observado, também, a vacuidade do *self*, ou pessoa. O sentido de "vazio de existência inerente" será explicado no próximo capítulo.

As qualidades especiais de Avalokiteshvara estão indicadas pelas referências a ele como "o Superior Avalokiteshvara, o Bodhisattva, o Grande Ser". Ele recebeu o título de "Superior" porque havia realizado diretamente a vacuidade e, por isso, era um ser superior. Avalokiteshvara é, também, um Bodhisattva, uma pessoa que está espontaneamente motivada pela mente de bodhichitta. Alguém que tenha desenvolvido essa motivação ingressou, por meio dela, no Caminho Mahayana. A bodhichitta tem duas aspirações principais: o desejo de beneficiar e trazer felicidade para todos os seres vivos sem exceção, e o desejo de conquistar o estado de Budeidade para estar mais capacitado a realizar a primeira aspiração. Um Bodhisattva é, portanto, alguém que está motivado principalmente por esses dois desejos. Avalokiteshvara é merecedor de ser chamado de "Grande Ser" porque, sendo um Bodhisattva, trabalha com grande coragem e energia somente para o benefício e bem-estar dos outros.

Embora tenha assumido a forma de um discípulo Bodhisattva de Buda Shakyamuni, Avalokiteshvara já tinha conquistado a plena iluminação há muitos éons. Isso também é verdadeiro para Manjushri, Vajrapani, Samantabhadra, Maitreya e os demais principais discípulos mahayana de Buda Shakyamuni. Embora eles próprios fossem, em essência, Budas, demonstraram a conduta correta de ser um discípulo bodhisattva e ajudaram a difundir os ensinamentos de Buda Shakyamuni para beneficiar extensivamente os outros.

EXPLICAÇÃO DO SUTRA PROPRIAMENTE DITO

A parte do texto considerada até agora, desde o contexto até o discurso propriamente dito, é omitida em algumas das versões mais curtas do Sutra. A parte restante do texto contém o Sutra propriamente dito e é explicada em quatro partes:

1. A pergunta de Shariputra;
2. As respostas de Avalokiteshvara;
3. A aprovação das respostas por Buda;
4. Os seguidores ficam felizes e adotam com sinceridade os ensinamentos.

A PERGUNTA DE SHARIPUTRA

Então, pelo poder de Buda, o Venerável Shariputra disse ao Superior Avalokiteshvara, o Bodhisattva, o Grande Ser: "Como deve treinar um Filho da linhagem que deseja se empenhar na prática da profunda perfeição de sabedoria?".

Essa parte do Sutra consiste na pergunta de Shariputra dirigida a Avalokiteshvara. Enquanto Buda estava absorto na concentração meditativa chamada "Profunda Iluminação", ele abençoou as mentes de Shariputra e de Avalokiteshvara, de modo que Shariputra ficou inspirado a formular sua pergunta e Avalokiteshvara ficou inspirado a dar suas respostas. Portanto, já que ambos os discípulos falaram pelo poder e inspiração de Buda, o Sutra inteiro é corretamente considerado como sendo a palavra de Buda.

Se algo é a palavra de Buda, isso não significa, necessariamente, que foi comunicado por sua boca. Buda ensinou esse Sutra por seu coração, e não por sua boca. Por exemplo, em alguns Sutras, Buda deu ensinamentos pela protuberância de sua coroa e, em um Sutra, até mesmo o vento movendo os galhos de uma árvore fez surgir, pelo poder de Buda, as palavras de Dharma. Tais Sutras, assim como este, são a palavra autêntica de Buda porque surgiram pelo poder e inspiração de Buda.

Shariputra foi um dos principais discípulos de Buda Shakyamuni, e tinha com ele uma conexão muito especial que vinha de vidas anteriores. Do ponto de vista das aparências comuns, ele era um Ouvinte Destruidor de Inimigos, da linhagem hinayana. Um "Destruidor de Inimigos" é alguém que destruiu o inimigo interior das delusões.

Na pergunta de Shariputra, "Filho da linhagem" refere-se a alguém que ingressou na linhagem mahayana. Uma pessoa ingressa na linhagem mahayana ao desenvolver a mente de compaixão por todos os seres vivos; portanto, Shariputra está se referindo a alguém que cultivou essa compaixão. Embora Shariputra refira-se somente a "Filho da linhagem" nessa pergunta, "Filha da linhagem" está também subentendida e mencionada explicitamente na resposta dada por Avalokiteshvara. De fato, alguns textos também contêm a palavra "Filha" nesse ponto.

Aqui, as palavras "na prática da profunda perfeição de sabedoria" revelam que o treino na perfeição de sabedoria e vacuidade é muito profundo. É a verdadeira essência dos ensinamentos de Buda. Treinar nessa sabedoria e vacuidade conduzirá, por fim, todos os seres vivos à felicidade suprema da plena iluminação. Como mencionado anteriormente, a perfeição de sabedoria é uma sabedoria que realiza a vacuidade, o modo como as coisas realmente são, associada à mente compassiva da bodhichitta.

Portanto, o sentido da pergunta de Shariputra é: "Como devem treinar esses seres que, ao desenvolver compaixão por todos os seres vivos, ingressaram na linhagem mahayana e desejam se empenhar na profunda prática da perfeição de sabedoria e vacuidade?".

Vajrapani

Os Caminhos da Acumulação e da Preparação (1)

AS RESPOSTAS DE AVALOKITESHVARA

As respostas de Avalokiteshvara à pergunta de Shariputra explicam como treinar a perfeição de sabedoria em relação aos Cinco Caminhos Mahayana. Portanto, neste ponto, será muito útil contemplar o significado de "caminhos", em geral, e dos Cinco Caminhos Mahayana, em particular.

Todos nós estamos familiarizados com caminhos exteriores. Eles nos conduzem de um lugar exterior a outro e podemos compreendê-los facilmente consultando mapas e assim por diante. Os caminhos interiores, por outro lado, são tipos de mente e muito mais difíceis de serem compreendidos. Embora os caminhos interiores sejam mentes, ou ações mentais, são chamados "caminhos" porque nos conduzem a experienciar felicidade, sofrimento ou sensações neutras. Os tipos de mente que nos conduzem a renascer no *samsara* são caminhos mundanos. Alguns desses caminhos são não virtuosos, conduzindo ao renascimento nos três reinos inferiores (os reinos animal, dos fantasmas famintos e do inferno) e outros são virtuosos, conduzindo ao renascimento nos três reinos superiores (os reinos humano, dos semideuses e dos deuses). O samsara é tomar um corpo e mente contaminados em qualquer um desses seis reinos, vida após vida.

Devemos saber que dentre os três tipos de ação – ações de corpo, fala e mente – as ações mentais são as mais importantes. O motivo é que as ações físicas e verbais dependem de motivação, que é uma ação mental. Quando nossa mente toma a determinação de fazer algo, essa determinação é uma ação da mente e é chamada "carma". Se essa determinação for virtuosa, ou positiva, ela será uma ação virtuosa (ou carma virtuoso), que nos conduzirá a estados de felicidade. Se a determinação for não virtuosa, ou negativa, ela será uma ação não virtuosa, que nos conduzirá a estados de sofrimento.

Todas as meditações são ações mentais virtuosas. Quando estamos meditando, estamos fazendo uma ação mental virtuosa. Quando estamos com raiva e tomamos a determinação de prejudicar os outros, estamos fazendo uma ação mental não virtuosa. Ações mentais são muito mais poderosas que as ações de corpo ou de fala. Elas são chamadas "caminhos interiores" porque nos conduzem a experienciar felicidade, sofrimento ou sensações neutras no futuro.

As ações mentais que conduzem à libertação permanente do samsara, como as meditações motivadas por renúncia, são caminhos supramundanos. Eles podem ser divididos em caminhos hinayana, que conduzem à libertação pessoal, e caminhos mahayana, que conduzem à plena iluminação da Budeidade. Os caminhos hinayana são os cinco caminhos do Conquistador Solitário e os cinco caminhos do Ouvinte. De modo semelhante, há cinco caminhos mahayana – os Caminhos Mahayana da Acumulação, Preparação, Visão, Meditação e do Não-Mais-Aprender. Esses cinco caminhos mahayana são mentes que conduzem progressivamente à conquista da plena iluminação – o quinto caminho mahayana sendo a própria mente de plena iluminação. A maneira de ingressar nos caminhos mahayana e de progredir de caminho em caminho dá-se do seguinte modo.

No momento em que desenvolvemos o supremo bom coração da bodhichitta, ingressamos no caminho mahayana e no caminho do Bodhisattva, e nos tornamos um Bodhisattva do caminho da acumulação. Um Bodhisattva é uma pessoa que busca sinceramente a conquista da iluminação, motivado pela compaixão por todos os seres vivos. A bodhichitta é o desejo espontâneo de alcançar a iluminação para beneficiar todos e cada um dos seres vivos.

A própria bodhichitta inicial e todas as demais realizações associadas com a bodhichitta inicial são denominadas "o caminho mahayana da acumulação" porque, nessa etapa, o Bodhisattva enfatiza a acumulação de uma grande coleção de sabedoria por treinar na concentração do tranquilo-permanecer que observa a vacuidade. Quando, por fazer isso, o Bodhisattva experiencia, pelo poder da concentração do tranquilo-permanecer, uma sabedoria especial denominada "visão superior" que realiza a vacuidade de todos os fenômenos muito claramente, ele (ou ela) avança do caminho da acumulação para o caminho da preparação e se torna um Bodhisattva do caminho da preparação.

Essa realização inicial da visão superior que observa a vacuidade, alcançada pelo Bodhisattva, e todas as demais realizações associadas a essa visão superior inicial são denominadas "o caminho mahayana da preparação" porque, nessa etapa, o Bodhisattva enfatiza a preparação para realizar diretamente a vacuidade de todos os fenômenos por meditar continuamente na vacuidade com a união entre o tranquilo-permanecer e a visão superior.

Por meio dessa prática, quando sua sabedoria da visão superior realiza diretamente a vacuidade de todos os fenômenos, o Bodhisattva avança do caminho da preparação para o caminho da visão e torna-se um Bodhisattva do caminho da visão. Essa realização direta inicial da vacuidade e todas as demais realizações associadas com essa realização direta inicial da vacuidade, obtida pelo Bodhisattva, são denominadas "o caminho mahayana da visão" por ser o primeiro momento em que o Bodhisattva vê diretamente a vacuidade, o modo como as coisas realmente são. Nessa etapa, ele, ou ela, se torna um Bodhisattva superior e não mais experiencia qualquer dor física ou mental. Mesmo que seu corpo seja cortado pedaço por pedaço com uma faca, o Bodhisattva não sentirá dor porque ele realiza diretamente que não existe corpo que não seja vacuidade.

Tendo conquistado o caminho mahayana da visão, o Bodhisattva continua a se empenhar na meditação sobre a vacuidade para alcançar diretamente a destinação final, o estado da plena iluminação. Quando ele, ou ela, avança do caminho da visão para o caminho da meditação, ele se torna um Bodhisattva do caminho da meditação. A realização desse Bodhisattva é denominada "o caminho da meditação" porque indica que a realização dessa meditação é a última "estação" a partir da qual ele alcançará diretamente a destinação final da iluminação.

Por progredir continuamente no caminho mahayana da meditação, o Bodhisattva irá experienciar a realização avançada denominada "concentração semelhante-a-um-vajra", que tem o poder de remover de sua mente a aparência equivocada sutil de todos os fenômenos. No momento seguinte, sua aparência equivocada sutil de todos os fenômenos cessará permanentemente e ele irá se tornar um Buda iluminado. Uma exposição clara sobre a aparência equivocada sutil pode ser encontrada no livro *Budismo Moderno*.

A iluminação propriamente dita é a mente de sabedoria onisciente de Buda, que é livre da aparência equivocada sutil de todos os fenômenos e tem o poder de conceder paz mental para todos e cada um dos seres vivos. Ela é também chamada "o Caminho Mahayana do Não-Mais-Aprender".

A explicação de Avalokiteshvara sobre como treinar a perfeição de sabedoria em relação aos Cinco Caminhos Mahayana tem seis partes:

1. Breve explicação sobre como treinar a perfeição de sabedoria nos caminhos da acumulação e da preparação;
2. Explicação extensa sobre como treinar a perfeição de sabedoria nos caminhos da acumulação e da preparação;
3. Explicação sobre como treinar a perfeição de sabedoria no caminho da visão;
4. Explicação sobre como treinar a perfeição de sabedoria no caminho da meditação;
5. Explicação sobre como alcançar o Caminho do Não-Mais-Aprender;
6. Conclusão.

BREVE EXPLICAÇÃO SOBRE COMO TREINAR A PERFEIÇÃO DE SABEDORIA NOS CAMINHOS DA ACUMULAÇÃO E DA PREPARAÇÃO

Assim ele falou, e o Superior Avalokiteshvara, o Bodhisattva, o Grande Ser, respondeu ao Venerável Shariputra como segue:

"Shariputra, qualquer Filho, ou Filha, da linhagem que deseja se empenhar na prática da profunda perfeição de sabedoria deve observar perfeitamente desse modo: observar subsequentemente, de maneira perfeita e correta, que os cinco agregados também são vazios de existência inerente".

A resposta de Avalokiteshvara contém, direta e indiretamente, o seguinte conselho. Os praticantes, tanto homens quanto mulheres, que tenham ingressado na linhagem mahayana e desejam treinar a profunda prática da perfeição de sabedoria devem, primeiro, observar – ou compreender – com um conhecedor válido subsequente que seu próprio eu, ou self, é vazio – ou carece – de existência inerente. Então, eles devem observar, ou compreender, que seus cinco agregados também são vazios de existência inerente. Tendo compreendido isso, os praticantes motivados pela compaixão por todos os seres vivos devem meditar na ausência do em-si de pessoa, a mera ausência de seu próprio eu – ou self – existindo inerentemente, e também meditar na ausência do em-si de fenômenos, a mera ausência de seus cinco agregados existindo inerentemente. Desse modo, tais praticantes devem treinar, perfeita e corretamente, a perfeição de sabedoria.

Somente Bodhisattvas no caminho da acumulação ou no caminho da preparação realizam a vacuidade com um conhecedor válido subsequente. Os Bodhisattvas no caminho da visão e no caminho da meditação não necessitam depender de um conhecedor válido subsequente para compreender a vacuidade, porque eles realizam a vacuidade com um conhecedor válido direto. A partir

Maitreya

disso, podemos compreender que essa parte do Sutra explica como treinar a perfeição de sabedoria e vacuidade em relação aos caminhos mahayana da acumulação e da preparação.

Aqui, a palavra "subsequentemente" tem grande significado. Ela indica que a mente com a qual primeiro devemos compreender a vacuidade seja um conhecedor válido subsequente. Um conhecedor válido é uma mente que realiza seu objeto de modo não enganoso. Uma mente como essa nunca irá nos enganar com respeito ao objeto que ela examina. Existem dois tipos de conhecedor válido: conhecedores válidos subsequentes e conhecedores válidos diretos. Eles são distinguidos pelo fato de que um conhecedor válido subsequente depende de um sinal, ou razão, para conhecer seu objeto, enquanto um conhecedor válido direto conhece seu objeto diretamente, sem a necessidade de depender de uma razão.

Temos uma grande quantidade de experiências com os conhecedores válidos diretos, pois essa categoria de mente inclui todas as consciências sensoriais válidas. Por exemplo, a consciência visual que determina corretamente este livro é um conhecedor válido direto pois ela discrimina diretamente o livro sem depender de raciocínios. Os conhecedores válidos subsequentes são menos habituais, mas pertencem a um modo importante de compreensão. Podemos considerar o seguinte exemplo. Quando vemos fumaça surgindo da chaminé de uma casa, podemos desenvolver a certeza absoluta de que há (ou houve) fogo aceso na casa. Não podemos ver o fogo diretamente, mas, usando a presença da fumaça como sinal, ou razão, sabemos sem nenhuma dúvida que há (ou houve) fogo ali. Por essa razão, a presença da fumaça é um sinal correto que indica a existência de fogo, e a mente que realiza a existência de fogo na dependência desse sinal é um conhecedor válido subsequente. Algumas vezes, também, podemos saber que uma pessoa está infeliz ao vê-la chorando. Embora não possamos ver diretamente o estado mental dessa pessoa, desenvolvemos um conhecedor válido subsequente que, ao utilizar o comportamento exterior como sinal, sabe que ela está infeliz. Na medida em que um conhecedor válido subsequente depende de uma razão, precisamos, primeiro, desenvolver uma realização da razão. Em seguida, podemos gerar um conhecedor válido subsequente. Ele é chamado "conhecedor válido subsequente" porque realiza seu objeto após a compreensão de uma razão válida.

Nem todas as mentes são conhecedores válidos, porque nem todas as mentes conhecem seu objeto de modo não enganoso. Por exemplo, ao anoitecer, o toco de uma árvore pode aparecer, para a nossa consciência visual, como uma pessoa, mas essa mente não é uma mente válida e nos engana. Uma criança também pode desenvolver o pensamento de que certas frutas são boas para comer porque são pretas e lustrosas. Esse pensamento é parecido com um conhecedor subsequente, mas não é uma mente válida porque a razão utilizada não é correta. A mente resultante é enganosa e pode, até mesmo, levar à morte da criança.

Se desejamos obter um conhecimento sem falhas sobre um fenômeno, precisamos conhecer tal fenômeno com um conhecedor válido. Existem muitos fenômenos que podemos conhecer imediatamente por meio de conhecedores válidos diretos, simplesmente olhando para eles, ouvindo-os, cheirando-os e assim por diante. Tais objetos são chamados "objetos manifestos". Outros fenômenos, como as crenças, ideias e as mentes de fé e intenção das outras pessoas, são objetos ocultos para nós. Neste momento, não podemos obter um conhecimento direto desses fenômenos, mas, apesar disso, podemos conhecê-los corretamente com conhecedores válidos subsequentes, na dependência de sinais ou razões.

Do mesmo modo, a vacuidade é um objeto oculto e, inicialmente, não pode ser realizada diretamente. Primeiro, precisamos obter uma compreensão correta das razões que indicam a vacuidade e então, subsequentemente, por meio de contemplar essas razões, podemos obter uma realização válida subsequente da vacuidade. Alguns livros utilizam as palavras "conhecedor válido inferente" em vez de "conhecedor válido subsequente", mas o significado é o mesmo.

Conhecedores válidos subsequentes que realizam a vacuidade são parte da sabedoria e podem ser de três tipos: sabedoria que surge de ouvir, sabedoria que surge de contemplar e sabedoria que surge de meditar. O primeiro deles, a sabedoria que surge de ouvir, é um conhecedor válido subsequente que realiza a vacuidade e surge principalmente na dependência de razões que são explicadas pelos outros. Se tivermos marcas muito fortes que vêm de vidas passadas, é possível realizar a vacuidade sem receber instruções dos outros nesta vida, mas, em geral, todos nós precisamos ouvir ou ler ensinamentos sobre a vacuidade antes que possamos obter uma realização dela. Portanto, para a maioria das pessoas, a mente que primeiro realiza a vacuidade é a sabedoria que surge de ouvir. Após ter realizado a vacuidade desse modo, se continuarmos a contemplar e meditar, poderemos obter uma realização mais poderosa da vacuidade, na dependência de razões estabelecidas por meio de nossa própria contemplação. Essa é a sabedoria surgida de contemplar. Tendo desenvolvido essa sabedoria, se continuarmos a meditar na vacuidade obteremos uma experiência válida especial da vacuidade pelo poder da meditação. Essa compreensão especial é a sabedoria surgida de meditar. Embora todas essas três sabedorias realizem o mesmo objeto – a vacuidade –, há uma diferença de seu poder e em como elas surgem. A sabedoria surgida de meditar é mais poderosa que a sabedoria surgida de contemplar, que, por sua vez, é mais poderosa que a sabedoria surgida de ouvir.

Os Bodhisattvas no caminho da acumulação aperfeiçoam sua realização da vacuidade principalmente na dependência da sabedoria surgida de ouvir e da sabedoria surgida de contemplar. Os Bodhisattvas nesse caminho já alcançaram o tranquilo-permanecer (uma concentração estritamente focada muito maleável) já que, sem o tranquilo-permanecer, não é possível realizar a mente perfeita não fabricada da bodhichitta, a porta de ingresso aos caminhos mahayana. Com sua concentração do tranquilo-permanecer, eles meditam na vacuidade. Os Bodhisattvas no caminho da acumulação são capazes de gerar as sabedorias surgidas de ouvir e de contemplar, mas não são capazes de gerar a sabedoria surgida de meditar que observa a vacuidade. Essa última sabedoria é a mente da visão superior que observa a vacuidade, e que não pertence aos Bodhisattvas no caminho da acumulação.

A visão superior que observa a vacuidade desenvolve-se a partir da experiência de meditar sobre a vacuidade com o tranquilo-permanecer. Ela é obtida quando o meditador alcança uma maleabilidade especial induzida por sabedoria. A mente da visão superior pode investigar a vacuidade enquanto permanece, ao mesmo tempo, em concentração estritamente focada na vacuidade. Assim como um pequeno peixe pode nadar em um lago plácido sem perturbar a superfície da água, a mente da visão superior pode investigar a vacuidade sem perturbar a concentração do tranquilo-permanecer na vacuidade.

No instante em que o Bodhisattva obtém a visão superior que observa a vacuidade, ele (ou ela) alcança, nesse exato momento, o caminho mahayana da preparação e, desse modo, a visão superior que observa a vacuidade pertence a um Bodhisattva no caminho da preparação, mas não a um Bodhisattva no caminho da acumulação. Tendo alcançado o caminho da preparação, os Bodhisattvas continuam a aprimorar sua prática da perfeição de sabedoria na dependência da visão superior que observa a vacuidade – sendo esta a sabedoria surgida da meditação que observa a vacuidade. Assim, embora ambos os Bodhisattvas nos caminhos da acumulação e da preparação realizem a vacuidade por meio de conhecedores válidos subsequentes, existem diferenças no tipo de sabedoria que observa a vacuidade nesses dois caminhos.

Em resumo, essa parte da resposta de Avalokiteshvara explica que, se somos um praticante mahayana que deseja desenvolver a perfeição de sabedoria, devemos meditar na vacuidade de pessoa e dos cinco agregados. Enquanto estamos no caminho da acumulação, devemos aprimorar nossa compreensão da vacuidade apoiando-nos, principalmente, nas sabedorias surgidas de ouvir e de contemplar. Fortalecendo nossa experiência da vacuidade, desenvolveremos a visão superior que observa a vacuidade e avançaremos ao caminho da preparação. Nesse caminho, devemos continuar meditando na vacuidade apoiando-nos na sabedoria surgida de meditar.

Quando começamos a meditar na vacuidade do nosso self ou de quaisquer dos nossos cinco agregados – nosso corpo, sensação, discriminação, fatores de composição e consciência – com a motivação de bodhichitta, estamos treinando a perfeição de sabedoria.

EXPLICAÇÃO EXTENSA SOBRE COMO TREINAR A PERFEIÇÃO DE SABEDORIA NOS CAMINHOS DA ACUMULAÇÃO E DA PREPARAÇÃO

Nas partes anteriores do Sutra, Avalokiteshvara deu uma breve explicação sobre como praticar a perfeição de sabedoria durante os caminhos mahayana da acumulação e da preparação. A próxima parte de sua resposta explica essa prática com mais detalhes, e é examinada conforme os seguintes dois tópicos:

1. Explicação das quatro profundidades do agregado forma;
2. Explicação das quatro profundidades dos agregados sensação e assim por diante.

EXPLICAÇÃO DAS QUATRO PROFUNDIDADES DO AGREGADO FORMA

Em geral, existem quatro profundidades:

1. A profundidade do último;
2. A profundidade do convencional;
3. A profundidade das duas verdades como sendo a mesma entidade;
4. A profundidade das duas verdades como sendo nominalmente distintas.

Avalokiteshvara apresenta, primeiro, as quatro profundidades do agregado forma. Essa parte de sua resposta é, portanto, examinada conforme os seguintes quatro tópicos:

1. Explicação da profundidade do último do agregado forma;
2. Explicação da profundidade do convencional do agregado forma;
3. Explicação da profundidade da união das duas verdades do agregado forma;
4. Explicação da profundidade da distinção nominal das duas verdades do agregado forma.

EXPLICAÇÃO DA PROFUNDIDADE DO ÚLTIMO DO AGREGADO FORMA

Forma é vazia

A profundidade do último do agregado forma é a vacuidade da forma, o que significa que forma é vazia de existência inerente. A vacuidade da forma é a natureza última da forma e, por ser um tópico muito profundo, é chamada "a profundidade do último do agregado forma".

Primeiro, devemos identificar o que são os cinco agregados. Como foi mencionado anteriormente, os cinco agregados são: forma, sensação, discriminação, fatores de composição e consciência. São chamados "agregados" porque cada um deles é uma composição de muitos elementos.

Forma inclui todos os objetos das cinco consciências sensoriais – tudo o que os nossos olhos podem ver, nossos ouvidos podem ouvir, nosso nariz pode cheirar, nossa língua pode saborear e nosso corpo pode sentir ou tocar. Todos os objetos físicos densos, como montanhas, mesas e livros, assim como todas as cores e formas, sons, cheiros, sabores e objetos táteis estão, portanto, incluídos no agregado forma. O agregado forma de uma pessoa é o corpo da pessoa.

Sensação é a parte da consciência que atua experienciando felicidade, infelicidade ou indiferença. Ela é um fator mental que acompanha todos os tipos de consciência. Quando uma mente primária entra em contato com seu objeto, a sensação atua experienciando o objeto como agradável, desagradável ou neutro.

Portanto, existem três tipos de sensação: sensações agradáveis, sensações desagradáveis e sensações neutras.

Discriminação é a parte da consciência que atua reconhecendo os sinais particulares ou as características de um objeto. Com a discriminação, podemos distinguir um objeto do outro, o certo do errado e assim por diante. Sem a sensação e a discriminação, nossa mente seria incapaz de funcionar e seríamos incapazes de fazer qualquer coisa.

Os fatores de composição abrangem dois tipos de fenômeno: fatores mentais e fenômenos compostos não associados. No total, existem cinquenta e um fatores mentais, e todos eles – exceto a sensação e a discriminação – estão incluídos no agregado fatores de composição. Esse agregado inclui os demais fatores mentais sempre-acompanhantes – atenção, intenção e contato; fatores mentais virtuosos, como fé e esforço; fatores mentais que são delusões, ou aflições mentais, como raiva e inveja; e outros tipos de fatores mentais, como contínua-lembrança e arrependimento. Os fenômenos compostos não associados são todos os fenômenos impermanentes que não são forma nem mente, como: pessoas, vida, tempo e potencialidades. Pessoas estão incluídas nessa categoria porque são impermanentes e, embora uma pessoa tenha uma mente e uma forma, o fenômeno pessoa, ele próprio, não é mente nem forma. O agregado fatores de composição de uma pessoa inclui todos os fatores de composição dentro do continuum de uma pessoa.

Consciência é uma mente primária que atua conhecendo o aspecto geral de um objeto. O agregado consciência inclui as seis mentes primárias, a saber: consciência visual, consciência auditiva, consciência olfativa, consciência gustativa, consciência tátil e consciência mental.

Devemos saber que os nossos próprios cinco agregados são os nossos próprios corpo, sensações, discriminações, fatores de composição e consciência, e que eles são as bases de imputação para o nosso self. Ao perceber qualquer um desses cinco agregados desenvolvemos, devido à ignorância, o pensamento "eu" ou "mim". Porém, em verdade, nenhum desses cinco agregados é o nosso self.

Samantabhadra

Neste Sutra, o agregado forma é tomado como a primeira base para demonstrar a vacuidade. No *Sutra Perfeição de Sabedoria em Cem Mil Versos*, no qual cento e oito objetos de conhecimento – desde a forma até a onisciência – são tomados como bases para demonstrar a vacuidade, a forma também é tomada como a primeira base. Uma vez que tenhamos realizado a vacuidade utilizando uma base, como a forma, não será difícil demonstrar a vacuidade dos demais fenômenos.

A vacuidade é interpretada de modo um pouco diferente nas várias escolas budistas. A apresentação dada aqui está de acordo com a doutrina, ou sistema de princípios filosóficos, *Madhyamika-Prasangika*, que é a visão suprema de Buda conforme exposta nos *Sutras Perfeição de Sabedoria*. Buda ensinou diferentes sistemas filosóficos de acordo com as diversas necessidades e capacidades de seus seguidores, mas sua intenção era conduzir todos os seres vivos, por fim, à visão final da escola Madhyamika-Prasangika. Não existe visão mais elevada do que essa.

De acordo com a escola Madhyamika-Prasangika, a vacuidade é a mera ausência de existência inerente. Assim, quando Avalokiteshvara diz que forma "é vazia", ele quer dizer que a forma, como nosso corpo, é vazia de existência inerente, ou que a forma não existe inerentemente. Para compreender o sentido disso, é necessário compreender o significado de existência inerente. Precisamos compreender quais seriam as características de um objeto caso ele existisse inerentemente.

Se algo fosse inerentemente existente, ele teria uma existência em si próprio, independente de outros fenômenos. De acordo com a escola Madhyamika-Prasangika, se um objeto fosse inerentemente existente, ele também seria verdadeiramente existente e teria de existir a partir de seu próprio lado. Um objeto seria verdadeiramente existente se ele existisse verdadeiramente do modo como aparece e se pudesse ser encontrado por investigação. Algo existiria de seu próprio lado se sua existência fosse estabelecida a partir do próprio lado do objeto, sem depender de uma consciência apreendedora.

Se somos seres comuns, todos os objetos nos aparecem como existindo inerentemente. Os objetos parecem ser independentes de nossa mente e independentes dos outros fenômenos. O universo aparece como se fosse constituído de objetos separados, que têm uma existência do seu próprio lado. Esses objetos aparecem existindo em si mesmos como estrelas, planetas, montanhas, pessoas e assim por diante, "esperando" para serem experienciados por seres conscientes. Normalmente, não nos ocorre que estejamos, de algum modo, envolvidos na existência desses fenômenos. Ao invés disso, cada objeto aparece tendo uma existência completamente independente de nós e de todos os demais objetos.

Com as palavras "forma é vazia", Avalokiteshvara está dizendo que, embora os objetos que estão incluídos no agregado forma apareçam como existindo inerentemente, na verdade, eles carecem totalmente de existência inerente. O modo como esses objetos realmente existem é bastante diferente do modo como eles aparecem existir.

A questão sobre os objetos existirem inerentemente ou não é extremamente importante, porque todos os nossos sofrimentos e insatisfação podem ser rastreados até o nosso aferramento à existência inerente de nós mesmos e dos demais fenômenos. É necessário realizar que todos os fenômenos carecem de existência inerente a fim de obtermos libertação do sofrimento e conquistarmos a plena iluminação.

Como foi explicado anteriormente, até que alcancemos o caminho da visão precisamos nos apoiar em raciocínios lógicos para realizar a vacuidade. Este Sutra não explica, de modo explícito, os raciocínios que provam a vacuidade da forma, mas muitos raciocínios são dados nos *Sutras Perfeição de Sabedoria* mais extensos. Esses raciocínios poder ser reproduzidos e utilizados aqui. As explicações sobre a vacuidade dadas no *Sutra Perfeição de Sabedoria em Cem Mil Versos* estão condensadas nos dois *Sutras Perfeição de Sabedoria* mais curtos – um deles contendo 25 mil versos e o outro, oito mil versos – e também no *Sutra Perfeição de Sabedoria Condensado*. Embora as explicações nos Sutras mais curtos estejam condensadas, todos os raciocínios essenciais apresentados no Sutra extenso estão mantidos.

No *Sutra Perfeição de Sabedoria Condensado*, Buda diz que a forma e os demais agregados são vazios de existência inerente porque, assim como a profundidade do oceano não pode ser medida ao atirar uma flecha, se investigarmos os agregados com sabedoria, não poderemos encontrá-los. É evidente que, se atirássemos uma flecha no oceano, não poderíamos descobrir sua profundidade desse modo. De maneira semelhante, se investigarmos os agregados utilizando sabedoria aguçada, não encontraremos nada que possamos apontar e dizer "isso é o agregado forma", e assim por diante. Se não ficarmos contentes em aceitar o mero nome "agregados", mas, em vez disso, tentarmos descobrir os agregados eles próprios, seremos incapazes de encontrá-los. O fato dos agregados não poderem ser encontrados quando investigados com sabedoria é uma razão utilizada por Buda para demonstrar que os agregados carecem de existência inerente.

Nossa incapacidade de encontrar a forma a partir de investigação analítica pode, portanto, ser usada para provar que a forma é vazia. Podemos tomar nosso corpo como um exemplo do agregado forma para ilustrar como o raciocínio pode ser aplicado. Se somos seres comuns, temos, no momento presente, a percepção de nosso corpo como sendo inerentemente existente. Nosso corpo parece ser uma entidade única, independente do restante do universo, e parece não depender de nenhum processo conceitual para sua existência – ele aparece para nós como sendo um objeto sólido, separado, existindo por seu próprio poder. Ao perceber nosso corpo desse modo, nós o apreciamos e reagimos de acordo com o frio, fome, carinhos e assim por diante.

Se nosso corpo realmente fosse inerentemente existente como ele aparece ser, esperaríamos ser capazes de encontrá-lo a partir de investigação. Isso seria o esperado, porque nosso corpo existiria por seu próprio poder, independente dos demais fenômenos e, portanto, poderíamos remover, física e mentalmente, todos os objetos que não são o nosso corpo e, ainda assim, nosso corpo permaneceria existindo por ele mesmo. Por essa razão, se tivéssemos um corpo inerentemente existente, seríamos capazes de apontar nosso corpo sem apontar qualquer outro fenômeno que não fosse nosso corpo.

Podemos verificar se podemos ou não encontrar nosso corpo desse modo. Se desejarmos apontar nosso corpo, para o que apontaríamos? Podemos apontar o centro do nosso corpo – a região do peito – ou podemos apontar a nossa cabeça, braço, perna e assim por diante. Se, quando apontamos nosso peito, estivermos apontando nosso corpo, segue-se que nosso peito deve ser o nosso corpo. Se isso for assim, então nossa cabeça deve ser igualmente nosso corpo, nosso braço deve ser nosso corpo, e assim por diante. Fica claro que esses objetos são partes do nosso corpo, mas eles não são nosso corpo ele próprio. Se eles o fossem, seguir-se-ia que teríamos muitos corpos, já que existem muitas partes do corpo. Isso, obviamente, não tem sentido. Alternativamente, já que temos somente um corpo, se as partes do nosso corpo são o nosso corpo ele próprio, segue-se que as partes do nosso corpo são um único objeto. Isso também é sem sentido. Devemos concluir que, quando apontamos para uma parte do nosso corpo, como o nosso peito, estamos apontando para um fenômeno que não é o nosso corpo ele próprio. Portanto, podemos estar seguros de que, a partir de investigação, não podemos encontrar nosso corpo entre suas partes individuais.

Ao continuar a procura por nosso corpo, podemos pensar que a coleção das várias partes do nosso corpo é o nosso corpo. Podemos sentir que, ao apontar para a coleção do nosso peito, cabeça, braços e assim por diante, tenhamos encontrado nosso corpo. Precisamos investigar cuidadosamente essa possibilidade. Já provamos que cada parte individual do nosso corpo não é o nosso corpo. A coleção das partes do nosso corpo é, portanto, uma coleção de objetos que não são um corpo. Podemos dizer que é uma coleção de "não-corpos". É impossível para uma mera coleção de não-corpos ser um corpo, assim como é impossível para uma coleção de não-ovelhas (bodes, por exemplo) ser uma ovelha. Já que a coleção de ovelhas são ovelhas e a coleção de livros são livros, segue-se que a coleção de não-corpos são não-corpos e é impossível que seja um corpo. Portanto, podemos concluir que a coleção das partes do nosso corpo são as partes do nosso corpo, mas não são o nosso corpo ele próprio.

Existe um outro modo de saber que a coleção das partes do nosso corpo não é o nosso corpo. Se pudermos apontar para a coleção das partes do nosso corpo e dizer que isso é, em si mesmo, nosso corpo, então a coleção das partes do nosso corpo precisa existir independentemente de todos os fenômenos que não são nosso corpo. Assim, seguir-se-ia que a coleção das partes do nosso corpo existiria independentemente das próprias partes. Isso é, claramente, um absurdo. Se isso fosse verdadeiro, poderíamos remover todas as partes do nosso corpo e a coleção das partes permaneceria. Podemos concluir, mais uma vez, que a coleção das partes do nosso corpo não pode ser identificada como sendo o nosso corpo ele próprio.

Até agora, fomos incapazes de encontrar nosso corpo entre as partes individuais do nosso corpo ou na coleção das partes do nosso corpo. O único lugar que restou para procurar o nosso corpo é separado, completamente, das partes do nosso corpo. Se o nosso corpo existisse desse modo, poderíamos remover todas as partes do nosso corpo e o nosso corpo ainda assim permaneceria. É evidente que esse não é o caso. Devemos concluir que não podemos encontrar nada separado das partes do nosso corpo que possamos apontar como sendo nosso corpo.

Acabamos de considerar todos os lugares possíveis onde pudéssemos encontrar nosso corpo e falhamos em localizá-lo. Se nosso corpo realmente existisse inerentemente, do modo como ele aparece, seríamos capazes de encontrá-lo isolando-o de todos os demais fenômenos. Já que não conseguimos ser bem-sucedidos ao fazer isso, devemos chegar à firme conclusão de que o nosso corpo que normalmente vemos não existe de modo algum.

A menos que investiguemos desse modo, naturalmente sustentamos a visão de que temos um corpo que possui sua própria existência independente. Sentimos que podemos ver e apontar para esse corpo autoexistente. Entretanto, em verdade, sempre que vemos ou apontamos para o nosso corpo, estamos vendo ou apontando as partes do nosso corpo, que não são o nosso corpo. Devemos investigar esse ponto cuidadosamente. Quando dizemos que vemos nosso corpo, o que de fato vemos? Vemos somente as partes do nosso corpo – nossos braços, pernas e assim por diante. Quando olhamos para o nosso corpo, não existe nada que vejamos que não seja uma parte do nosso corpo e, se algo é uma parte do nosso corpo, necessariamente isso não é nosso corpo. Como já foi debatido, se cada parte do nosso corpo fosse nosso corpo, seguir-se-ia que teríamos muitos corpos. Podemos propor que a coleção das partes do nosso corpo seja o nosso corpo, mas a coleção das partes do nosso corpo continua sendo, apenas, partes do nosso corpo. Quando vemos a coleção das partes do nosso corpo, vemos somente partes do nosso corpo.

Se apreendermos um corpo que seja distinto ou algo além que as partes do corpo, esse corpo apreendido é o que se denomina "corpo inerentemente existente". Esse é o objeto negado da vacuidade do nosso corpo. Não importa o quanto procuremos, nunca encontraremos tal corpo. Quando olhamos para o nosso corpo, percebemos somente as partes do nosso corpo. Além dessas partes, não há corpo a ser encontrado.

Quando procuramos pelo nosso corpo, somos incapazes de encontrá-lo. Podemos pensar que, embora não possamos encontrar nosso corpo ele próprio, ao menos podemos encontrar suas partes – a cabeça, os braços e assim por diante. Entretanto, se investigarmos mais cuidadosamente, tomando nossa cabeça como um exemplo, novamente experienciaremos dificuldade em encontrar o objeto de nossa investigação. Quando tentamos apontar nossa cabeça, apontamos nosso nariz, olhos, bochechas e assim por diante. Os mesmos argumentos que foram utilizados para mostrar que as partes do nosso corpo não são o nosso corpo podem ser utilizados para demonstrar que as partes de nossa cabeça não são a nossa cabeça. De modo semelhante, a coleção das partes de nossa cabeça não é nossa cabeça, e nossa cabeça tampouco pode ser encontrada em qualquer outro lugar. Desse modo, podemos compreender que a nossa cabeça não existe inerentemente. Podemos aplicar o mesmo raciocínio para demonstrar que nosso nariz, as células de nosso nariz e até mesmo as moléculas e átomos que formam as células são, todos, vazios – como o espaço.

A vacuidade do nosso corpo e de suas partes pode ser ilustrada ao contemplarmos a analogia de uma cobra de brinquedo. Se alguém deixar uma cobra de borracha em nosso quarto, poderemos acreditar, no primeiro momento que a virmos, que ela é uma cobra de verdade e ficaremos bastante assustados com ela. Mesmo que não exista nenhuma cobra de verdade em nosso quarto, uma cobra aparece vividamente para a nossa mente. Por um breve momento, podemos nos aferrar a essa aparência como verdadeira e, como resultado, desenvolver medo. No entanto, se olharmos mais cuidadosamente, descobriremos que a cobra não existe do modo que aparece. De modo claro, não existe cobra de verdade existindo a partir de seu próprio lado; nós meramente imputamos uma cobra com nossa mente conceitual. À parte a mera aparência de uma cobra a nossa mente, não existe uma cobra de verdade para ser encontrada em lugar algum do quarto. Quando compreendemos isso, todos os nossos medos associados com a cobra cessam imediatamente.

Se verificarmos cuidadosamente, descobriremos que nosso corpo e a cobra que aparece a nossa mente na analogia acima existem de um modo muito semelhante. Assim como a cobra, nosso corpo aparece vividamente a nossa mente e parece existir a partir de seu próprio lado. Entretanto, assim como a cobra, seremos incapazes de encontrar nosso corpo se o investigarmos e descobriremos que ele não tem existência por si mesmo, mas é meramente imputado pela nossa mente. Como a cobra, nosso corpo é uma mera aparência a nossa mente. Enquanto acreditarmos que ele tem sua própria existência inerente, nosso corpo será uma fonte de medo e dor, mas quando realizarmos que ele é meramente imputado pela nossa mente, esses medos e assim por diante irão diminuir e, por fim, desaparecer, assim como nosso medo pela cobra é superado quando realizamos que ela é somente imputada.

Embora a cobra e o nosso corpo existam de um modo muito semelhante, há uma diferença importante. Quando descobrimos que a cobra é, realmente, uma cobra de brinquedo e realizamos que a cobra de verdade era meramente imputada pela nossa mente, concluímos que a cobra de verdade não existe de modo algum em nosso quarto. No entanto, quando realizamos que o nosso corpo é meramente imputado pela nossa mente, seria um grande equívoco concluir, seguindo a visão comum, que o nosso corpo não existe de modo algum. É verdade que o corpo inerentemente existente que normalmente aparece a nossa mente não tem existência maior do que a cobra "de verdade" que aparece em nosso quarto – ambos são completamente não-existentes – mas o corpo que é vazio de existência inerente e é meramente imputado sobre a coleção das partes do nosso corpo existe. Um corpo meramente imputado existe porque as partes do nosso corpo são, por convenção, uma base adequada sobre a qual imputamos um corpo, pois elas podem executar as funções de um corpo. Um pedaço comprido de borracha listrada, por outro lado, não é uma base adequada sobre a qual imputamos uma cobra de verdade porque ela não pode executar as funções de uma cobra. Por essa razão dissemos, na analogia descrita acima, que uma cobra de verdade não existe de modo algum em nosso quarto. Tanto a cobra como o nosso corpo são meramente imputados pela nossa mente, mas o nosso corpo é imputado corretamente, ao passo que a cobra é imputada incorretamente. Para superar os sofrimentos associados ao nosso corpo, precisamos compreender que o corpo que normalmente vemos, o corpo inerentemente existente, não existe; mas, para executar nossas atividades diárias, precisamos aceitar que o corpo meramente imputado existe.

Outra analogia frequentemente utilizada para ilustrar o significado da vacuidade é a experiência de sonhar. Quando sonhamos, podemos ter experiências extremamente vívidas. Podemos viajar para terras pitorescas, encontrar pessoas bonitas ou apavorantes, envolvermo-nos em diversas atividades e, como resultado, experiencar grande prazer ou sofrimento e dor. Em nosso sonho, um mundo por inteiro aparece para nós, funcionando do seu próprio modo. Esse mundo pode ser semelhante ao mundo do nosso estado de vigília ou pode ser bastante bizarro, mas em ambos os casos, ele aparecerá como sendo completamente real enquanto estivermos sonhando. É muito raro ter a mais leve suspeita de que o que estamos experienciando é apenas um sonho. O mundo que habitamos em nosso sonho parece ter sua própria existência, completamente independente de nossa mente, e reagimos a esse mundo da maneira a que estamos habituados – com desejos, raiva, medo e assim por diante.

Se, enquanto ainda estivermos sonhando, tentarmos examinar se o mundo que estamos experienciando é verdadeiro ou não – por exemplo, tocando os objetos ao nosso redor ou fazendo perguntas para as demais pessoas em nosso sonho – provavelmente receberemos uma resposta que parecerá confirmar a realidade do ambiente do nosso sonho. Na verdade, o único modo para saber com toda a certeza que estamos sonhando é acordar. Então, realizaremos imediatamente, sem nenhuma dúvida, que o mundo que estávamos experienciando em nosso sonho era enganoso e que era meramente uma aparência para a nossa mente. Fica bastante claro, uma vez que estejamos acordados, que o que experienciávamos no sonho não existe do seu próprio lado, mas depende completamente da nossa mente. Por exemplo, se sonhamos com um elefante, o "elefante sonhado" é meramente uma aparência para a nossa mente e não pode ser encontrado dentro de nosso quarto ou em qualquer outro lugar.

Se verificarmos cuidadosamente, compreenderemos que o modo como nosso mundo da vigília existe é semelhante ao modo como nosso mundo do sonho existe. Assim como o mundo do sonho, nosso mundo do estado acordado aparece vividamente para nós e parece ter sua própria existência, independente da nossa mente; e, assim como num sonho, acreditamos nessa aparência como sendo verdadeira e reagimos com desejos, raiva, medo e assim por diante. Se, também, verificarmos superficialmente nosso mundo da vigília, assim como fizemos com o nosso mundo do sonho para ver se ele realmente existia do modo como aparecia, receberemos mais uma vez uma confirmação aparente de nossa percepção. Se tocarmos os objetos ao nosso redor, eles aparecerão ser bastante sólidos e reais; e se perguntarmos às pessoas, elas dirão que veem os mesmos objetos do mesmo modo que os vemos. Entretanto, não devemos tomar essa aparente confirmação da existência inerente dos objetos como conclusiva, porque sabemos que testes semelhantes não puderam revelar a real natureza do nosso mundo do sonho. Para compreender a verdadeira natureza do nosso mundo do estado acordado, devemos investigar e meditar profundamente, utilizando o tipo de análise que já foi explicada. Quando realizarmos a vacuidade por esses meios, compreenderemos que os objetos, como o nosso corpo, não existem do seu próprio lado. Assim como o elefante no sonho, eles são meras aparências para a nossa mente. Embora nosso mundo funcione seguindo suas próprias regras aparentes de acordo com as leis de causa e efeito, o nosso mundo do sonho também funciona de acordo com seu próprio modo.

A experiência de realizar a vacuidade pode, portanto, ser comparada a acordar. Uma vez que realizemos a vacuidade, veremos claramente e sem nenhuma dúvida que o mundo tal qual o experienciávamos antes era enganoso e falso. Ele aparecia como tendo sua própria existência inerente, mas, ao compreender a vacuidade, realizamos que ele é completamente vazio de existência inerente e depende da nossa mente. De fato, Buda é algumas vezes chamado de "O Desperto" porque acordou do "sono" da ignorância.

Nas escrituras de Buda, a vacuidade é frequentemente comparada ao espaço. Dizemos que vemos o espaço, mas, normalmente, não verificamos que tipo de espaço estamos vendo: ficamos satisfeitos apenas com o nome "espaço". Se investigarmos, a fim de encontrar o que estamos efetivamente vendo quando dizemos que vemos o espaço, não seremos capazes de encontrar coisa alguma – ele é apenas um vazio. De modo semelhante, se não estivermos satisfeitos com o mero nome "meu corpo", mas tentarmos encontrar que tipo de corpo vemos, descobriremos que não podemos ver nosso corpo de modo algum. Nosso corpo é, também, vazio – como o espaço.

Embora falemos sobre o espaço vazio, o espaço vazio ao qual normalmente nos referimos não é o mesmo que o da vacuidade do nosso corpo. Entretanto, o espaço vazio é a melhor analogia para nos ajudar a compreender o significado da vacuidade profunda; por isso, precisamos compreender claramente o significado do espaço.

Existem dois tipos de espaço: o espaço produzido e o espaço não produzido. O espaço produzido é o espaço visível que podemos ver dentro de um quarto ou no céu. Esse espaço pode se tornar escuro à noite e claro durante o dia, e, como passa por mudanças, ele é, por esse motivo, um fenômeno impermanente e pode ser visto com nossos olhos. A propriedade característica do espaço produzido é que ele não obstrui objetos. Por exemplo, se há espaço num quarto podemos colocar objetos nele sem obstrução. De modo semelhante, pássaros são capazes de voar através do espaço do céu porque ele carece de obstrução, ao passo que eles não podem voar através de uma montanha! Por essa razão, podemos dizer que o espaço produzido carece, ou é vazio, de contato obstrutivo. Essa mera carência de contato obstrutivo é o espaço não produzido. Já que o espaço não produzido é a mera ausência de contato obstrutivo, ele não pode passar por mudanças momentâneas e, por essa razão, é um fenômeno permanente. Enquanto o espaço produzido é visível e mais fácil de ser compreendido, o espaço não produzido é uma mera ausência e é muito mais sutil. No entanto, uma vez que tenhamos compreendido o espaço não produzido, acharemos mais fácil entender a vacuidade.

O espaço não produzido é um fenômeno negativo. Um fenômeno negativo é um fenômeno que é realizado por meio da eliminação explícita do objeto de negação do fenômeno pela mente que apreende esse fenômeno. No caso do espaço não produzido, o objeto de negação é o contato obstrutivo, e o espaço é realizado pela mente que explicitamente elimina esse objeto de negação. Além disso, o espaço não produzido é uma negativa não afirmativa, o que significa que o espaço não produzido é realizado por uma mente por meio da eliminação do objeto de negação sem que a mente realize outro objeto positivo. A mente que realiza o espaço não produzido nega o contato obstrutivo, mas não afirma qualquer outro fenômeno. Em contraposição, alguns fenômenos são negativas afirmativas. Uma negativa afirmativa é um fenômeno que é realizado pela mente que explicitamente elimina o objeto de negação do fenômeno e realiza indiretamente um fenômeno positivo. Um exemplo de uma negativa afirmativa seria o fato de que meu primo não é mulher, pois a mente que realiza que meu primo não é uma mulher indiretamente realiza que meu primo é um homem. Por outro lado, o espaço não produzido não implica em nenhum fenômeno positivo – ele é a mera ausência de contato obstrutivo.

Assim como o espaço não produzido, todas as vacuidades são negativas não afirmativas. Por exemplo, a vacuidade do nosso corpo é a mera carência, ou ausência, do nosso corpo que normalmente vemos, o corpo inerentemente existente – nenhum outro objeto está implicado. Assim, a mente que realiza a vacuidade do nosso corpo elimina, meramente, o objeto de negação sem conceber qualquer outro fenômeno positivo. A negativa não afirmativa que é a mera ausência do nosso corpo que normalmente vemos é a vacuidade do nosso corpo.

Tanto o espaço não produzido como a vacuidade são negativas não afirmativas, mas eles têm objetos diferentes de negação. O objeto negado do espaço não produzido é o contato obstrutivo, enquanto o objeto negado da vacuidade é a existência inerente. É devido ao fato de o espaço não produzido e a vacuidade diferirem unicamente em seus objetos de negação que a compreensão do espaço não produzido é tão útil para se obter uma compreensão da vacuidade.

Para compreender o espaço não produzido devemos, primeiro, conhecer seu objeto negado, o contato obstrutivo. Isso não é muito difícil de se conhecer – até mesmo insetos parecem saber o que ele é. Por exemplo, um inseto andará de um lado a outro de uma mesa enquanto puder sentir o contato obstrutivo da superfície da mesa, mas irá retroceder quando chegar ao limite da mesa, onde o contato obstrutivo cessa. É como se o inseto soubesse o que é o contato obstrutivo e, assim, pudesse reconhecer sua ausência. Se compreendermos o que é representado pelo contato obstrutivo e soubermos que o espaço não produzido é simplesmente a mera ausência dele, seremos então capazes de compreender o que significa o espaço não produzido. De modo semelhante, se desejarmos realizar a vacuidade, primeiro precisamos compreender o objeto negado da vacuidade – a existência inerente. Por exemplo, no caso da vacuidade do corpo, o objeto negado é o corpo inerentemente existente – o corpo que normalmente vemos. Portanto, para compreender a vacuidade do corpo precisamos, primeiro, nos familiarizar com a aparência e as características de um corpo inerentemente existente, de modo que, para nós, esteja claro qual objeto é negado pela mente que realiza a vacuidade. "Coisas inerentemente existentes", "coisas verdadeiramente existentes" e "coisas que normalmente vemos" são sinônimos e são, todos, objetos negados pela vacuidade. Precisamos saber que não existem de modo algum.

Um corpo inerentemente existente seria um corpo independente dos demais fenômenos, incluindo a mente que o apreende. Se verificarmos cuidadosamente, descobriremos que o nosso corpo aparece para nós, no momento atual, existindo desse modo. De fato, tudo o que aparece para a mente de um ser comum aparece, necessariamente, como sendo inerentemente existente e, por essa razão, todas as mentes dos seres comuns são equivocadas. Até que realizemos a vacuidade, aferramo-nos muito fortemente ao nosso corpo com o pensamento "meu corpo, meu corpo", e o corpo que aparece vividamente para a nossa mente nesse momento é um corpo inerentemente existente. Nossa mente equivocada acredita que esse corpo realmente existe e, como resultado, aferramo-nos a ele e desenvolvemos forte apego por ele. Então, apreciamos esse corpo, nos preocupamos com ele e fazemos muitas ações para seu benefício. Na verdade, esse corpo não existe de modo algum. Assim, o corpo que normalmente percebemos e ao qual nos aferramos como sendo "meu corpo" é o objeto que é, de fato, negado pela vacuidade do nosso corpo. O corpo que normalmente percebemos e ao qual nos aferramos não existe. É importante compreender isso.

Embora não exista em lugar algum um corpo inerentemente existente, a imagem genérica de um corpo inerentemente existente existe. Uma imagem genérica é a imagem mental de um objeto que aparece a nossa mente conceitual toda vez que pensamos sobre esse objeto. Por exemplo, se pensarmos em nossa mãe, uma imagem característica de nossa mãe aparecerá vividamente a nossa mente. Essa imagem que aparece é a imagem genérica de nossa mãe. No entanto, um objeto não precisa existir para que sua imagem genérica apareça para nós. Por exemplo, a imagem genérica de um unicórnio pode aparecer vividamente a nossa mente, mas, embora essa imagem genérica exista, um unicórnio, ele próprio, não existe. De modo semelhante, toda vez que pensamos em nosso corpo, a imagem genérica de um corpo inerentemente existente aparece a nossa mente conceitual, mas ela é uma imagem de algo que é totalmente não existente. Porém, antes que possamos realizar corretamente a vacuidade do nosso corpo, precisamos identificar precisamente esse corpo inerentemente existente, que é o objeto de negação. Portanto, precisamos nos tornar completamente familiarizados, em meditação, com a imagem genérica desse corpo do modo como aparece para nós.

Os tratados filosóficos budistas explicam que o objeto negado da vacuidade é a existência inerente. No entanto, se pensarmos que estamos negando a existência inerente, mas falharmos em negar o corpo que normalmente vemos, não teremos encontrado o objeto de negação correto. O objeto de negação correto é, precisamente, o corpo que normalmente vemos. Por essa razão, se dissermos que estamos negando a existência inerente, mas não negarmos o corpo que normalmente aparece para nós, estaremos meramente negando a existência inerente "apenas com a boca".

Quando se diz que o corpo que normalmente aparece vividamente para nós não existe, algumas pessoas podem ter uma má compreensão disso e pensar que a existência dos fenômenos está sendo completamente negada. Por essa razão, é muito importante pensar de modo profundo e com sabedoria aguçada sobre esse assunto. Precisamos identificar precisamente o objeto negado pela vacuidade. Se o objeto que negarmos for extenso demais, iremos negar algo que, de fato, existe, e, por isso, cairemos no extremo da não-existência. Esse seria o caso se negássemos que nosso corpo existe de algum modo. Por outro lado, se o objeto que negarmos for muito limitado, continuaremos a aceitar um grau de existência inerente e, por isso, cairemos no extremo da existência. Por exemplo, se negarmos um corpo que é independente de suas partes, mas postularmos um corpo que possui sua própria natureza inerente, ainda permanecerá um objeto a ser negado e teremos caído no extremo da existência.

A visão correta da vacuidade evita ambos os extremos e, por essa razão, a vacuidade é chamada "o caminho do meio". O extremo da não-existência é evitado porque a visão correta da vacuidade aceita a existência dos fenômenos que são meramente imputados na dependência de uma base válida de imputação, e o extremo da existência é evitado porque a visão correta da vacuidade nega completamente todo e qualquer vestígio de existência independente ou inerente.

Se desejarmos compreender a vacuidade claramente, sem nenhum equívoco, e já tivermos uma compreensão básica dos ensinamentos budistas, então, sobre essa base, é muito importante praticar purificação e acumular mérito. Tendo preparado nossa mente desse modo, se, então, estudarmos e meditarmos sobre a vacuidade continuamente, haverá uma grande chance de que alcancemos uma realização correta da vacuidade.

Embora precisemos nos empenhar para desenvolver uma nova realização da vacuidade, é importante compreender que a vacuidade não é, ela mesma, um desenvolvimento ou criação que surgiu há pouco tempo. Ela não é um produto de análise filosófica ou uma invenção de Buda. A vacuidade tem sido a real natureza de todos os fenômenos, desde o princípio. Nosso corpo, por exemplo, foi sempre vazio de existência inerente; nunca houve um tempo em que nosso corpo, ou qualquer outra coisa, existisse inerentemente. Embora a vacuidade tenha sido sempre a verdadeira natureza dos fenômenos, precisamos receber instruções para realizá-la; e, por essa razão, Buda ensinou os *Sutras Perfeição de Sabedoria*.

É importante esforçar-se para compreender a vacuidade dos fenômenos porque todos os problemas e sofrimentos que nós e os demais seres vivos experienciamos originam-se de uma visão equivocada da realidade. Devido a nossa ignorância sobre a verdadeira natureza dos fenômenos, desenvolvemos a mente conceitual que acredita e sustenta que os fenômenos são inerentemente existentes. Essa mente é conhecida como "agarramento ao em-si" porque ela apreende os fenômenos, ou agarra-se a eles, como se tivessem uma existência inerentemente em-si, ou uma identidade inerentemente existente. A mente de agarramento ao em-si faz surgir todas as demais delusões, como a raiva e o apego, e é a causa raiz de todo sofrimento e insatisfação. Portanto, se desejarmos ser livres do sofrimento, precisamos abandonar nosso agarramento ao em-si.

Para realizar a vacuidade e superar nosso agarramento ao em-si, precisamos, em primeiro lugar, receber instruções corretas e, então, meditar sobre como nosso corpo e os demais fenômenos são vazios de existência inerente. Primeiro, devemos fazer meditação analítica, investigando com nossa sabedoria se podemos ou não encontrar nosso corpo. Este corpo que apreciamos como "meu corpo" é o mesmo que as partes do nosso corpo? Será a nossa cabeça, braços e assim por diante o nosso corpo? Podemos encontrar um corpo que seja diferente das partes do nosso corpo? Por meio dessa investigação, descobriremos que nosso corpo é impossível de ser encontrado. Se nossa meditação analítica for bem-sucedida, a aparência de nosso corpo irá desaparecer e surgirá, ali, uma aparência de "vazio". Esse "vazio" é a vacuidade do nosso corpo. Devemos tentar manter de modo estritamente focado a imagem genérica dessa vacuidade durante a meditação posicionada. Se começarmos a perder a imagem genérica da vacuidade, devemos recordar os raciocínios utilizados para determinar a vacuidade do nosso corpo e, assim, restabelecer nosso objeto de meditação. Por meio dessa meditação, podemos nos familiarizar com a vacuidade e fortalecer nossa realização.

No começo, durante nossas meditações sobre a vacuidade, não devemos nos preocupar em cair no extremo da não existência porque, durante a meditação, não estamos executando ações de corpo e de fala. É quando estamos fora da meditação e executando diversas ações que precisamos ser cuidadosos para evitar esse extremo. No entanto, se identificarmos corretamente o objeto negado pela vacuidade, não haverá perigo de desenvolver visões extremas. Precisamos saber que nosso corpo não existe inerentemente, mas que existe convencionalmente. A natureza convencional de nosso corpo é explicada no próximo capítulo.

Se, durante nossa meditação sobre a vacuidade, desenvolvermos quaisquer dúvidas ou enxergarmos quaisquer contradições, devemos debatê-las posteriormente com um professor habilidoso ou com amigos experientes. No Tibete, quando um lama dava instruções sobre a vacuidade e assim por diante, os estudantes ouviam e, então, meditavam sobre os ensinamentos por alguns dias. Então, eles descreviam suas experiências ao lama e debatiam quaisquer problemas que tivessem. Desse modo, todas as dúvidas eram esclarecidas e os estudantes, então, retornavam a sua meditação. Esse é o modo como devemos tentar compreender a vacuidade. Se desenvolvermos dúvidas ou não pudermos aceitar o que é ensinado, devemos debater o assunto com os outros. Desse modo, nossa compreensão irá se tornar cada vez mais clara. Não devemos manter dúvidas guardadas em nosso coração – precisamos de sabedoria em nosso coração, não de dúvidas!

Por meio de receber instruções e, depois, contemplar e meditar sobre seu significado, podemos compreender que nosso corpo e as demais formas são impossíveis de serem encontrados por investigação. Essa impossibilidade de encontrar é a vacuidade do nosso corpo. Isso indica que nosso corpo não existe objetivamente, do seu próprio lado. Nosso corpo é somente uma mera apreensão da mente, uma mera aparência para a mente. Ao perceber essa aparência, dizemos "meu corpo", mas, se não estivermos satisfeitos com o mero nome "meu corpo" e tentarmos encontrar um corpo existindo a partir de seu próprio lado, seremos completamente malsucedidos. Por meditar na vacuidade do nosso corpo do modo como foi descrito, nossas delusões dirigidas ao nosso corpo – como o apego – serão vencidas. De modo semelhante, se temos problemas de forte apego em relação aos corpos dos outros, devemos pensar: "Assim como meu corpo que normalmente vejo não existe, os corpos dos outros que normalmente vejo também não existem". Pensando desse modo, meditamos na mera ausência dos corpos dos outros que normalmente vemos. Desse modo, nosso apego será reduzido.

Aperfeiçoando nossa compreensão da vacuidade, podemos construir o fundamento para conquistar a felicidade suprema. Quer sejamos ricos ou pobres, bonitos ou feios, podemos solucionar todos os nossos problemas e satisfazer todos os nossos desejos por meio da sabedoria que realiza a vacuidade. Por meditar continuamente sobre a vacuidade, obteremos gradualmente liberdade de todo o sofrimento pela erradicação de sua causa – a ignorância. Então, mesmo que desejemos o sofrimento, seremos incapazes de experienciá-lo! Se adquirirmos a sabedoria que realiza a vacuidade, seremos como um rei, e a nossa sabedoria que realiza a vacuidade será como os ministros do rei. Assim como todos os desejos do rei são cumpridos pelos seus ministros, todos os nossos desejos também serão cumpridos pela nossa sabedoria que realiza a vacuidade.

Embora nosso corpo tenha sido tomado como a base para determinar a vacuidade, todas as demais formas – e, na verdade, todos os fenômenos – são, do mesmo modo, vazios de existência inerente. Para realizar que todos os fenômenos são vazios de existência inerente, não precisamos realizar a vacuidade de cada fenômeno um a um. Se compreendermos a vacuidade corretamente utilizando uma única base, como nosso corpo, poderemos, sem dificuldade, realizar a vacuidade de todos os demais fenômenos mudando a base da vacuidade.

Em resumo, as palavras de Avalokiteshvara "forma é vazia" ensinam que toda forma é vazia de existência inerente – essa vacuidade é a profundidade do último da forma. Sem realizar essa profundidade, não podemos obter nem a liberdade completa do sofrimento tampouco a plena iluminação. Assim, Avalokiteshvara indica que a prática principal da perfeição de sabedoria, durante os caminhos mahayana da acumulação e da preparação, é a meditação sobre a vacuidade. Nesses dois caminhos, precisamos realizar a vacuidade com uma imagem genérica, utilizando o tipo de raciocínio descrito neste capítulo.

Ksitigarbha

Os Caminhos da Acumulação e da Preparação (2)

O CAPÍTULO ANTERIOR explicou a profundidade do último da forma, como expresso no Sutra pelas palavras "forma é vazia". Essa apresentação revelou a natureza última da forma. A próxima parte da resposta de Avalokiteshvara apresenta as demais três profundidades da forma e, por isso, revela a natureza convencional sutil da forma.

EXPLICAÇÃO DA PROFUNDIDADE DO CONVENCIONAL DO AGREGADO FORMA

Vacuidade é forma

Enquanto a profundidade do último de um fenômeno é a vacuidade do fenômeno, a profundidade do convencional refere-se à existência do fenômeno como uma manifestação da vacuidade.

Embora a segunda, terceira e quarta profundidades sejam, todas, partes da natureza convencional dos fenômenos, elas são chamadas "profundidades" porque são a natureza convencional sutil dos fenômenos, que é ainda mais difícil de realizar do que a natureza última dos fenômenos. Além disso, não podemos adquirir uma compreensão perfeita e completa da vacuidade profunda até que tenhamos compreendido a natureza convencional sutil dos fenômenos.

Para compreender o que é designado pelas naturezas última e convencional dos fenômenos, precisamos compreender o que é designado pelas duas verdades – as verdades últimas e as verdades convencionais. As duas verdades são objetos propriamente ditos, ou fenômenos, e não apenas leis ou princípios filosóficos abstratos. De fato, todo fenômeno que existe é uma verdade última ou uma verdade convencional, mas nenhum fenômeno pode ser ambas.

"Verdade última" e "vacuidade" são sinônimos – tudo o que for uma verdade última é uma vacuidade, e tudo o que for uma vacuidade é uma verdade última. A vacuidade do nosso corpo e a vacuidade deste livro são exemplos de verdades últimas. Todas as verdades últimas são idênticas, no sentido de que são vacuidades, mas elas diferem em relação à base da vacuidade – o objeto que é vazio.

A vacuidade é chamada "verdade última" (*don dam denpa*, em tibetano), que significa literalmente "objeto sagrado verdade", porque a vacuidade é tanto um objeto sagrado quanto uma verdade. Ela é um objeto sagrado porque a realização da vacuidade abre a porta da libertação. Podemos realizar muitos outros fenômenos, mas, se não realizarmos a vacuidade, seremos incapazes de alcançar a libertação. A vacuidade é uma verdade porque sua aparência para um percebedor direto não conceitual está de acordo com seu modo de existência. Para uma mente que realiza diretamente a vacuidade, somente a vacuidade aparece; a existência inerente não aparece de modo algum. Assim, quando conhecida diretamente, a vacuidade não aparece falsamente como sendo inerentemente existente. Já que sua aparência não nos engana, a vacuidade é uma verdade.

Todos os fenômenos, exceto as vacuidades, são verdades convencionais. Por exemplo, nosso corpo e este livro são duas verdades convencionais. Diferentemente das verdades últimas, que são, todas, vacuidades, as verdades convencionais são extremamente diversas, já que incluem todos os objetos de conhecimento que não são a vacuidade. As verdades convencionais não são verdades de fato, do mesmo modo que as verdades últimas o são, porque o modo aparente de existência das verdades convencionais não está de acordo com seu real modo de existência – as verdades convencionais aparecem como sendo inerentemente existentes, mas, na realidade, elas são vazias de existência inerente. Já que sua aparência é enganosa, as verdades convencionais são, de fato, falsidades – elas não são verdades. No entanto, elas são chamadas "verdades convencionais" porque são verdadeiras com respeito às convenções das pessoas comuns, isto é, pessoas que não realizaram diretamente a vacuidade. As verdades convencionais são verdadeiras com respeito à visão das pessoas comuns porque, embora as verdades convencionais sejam enganosas com respeito ao seu modo de existência, elas não são enganosas com respeito às suas funções e características convencionais. Por exemplo, uma mesa que é apreendida por uma mente válida é uma verdade convencional, e podemos confiar nessa mesa para apoiar objetos e executar outras funções de uma mesa. Os objetos que são falsos com respeito às mentes das pessoas comuns, como uma mesa vista por alguém que está alucinando, não são verdades convencionais. Eles são não-existentes e não podem ser confiáveis para executar as funções que aparecem possuir.

O termo que tem sido traduzido como verdade convencional (*kun dzob denpa*, em tibetano), também pode ser traduzido como "verdade para um obscuro". Aqui, "obscuro" refere-se ao agarramento ao em-si – a mente que concebe os fenômenos como sendo inerentemente existentes. Os fenômenos que não sejam verdades últimas são chamados de "verdades para um obscuro" porque, com respeito à mente de agarramento ao em-si, eles são verdadeiros; eles aparecem como sendo inerentemente existentes e a mente de agarramento ao em-si acredita nessa aparência e a sustenta como sendo verdadeira. No entanto, não se segue que a mente de agarramento ao em-si apreende e estabelece as verdades convencionais. O objeto sustentado pelo agarramento ao em-si é um objeto inerentemente existente, como um corpo inerentemente existente, e, como já foi explicado, não existe em lugar algum um objeto inerentemente existente. O objeto sustentado pelo agarramento ao em-si é, portanto, um não-existente e, consequentemente, não é uma verdade convencional. Assim como as verdades últimas, as verdades convencionais são estabelecidas por uma mente válida, e o agarramento ao em-si não é uma mente válida. Assim, um objeto convencional é chamado de "verdade para um obscuro" não porque o objeto seja estabelecido pela mente de agarramento ao em-si, mas porque o agarramento ao em-si concebe, por meio de ignorância, a aparente existência inerente do objeto como sendo verdadeira.

Como podemos entender do exposto acima, é importante distinguir entre verdades convencionais e não-existentes. Um exemplo tradicional de um não-existente é um chifre em cabeça de coelho. Embora as orelhas de um coelho possam aparecer como sendo um chifre e possamos conceber um coelho possuindo um chifre, sabemos que essa aparência é equivocada e que a concepção é falsa. Um chifre na cabeça de um coelho não é constatado por nenhuma mente válida e, consequentemente, é um não-existente – ele não é uma verdade convencional tampouco uma verdade última. Do mesmo modo, embora objetos inerentemente existentes apareçam à mente e sejam objetos de concepção, eles são totalmente não-existentes e, por essa razão, não são verdades convencionais.

Assim, quando se diz que uma mesa é uma verdade convencional, o sentido é que a mesa que é apreendida por uma mente válida é uma verdade convencional; não significa que a mesa inerentemente existente que aparece para as mentes dos seres comuns seja uma verdade convencional. Por exemplo, se percebermos uma mesa com uma consciência visual válida, a mesa aparecerá como sendo inerentemente existente para a nossa consciência visual, a não ser que sejamos seres plenamente iluminados. No entanto, nossa consciência visual não apreende a mesa como sendo inerentemente existente; ela apreende simplesmente a mesa ela própria. A mesa que é apreendida corretamente pela nossa consciência visual é, desse modo, uma verdade convencional e existe (mas não inerentemente). É provável que, em seguida à consciência visual válida que apreende apenas a mesa ela própria, desenvolvamos uma consciência mental conceitual que apreende a mesa como inerentemente existente. Essa mente conceitual é a mente de agarramento ao em-si. Ela é uma mente não válida, e o objeto ao qual se agarra é não existente.

Podemos, agora, considerar o que é designado pela natureza última e pela natureza convencional dos fenômenos. A natureza última de um fenômeno é a vacuidade do fenômeno e, por ser uma vacuidade, ela é uma verdade última. A natureza convencional de um fenômeno é a natureza do fenômeno como é estabelecida por uma mente válida, mas excluindo sua vacuidade. Já que a natureza convencional é estabelecida por uma mente válida, ela é um existente; e, já que ela é um existente e não é uma vacuidade, a natureza convencional é uma verdade convencional. Podemos considerar uma mesa como um exemplo para ilustrar o significado dessas duas verdades. A vacuidade da mesa é a natureza última da mesa; a mesa ela própria e seu formato, cor e assim por diante são, todos, a natureza convencional da mesa. Qualquer fenômeno, como uma mesa, tem uma natureza última e uma natureza convencional. A natureza última é uma verdade última, e a natureza convencional é uma verdade convencional.

A natureza convencional de um objeto pode ter muitos aspectos. Alguns desses aspectos, como o formato e a cor de um objeto, podem ser conhecidos simplesmente por meio de uma percepção sensorial direta, enquanto outros aspectos – como a impermanência de um objeto – são mais difíceis de serem percebidos. Alguns aspectos da natureza convencional de um objeto podem ser conhecidos somente após termos realizado a natureza última do objeto. A natureza convencional sutil de um objeto é a parte da natureza convencional do objeto que não pode ser realizada sem, primeiro, realizarmos a natureza última do objeto.

Como já foi afirmado, a profundidade do convencional – a segunda das quatro profundidades – são os fenômenos sendo manifestações da vacuidade, e é parte da natureza convencional sutil dos fenômenos. A profundidade do convencional é parte da natureza convencional em vez da natureza última porque ela não é uma vacuidade; por essa razão, é uma verdade convencional em vez de ser uma verdade última. Ela é parte da natureza convencional sutil dos fenômenos porque não podemos realizar que os fenômenos são manifestações da vacuidade antes de realizarmos que os fenômenos são vazios de existência inerente.

Nas escrituras, há muitas referências aos fenômenos como manifestações da vacuidade. Por exemplo, na *Canção da Vacuidade*, Changkya Rolpai Dorje diz:

> Esses vários [objetos] apreendidos e apreendedores são manifestações da mãe. O nascimento, morte e essas [coisas] mutáveis são falsidades da mãe.

Aqui, "mãe" refere-se à vacuidade, e "falsidades" refere-se à aparência falsa das verdades convencionais.

Quando Avalokiteshvara diz "vacuidade é forma", ele está declarando a segunda profundidade da forma – que a forma é uma manifestação da vacuidade. O que significa dizer que a forma é uma manifestação da vacuidade? Se tomarmos nosso corpo como um exemplo, a natureza última do nosso corpo é a vacuidade do nosso corpo. Se procurarmos pelo nosso corpo, não há corpo. Apesar disso, a partir de sua vacuidade, um corpo – que é da natureza de um vazio semelhante ao espaço – aparece para a nossa mente. Podemos dizer, portanto, que nosso corpo é uma manifestação de sua vacuidade.

Isso pode ser ilustrado utilizando-se a analogia de uma moeda de ouro. A natureza subjacente da moeda é o ouro; é o ouro, ele próprio, que aparece para nós na forma de uma moeda. De modo claro, a moeda que aparece para nós não é diferente de seu ouro, e não há uma moeda distinta, ou separada, de seu ouro. Portanto, podemos dizer que a moeda é uma manifestação de seu ouro. Nessa analogia, o ouro representa a vacuidade do nosso corpo e a moeda representa o nosso corpo ele próprio. Assim como a moeda é uma manifestação de seu ouro, nosso corpo é uma manifestação de sua vacuidade.

Podemos contemplar um exemplo bem mais sutil sobre a relação entre nosso corpo e sua vacuidade. Um céu completamente limpo aparece para nós como azul. Sabemos que a natureza real do céu é meramente um vazio, assim com o espaço ao nosso redor é vazio. Embora o céu apareça como sendo um dossel azul, se formos até ele, nunca iremos encontrar um objeto azul: o que existe é apenas espaço. Porém, quando olhamos para o céu, vemos azul e apontamos para esse azul como sendo o céu. Podemos dizer, portanto, que o azul que vemos diretamente é uma manifestação de um céu vazio. Assim, a partir de um céu vazio, o azul manifesta-se. De modo semelhante, da vacuidade da forma, a forma manifesta-se. Do mesmo modo, todos os fenômenos são manifestações de suas vacuidades.

Outro modo para entender a profundidade do convencional é compreender que os fenômenos são meras aparências. A utilização da palavra "mera" elimina qualquer possibilidade de existência inerente. Como foi explicado anteriormente, nosso corpo não existe dentro de suas partes e, não obstante, não há corpo separado de suas partes. Como, então, nosso corpo existe? Ele existe como uma mera aparência para a nossa mente. Se estivermos satisfeitos com a mera aparência, podemos dizer "meu corpo está saudável ou doente" e assim por diante. Se não estivermos satisfeitos com a mera aparência e procurarmos por nosso corpo, descobriremos que nosso corpo não existe de modo algum. Isso prova, com clareza, que nosso corpo existe como uma mera aparência para nossa mente. A existência de nosso corpo como uma mera aparência para nossa mente é um fenômeno convencional muito profundo. Todos os demais fenômenos existem do mesmo modo.

Para ilustrar como nosso corpo é uma mera aparência, podemos contemplar a analogia de um arco-íris. Em condições determinadas, um arco-íris aparece no céu. Para o observador, o arco-íris aparece tendo uma localização, tamanho e formato exatos. O arco-íris parece ter sua própria existência, talvez a cinco ou seis quilômetros de onde estamos. No entanto, sabemos que, se nos dirigirmos até a localização aparente do arco-íris, ali não haverá nenhum vestígio dele. Portanto, podemos dizer que o arco-íris é uma mera aparência e não pode ser encontrado a partir de investigação. Embora os demais objetos, como o nosso corpo, pareçam ter uma existência mais concreta, se investigarmos cuidadosamente descobriremos que eles também são uma mera aparência.

Por meio de nossa experiência, sabemos que a aparência de um arco-íris é enganosa. Ele aparece como tendo sua própria existência independente, mas sabemos que sua existência depende do sol, da chuva e da posição do observador. Se o observador se mover, o arco-íris se move; se o sol ficar atrás de uma nuvem, o arco-íris enfraquece ou desaparece. Contanto que aceitemos que o arco-íris é apenas uma aparência que surge na dependência de causas e condições determinadas, podemos aceitar sua existência e nos comportarmos apropriadamente. No entanto, se nos aferrarmos à ideia de que o arco-íris existe independentemente de nós e é fixo no espaço do modo como aparece, poderemos ir em busca do "fim do arco-íris", mas experienciaremos somente frustração.

O mesmo é verdadeiro para todas as formas e fenômenos em geral. Se os aceitarmos como meras aparências, podemos estabelecer sua existência e nos relacionar com eles de modo apropriado, sem experienciar nenhum problema. Porém, se nos aferrarmos aos fenômenos como existindo inerentemente do modo como aparecem, experienciaremos problemas e frustrações constantes. Assim como aprendemos, por meio de experiência, sobre a natureza real do arco-íris, também podemos entender, por meio de estudo e contemplação, a natureza convencional sutil da forma e dos demais fenômenos e começar a nos relacionar com eles apropriadamente.

Outro aspecto da natureza convencional sutil dos fenômenos é que os fenômenos são meros nomes. Podemos imaginar um comitê composto por vários membros, um dos quais se chama João. Vamos supor que João foi eleito hoje para ser o presidente do comitê. A partir de hoje, João será denominado "o presidente", e os demais membros do comitê pensarão nele como sendo o presidente. O João de ontem não era o presidente, ao passo que o

João de hoje o é; mas não houve nenhuma mudança particular do lado de João. João é agora o presidente simplesmente porque foi nomeado pelo comitê. Se tentarmos encontrar algo que a partir de seu próprio lado seja inerentemente um presidente, não seremos bem-sucedidos. O corpo de João não é um presidente, sua mente não é um presidente e nada mais iremos encontrar que seja um presidente. Nesse exemplo, não é difícil compreender que "presidente" não é mais do que um nome. Na verdade, se investigarmos cuidadosamente, iremos descobrir que todos os fenômenos existem desse modo, como meros nomes. De fato, no *Sutra Perfeição de Sabedoria em Cem Mil Versos*, Buda diz: "Shariputra, deves saber que todos os fenômenos são meros nomes".

Compreender que forma é uma mera aparência e um mero nome ajuda-nos a compreender que forma é uma manifestação da vacuidade. Se realizarmos isso, poderemos estabelecer a existência da forma sem que signifique que a forma exista inerentemente. Então, poderemos começar a compreender a natureza convencional sutil da forma e ser capazes de evitar os dois extremos da existência e não-existência.

O modo pelo qual os madhyamika-prasangikas estabelecem a existência dos fenômenos convencionais está efetivamente de acordo com a visão das pessoas comuns. Por exemplo, ao estabelecer a existência de uma mesa, as pessoas comuns se satisfazem com a aparência da mesa e o nome "mesa". Normalmente, elas não efetuam uma investigação para encontrar a mesa real. De modo semelhante, os madhyamika-prasangikas dizem que os fenômenos são meramente uma aparência para nossa mente e meros nomes. Eles afirmam que, se tentarmos encontrar uma mesa real, separada da mera aparência e do mero nome, não seremos bem-sucedidos.

Ao contrário das pessoas comuns e dos madhyamika-prasangikas, outros sistemas filosóficos – incluindo as escolas budistas inferiores – afirmam que podemos descobrir o objeto real por meio de investigação. Por exemplo, quando procuram por uma mesa dentre suas partes, algumas escolas budistas concluem que a mera coleção das partes da mesa é a mesa. Essas escolas dizem que essa coleção é a mesa real, verdadeiramente existente. De acordo com os madhyamika-prasangikas, essa visão contradiz a visão das pessoas comuns pois a mesa estabelecida por esse modo não é a mesa apreendida pelas pessoas comuns; ela é, meramente, uma fabricação de análise filosófica. Os madhyamika-prasangikas dizem que não existe uma coisa como um fenômeno verdadeiramente existente e, por isso, a mesa que as escolas inferiores tentam estabelecer é, na verdade, não-existente. Por essa razão, Chandrakirti advertiu as escolas inferiores que não debatessem com as pessoas comuns, pois, se o fizessem, perderiam!

Embora os madhyamika-prasangikas estabeleçam a existência dos fenômenos convencionais de acordo com a visão das pessoas comuns, sua visão da natureza última dos fenômenos contradiz a visão das pessoas comuns. As pessoas comuns não somente aceitam a existência dos objetos que aparecem a elas como também aceitam os objetos como sendo inerentemente existentes, do modo como aparecem. A visão Madhyamika-Prasangika é a de que todos os objetos são vazios de existência inerente e, por essa razão, se desejarmos alcançar a libertação, devemos abandonar a mente que se agarra à existência inerente, embora a existência dos objetos convencionais deva ser aceita. Além disso, se desejarmos conquistar a plena iluminação, devemos abandonar até mesmo a aparência dos objetos como inerentemente existentes.

Uma vez que realizemos que os fenômenos são vazios de existência inerente, podemos começar a compreender sua natureza convencional sutil por meio de meditar neles como manifestações da vacuidade, utilizando algumas das razões e analogias dadas neste capítulo. Podemos, então, levar a prática de ver os fenômenos como manifestações da vacuidade para nossas atividades diárias. Embora nós, seres comuns, não consigamos meditar na vacuidade enquanto estamos comendo, trabalhando, conversando e assim por diante, podemos contudo ver os objetos ao nosso redor como manifestações da vacuidade. Se fizermos isso, nossa comida, nosso corpo, nossos amigos e assim por diante irão continuar a aparecer como sendo inerentemente existentes, mas não aceitaremos essa aparência. Podemos continuar a executar nossas atividades diárias e, ao mesmo tempo, relembrar que as coisas que normalmente vemos não existem. Desse modo, nossa sabedoria que realiza a vacuidade irá aumentar continuamente. Se virmos tudo como manifestações da vacuidade, nossa mente será liberta das delusões (ou aflições mentais) naturalmente e nossas ações serão virtuosas. Por meio dessa prática, nossas atividades cotidianas poderão se tornar extremamente significativas.

A vacuidade é um fenômeno permanente, mas as manifestações da vacuidade não são, necessariamente, permanentes. Coisas funcionais, como nosso corpo, são fenômenos momentâneos, impermanentes, sendo o resultado de causas passadas e causas de efeitos futuros, mas elas são, todas, manifestações da vacuidade. Nosso corpo funciona e muda momento a momento, mas ele não existe do seu próprio lado; ele é meramente imputado pelo pensamento. Nosso corpo permanece vazio de existência inerente em todos os momentos e, a partir dessa vacuidade permanente, nosso corpo aparece para nós em sua forma constantemente mutável.

Com respeito às mentes dos seres superiores, as verdades convencionais, como nosso corpo, são falsas. No entanto, com respeito às mentes dos seres comuns, as verdades convencionais são verdadeiras porque a mente de agarramento ao em-si desses seres acredita e sustenta a aparente existência inerente das verdades convencionais como sendo verdadeira. Precisamos compreender que as formas – e assim por diante – que aparecem para nós são manifestações de suas vacuidades e são meros nomes, mas que elas funcionam e aparecem como verdadeiras para os seres comuns. Por essa razão, quando executamos nossas atividades cotidianas, devemos ficar satisfeitos com o mero nome dos fenômenos, sem investigá-los mais a fundo. Nesses momentos, não faz sentido tentar descobrir um fenômeno verdadeiramente existente, pois tal fenômeno não pode ser encontrado.

Se, tendo realizado a vacuidade, formos capazes de aceitar os fenômenos como meros nomes e nos envolvermos em nossas diversas atividades sobre essa base, isso indicará que realizamos a natureza convencional sutil dos fenômenos. Então, poderemos continuar a dizer que um objeto em particular é grande ou pequeno, por exemplo, mas saberemos que o objeto é mero nome e não pode ser encontrado a partir de análise.

Se tivermos essa compreensão correta da natureza convencional sutil dos fenômenos, poderemos compreender que os fenômenos são vazios de existência inerente, mas também executam suas funções individuais. Desse modo, a natureza convencional dos fenômenos e suas vacuidades serão vistas não como contraditórias, mas como se apoiando mutuamente. Por exemplo, realizar a vacuidade do nosso corpo ajuda-nos a compreender a natureza convencional do nosso corpo como mero nome ou mera aparência, e realizar que nosso corpo é mero nome ajuda-nos a compreender que nosso corpo é vazio de existência inerente. Precisamos nos empenhar para realizar as duas verdades desse modo.

EXPLICAÇÃO DA PROFUNDIDADE DA UNIÃO DAS DUAS VERDADES DO AGREGADO FORMA

Vacuidade não é algo além de forma; forma também não é algo que não vacuidade.

O sentido dessas palavras é que a vacuidade da forma e a forma ela própria não são objetos diferentes, mas a mesma entidade. Essa mesma entidade é chamada "a união das duas verdades da forma" e é um objeto muito sutil e profundo. Se meditarmos na vacuidade da forma com profundo conhecimento da união das duas verdades da forma, nossa meditação terá grande poder para eliminar nossas delusões rapidamente.

As verdades convencionais, como nosso corpo, são apenas criações da nossa ignorância do agarramento ao em-si, que pensa fortemente "meu corpo, meu corpo". Uma questão pode, então, surgir: "Como as verdades convencionais existem efetivamente se elas são apenas criações de uma percepção errônea, o agarramento ao em-si?". A resposta correta a essa pergunta é muito sutil.

Como foi mencionado anteriormente, podemos dizer que as verdades convencionais existem efetivamente, mas isso apenas de acordo com a aparência comum, a aparência aos seres comuns. De acordo com a aparência incomum aos seres superiores, que estão meditando na vacuidade, não existem verdades convencionais porque, para eles, a aparência das verdades convencionais foi dissipada por meio de dissolverem completamente suas mentes na vacuidade. Como Chandrakirti diz em seu *Guia ao Caminho do Meio*, algo que é criado como verdade pela ignorância do agarramento ao em-si é uma verdade convencional. Isso significa que todas as verdades convencionais são apenas criações da ignorância do agarramento ao em-si. Isso implica que as coisas que normalmente percebemos são, também, apenas criações da ignorância do agarramento ao em-si.

Essa parte do Sutra revela a união das duas verdades, que é um tópico muito profundo. "União" significa "que duas coisas são uma". Por exemplo, para os seres comuns, o corpo (que é uma verdade convencional) e a vacuidade do corpo (que é uma verdade última) são duas coisas diferentes porque eles as percebem desse modo. No entanto, para os seres iluminados, essas duas verdades são uma única na verdade última. No estado de iluminação, não há verdades convencionais porque as verdades convencionais são meras criações do agarramento ao em-si, e os seres iluminados não têm a ignorância do agarramento ao em-si.

EXPLICAÇÃO DA PROFUNDIDADE DA DISTINÇÃO NOMINAL DAS DUAS VERDADES DO AGREGADO FORMA

A profundidade da distinção nominal das duas verdades do agregado forma significa que embora a forma (que é uma verdade convencional) e a vacuidade da forma (que é uma verdade última) não sejam duas coisas diferentes mas uma única entidade, podemos distingui-las na dependência de seus meros nomes. Isso é, também, um tópico muito profundo. Se compreendermos

Sarvanivaranaviskambini

claramente a distinção entre as duas verdades do agregado forma enquanto aceitamos que elas sejam a mesma entidade, compreenderemos a profundidade da distinção nominal das duas verdades do agregado forma. Por conhecermos isso, permaneceremos no caminho do meio (*uma*, em tibetano), livres dos extremos da existência e da não-existência. Poderemos fazer a distinção entre as duas verdades da forma e estar perfeitamente satisfeitos com seus meros nomes. Por fazer isso, estaremos livres dessas duas visões extremas.

Concluindo, a resposta de Avalokiteshvara à pergunta de Shariputra revela as quatro profundidades do agregado forma – a profundidade do último, a profundidade do convencional, a profundidade da união das duas verdades e a profundidade da distinção nominal das duas verdades. O propósito de contemplar a explicação da primeira profundidade é compreender corretamente a vacuidade da forma. O propósito de contemplar a explicação da segunda profundidade é completar nossa compreensão da vacuidade da forma. O propósito de contemplar a explicação da terceira profundidade é fortalecer nossa compreensão da vacuidade da forma de modo que sejamos capazes de eliminar rapidamente as delusões, e o propósito de contemplar a explicação da quarta profundidade é nos libertarmos completamente dos extremos da existência e da não-existência.

Tendo compreendido corretamente a vacuidade do nosso corpo, meditamos continuamente nessa vacuidade até obtermos uma profunda experiência dessa meditação. Devemos também aplicar esforço para compreender a verdade convencional sutil do nosso corpo – que nosso corpo existe como mero nome. Quando formos bem-sucedidos nisso, nossa compreensão da vacuidade do nosso corpo será completa. Então, para tornar nossa compreensão sobre a vacuidade poderosa o suficiente para eliminar rapidamente as delusões, meditamos continuamente na união das duas verdades do nosso corpo – o corpo não dual e sua vacuidade – até obtermos uma profunda experiência dessa meditação. Nossa meditação na vacuidade terá, então, grande poder para eliminar rapidamente nossas delusões, como a raiva, o apego e o agarramento ao em-si. Então, quando fizermos a distinção entre nosso corpo e sua vacuidade por meio de seus meros nomes, estaremos livres das visões extremas que acreditam que o corpo existe inerentemente ou não existe de modo algum.

Essa explicação sobre como praticar as quatro profundidades do agregado forma pode ser aplicada a todos os demais fenômenos.

Nos *Sutras Perfeição de Sabedoria*, Buda explica um treino especial denominado "treino nos fenômenos dependente-relacionados", por meio do qual podemos compreender fácil e corretamente a vacuidade e completar nossa compreensão da vacuidade.

Todas as coisas são fenômenos dependente-relacionados porque dependem de suas causas, de seu nome, de suas partes, de sua base de imputação e de sua mera imputação pela mente. Por essa razão, existem cinco modos pelos quais os fenômenos podem ser dependente-relacionados: um fenômeno dependente-relacionado que depende de suas causas, um fenômeno dependente-relacionado que depende de seu nome, um fenômeno dependente-relacionado que depende de suas partes, um fenômeno dependente-relacionado que depende de sua base de imputação e um fenômeno dependente-relacionado que depende de sua mera imputação pela mente. Os fenômenos impermanentes são dependente-relacionados em todos esses cinco modos, mas os fenômenos permanentes são dependente-relacionados somente nos quatro últimos modos.

O que é um fenômeno dependente-relacionado que depende de suas causas? Por exemplo, no momento atual, temos este corpo humano. Não trouxemos este corpo de nossas vidas anteriores, ninguém nos deu este corpo como um presente e ninguém o criou para o nosso uso; mais propriamente, este corpo desenvolveu-se a partir de suas causas. As principais causas do nosso corpo humano são ações virtuosas específicas que executamos em nossas vidas anteriores, como disciplina moral. Foi por meio dessas ações que tivemos um renascimento humano, e ter este corpo humano nos dá a oportunidade de experienciar condições humanas, receber uma educação elevada e, em especial, de alcançar a libertação e a iluminação. Os animais não têm tais oportunidades.

Quando fomos concebidos no útero de nossa mãe, na união do espermatozoide do nosso pai e do óvulo da nossa mãe, essa união transformou-se gradualmente no nosso corpo e, por isso, ela é a causa substancial do nosso corpo. Havia, também, muitas condições contribuintes no desenvolvimento do nosso corpo. Fica claro, portanto, que o nosso corpo depende de sua causa substancial e das condições contribuintes. Quando compreendermos isso, devemos concluir: "meu corpo que normalmente vejo como uma entidade independente não existe de modo algum, porque meu corpo propriamente dito depende de muitas causas e condições". Pensando desse modo, meditamos na mera ausência do corpo independente que normalmente vemos; essa é a vacuidade do nosso corpo. Devemos praticar continuamente essa meditação até obtermos uma experiência profunda dessa meditação.

Devemos também saber que o nosso corpo depende de seu nome: se procurarmos pelo nosso corpo, nosso corpo desaparecerá e somente seu nome irá permanecer. Isso indica claramente que o nosso corpo depende de seu nome.

Nosso corpo também depende de suas partes. O motivo é que não existe corpo distinto, ou separado, de suas partes. Quando compreendermos isso, devemos pensar: "meu corpo que normalmente vejo como uma entidade independente não existe de modo algum, porque meu corpo propriamente dito depende de suas partes". Pensando desse modo, meditamos na mera ausência do corpo independente que normalmente vemos.

Quando realizarmos que não existe corpo distinto, ou além, de suas partes, realizaremos que o nosso corpo é apenas uma imputação designada sobre sua base de imputação, que são as suas partes. Portanto, fica claro que nosso corpo depende de sua base de imputação. Desse modo, realizaremos, por fim, que o nosso corpo depende de mera imputação feita por uma mente conceitual; ele existe como mera imputação da mente. Nessa etapa, nossa compreensão da vacuidade do nosso corpo será completa.

Dentre os cinco tipos de fenômenos dependente-relacionados, o primeiro é o fenômeno dependente-relacionado mais denso, os três seguintes são progressivamente menos densos e o quinto é o fenômeno dependente-relacionado mais sutil. Quando realizarmos o quinto tipo de fenômeno dependente-relacionado, nossa compreensão da vacuidade do nosso corpo será completa.

Essa explicação sobre como treinar nos fenômenos dependente-relacionados em relação ao nosso corpo deve ser aplicada ao nosso self, ao nosso mundo e a todas as demais coisas. No Sutra intitulado *Solicitado por Yunkorkyong*, diz-se:

> Porque os seres vivos não compreendem a vacuidade,
> Eles vagam no ciclo de sofrimento, vida após vida.
> Por essa razão, o Compassivo Buda dá centenas de razões lógicas
> Como métodos para se obter a realização da vacuidade.

Está dito que a relação-dependente é o rei de todos os raciocínios lógicos que Buda revelou nos Sutras para estabelecer a vacuidade.

EXPLICAÇÃO DAS QUATRO PROFUNDIDADES DOS AGREGADOS SENSAÇÃO E ASSIM POR DIANTE

Do mesmo modo, sensação, discriminação, fatores de composição e consciência são vazios.

Nesta parte do Sutra, Avalokiteshvara nos aconselha a entender que sensação, discriminação, fatores de composição e consciência são vazios de existência inerente do mesmo modo que a forma é vazia de existência inerente. Desse modo, Avalokiteshvara nos incentiva a compreender a vacuidade dos cinco agregados e a meditar nela. Os cinco agregados referem-se ao nosso corpo e mente, que são a base de imputação do nosso self.

Em geral, é importante fazer a distinção entre "vazio" e "vacuidade" porque, para muitas pessoas, eles são a mesma coisa. No budismo, "vazio" e "vacuidade" são muito diferentes. Vacuidade é um objeto muito profundo; ela é a verdade última e a natureza última dos fenômenos. Compreender essa vacuidade traz grande significado para nossa vida. No entanto, um vazio é apenas vazio; saber isso não traz significado especial algum para nossa vida. A vacuidade dos fenômenos é um objeto significativo, enquanto um "vazio de fenômenos" não existe, pois os fenômenos estão presentes em todos os lugares.

Para nós, seres comuns, nosso corpo e mente são o mesmo que nosso self. O motivo é o modo pelo qual os percebemos. Por essa razão, embora essa parte do Sutra nos incentive a compreender e meditar sobre a vacuidade dos nossos cinco agregados, ela nos incentiva principalmente a compreender e meditar sobre a vacuidade do nosso self. Normalmente, apenas por perceber nosso self que normalmente vemos, pensamos fortemente "meu desejo é muito importante", por exemplo. Desse modo, desenvolvemos apego pela satisfação dos nossos desejos. Na verdade, nosso self que normalmente vemos não existe de modo algum. Para nos libertarmos do sofrimento e dos problemas, precisamos abandonar nosso apego pela satisfação dos nossos próprios desejos. Esse apego é a fonte de todos os nossos problemas diários. Desde tempos sem início, porque temos sido tão apegados à satisfação dos nossos próprios desejos, temos executado diversos tipos de ações não virtuosas – ações que prejudicam os outros. Como resultado, experienciamos continuamente diversos tipos de sofrimento e condições de infelicidade vida após vida, sem-fim. Quando os nossos desejos não são satisfeitos, normalmente experienciamos sensações desagradáveis, como infelicidade ou depressão; esse é o nosso próprio problema, devido ao fato de sermos tão apegados à satisfação dos nossos desejos. Quando perdemos um amigo próximo, experienciamos dor e infelicidade, mas isso somente acontece devido ao nosso apego por esse amigo. Quando perdemos nossas posses, posição social ou reputação, experienciamos infelicidade e depressão porque estamos muito apegados a essas coisas. Se não tivéssemos apego, não haveria base para experienciarmos esses problemas. Muitas pessoas envolvem-se em lutas, ações criminosas e até mesmo em guerras; todas essas ações surgem do forte apego que elas têm à satisfação de seus próprios desejos. Assim, podemos ver que não há um único problema experienciado pelos seres vivos que não venha de seu apego. Isto prova que, a menos que controlemos nosso apego, os nossos problemas nunca cessarão.

O método para abandonar esse apego é a meditação sobre a vacuidade do nosso self – a mera ausência do nosso self que normalmente vemos. Por essa razão, Avalokiteshvara nos aconselha que, para abandonar a fonte de todos os nossos problemas e sofrimentos, devemos compreender e meditar sobre a vacuidade do nosso self. Se colocarmos esse conselho em prática, seremos permanentemente livres dos sofrimentos e dos problemas.

A explicação das quatro profundidades do agregado forma exposta acima pode ser aplicada para as quatro profundidades da sensação, discriminação, fatores de composição, consciência e todos os demais fenômenos. Por meditar nas quatro profundidades de todos os fenômenos, primeiro realizaremos a vacuidade de todos os fenômenos com um conhecedor válido subsequente e, depois, com um conhecedor válido direto. Quando realizarmos a vacuidade de todos os fenômenos com um conhecedor válido direto não conceitual, iremos nos tornar um ser superior, ou *Arya*, em sânscrito.

Os Caminhos da Visão, Meditação e Não-Mais-Aprender

EXPLICAÇÃO SOBRE COMO TREINAR A PERFEIÇÃO DE SABEDORIA NO CAMINHO DA VISÃO

Shariputra, desse modo todos os fenômenos são vacuidade, não têm características. Eles não são produzidos e não cessam. Não têm mácula nem estão separados de mácula. Não têm diminuição nem aumento.

Nessa parte do Sutra, Avalokiteshvara diz: "Shariputra, desse modo todos os fenômenos são vacuidade". Isso significa que, para Bodhisattvas superiores que estão meditando na vacuidade, todos os fenômenos são vacuidade; não existem verdades convencionais porque a aparência das verdades convencionais foi dissipada por dissolverem suas mentes na vacuidade. Porque os Bodhisattvas superiores estão, inicialmente, no caminho da visão, podemos compreender que essa parte do Sutra revela como treinar a perfeição de sabedoria no caminho da visão.

Avalokiteshvara diz: "... não têm características. Eles não são produzidos e não cessam. Não têm mácula nem estão separados de mácula. Não têm diminuição nem aumento". Isso significa que, porque não há verdades convencionais para Bodhisattvas superiores que estão meditando na vacuidade, segue-se que, para eles, não existem características, nem natureza convencional; nem produção, nem cessação; não existe mácula, nem separação de mácula; nem diminuição, nem aumento – nada existe exceto a vacuidade. Para tais Bodhisattvas superiores, todos os fenômenos estão reunidos na vacuidade; eles permanecem na vacuidade semelhante a um vasto espaço, experienciando a profunda paz interior do êxtase.

Um Bodhisattva superior é um Bodhisattva que alcançou uma realização direta da vacuidade. Existem dez níveis de Bodhisattvas superiores, desde os Bodhisattvas do primeiro solo até os Bodhisattvas do décimo solo, sendo cada solo progressivamente mais elevado que o anterior. Inicialmente, o Bodhisattva do primeiro solo está no caminho da visão, mas ele (ou ela) ingressa, depois, no caminho da meditação. As boas qualidades dos Bodhisattvas do primeiro solo incluem o que se segue: eles alcançaram a bodhichitta última; eles detêm a linhagem próxima de uma Família Búdica; eles abandonaram todas as delusões intelectualmente formadas; eles não mais experienciam sofrimento ou dor; eles experienciam alegria suprema vida após vida; eles podem visitar uma centena de mundos diferentes em um instante por meio de seus poderes miraculosos; eles podem ver diretamente uma centena de vidas passadas e futuras por meio de sua clarividência; eles têm a habilidade de se envolverem em uma centena de concentrações diferentes em um instante; e eles abandonaram as ações que causam renascimento no samsara. Eles possuem essas boas qualidades devido a sua realização da perfeição de sabedoria da bodhichitta última. Devemos nos regozijar profundamente com suas boas qualidades e tomar a determinação de nos tornarmos como esses Bodhisattvas.

Podemos nos perguntar por que é necessário, para nós, compreender essas instruções sobre como treinar a perfeição de sabedoria, já que Avalokiteshvara está dando essas instruções para Bodhisattvas dos caminhos da acumulação, preparação, visão e meditação, e nós não somos nenhum desses Bodhisattvas. A resposta é que, porque temos a natureza búdica (a semente de nos tornarmos um Buda) e encontramos o Budadharma, temos a grande oportunidade de alcançar a felicidade suprema da iluminação, que é a meta última da nossa vida humana. Para realizar essa meta última, precisamos treinar nos caminhos do Bodhisattva – os caminhos da acumulação, preparação, visão e meditação. Não existe outro modo de se obter a plena iluminação a não ser por meio desse treino. Embora, no momento atual, possamos não ser um Bodhisattva, precisamos decididamente aplicar esforço para nos tornarmos um Bodhisattva. Depois, precisamos avançar de caminho em caminho até nos tornarmos um ser iluminado. Por nos empenharmos nas práticas dos Bodhisattvas dos caminhos da acumulação, preparação, visão e meditação, nossa natureza (ou semente) búdica amadurecerá inquestionavelmente na nossa aquisição da iluminação. Essa é a principal razão pela qual precisamos compreender e praticar agora esses ensinamentos. Como foi mencionado anteriormente, a intenção suprema de Buda é conduzir todos e cada ser vivo ao estado da iluminação e, para esse propósito, ele ensinou os *Sutras Perfeição de Sabedoria.*

Uma vez que tenhamos alcançado a realização inicial da bodhichitta última, o caminho efetivo para treinar a perfeição de sabedoria no caminho da visão é aperfeiçoar essa realização até que ela se torne o caminho da meditação, por meio de nos empenharmos continuamente na meditação sobre a vacuidade de todos os fenômenos, motivados pela compaixão por todos os seres vivos.

EXPLICAÇÃO SOBRE COMO TREINAR A PERFEIÇÃO DE SABEDORIA NO CAMINHO DA MEDITAÇÃO

Portanto, Shariputra, na vacuidade não há forma, nem sensação, nem discriminação, nem fatores de composição, nem consciência. Não há visão, nem audição, nem olfato, nem paladar, nem tato, nem mentalidade; não há forma, nem som, nem cheiro, nem sabor, nem objeto tátil, nem fenômeno. Não há o elemento visão e assim por diante, até não há o elemento mentalidade e tampouco o elemento da consciência mental. Não há ignorância nem extinção da ignorância e assim por diante, até não há envelhecimento e morte nem extinção de envelhecimento

e morte. Do mesmo modo, não há sofrimento, origem, cessação ou caminho; não há excelsa percepção, nem aquisição e tampouco não-aquisição.

Essa parte do Sutra revela que o Bodhisattva do primeiro solo deve avançar de caminho em caminho até o décimo solo, que é a última "estação", a partir do qual o Bodhisattva alcançará diretamente o solo da iluminação, a destinação final. Ele, ou ela, deve fazer isso por meio de empenhar-se continuamente na meditação sobre a vacuidade dos cinco agregados, das doze fontes, dos dezoito elementos, dos doze elos dependente-relacionados e das Quatro Nobres Verdades.

As palavras "na vacuidade não há forma" revelam a vacuidade da forma e "... nem sensação" revelam a vacuidade da sensação. O mesmo pode ser aplicado para os demais três agregados, as dozes fontes, os dezoito elementos, os doze elos dependente-relacionados e as Quatro Nobres Verdades. Desse modo, devemos saber que essa parte do Sutra revela que os cinco agregados, as doze fontes, os dezoito elementos, os doze elos dependente-relacionados e as Quatro Nobres Verdades são as bases para estabelecer a vacuidade. Isso tem um grande significado porque, indiretamente, revela as etapas do caminho à libertação, ou nirvana, que são caminhos comuns tanto para o Hinayana como para o Mahayana. Esse é o significado oculto dessa parte do Sutra. A explicação desse significado oculto tem cinco partes:

1. Reconhecer o samsara;
2. Quem experiencia sofrimento;
3. Como experienciamos sofrimento;
4. Como vagamos pelo samsara;
5. A aquisição da libertação, ou nirvana.

RECONHECER O SAMSARA

O samsara é tomar, vida após vida, agregados contaminados, ou, em outras palavras, apossar-se de um corpo e mente contaminados. Há diferentes maneiras de se explicar o samsara: agregados contaminados, ciclo de renascimentos contaminados, ciclo de morte e renascimento descontrolado, ciclo de vida impura ou ciclo dos doze elos dependente-relacionados. Todas essas maneiras de se explicar o samsara são corretas. Por exemplo, tomamos os cinco agregados contaminados vida após vida, sem-fim, e esse é o nosso próprio samsara. Para mostrar isso, Avalokiteshvara explica especificamente os cinco agregados como as bases sobre as quais estabelecemos a vacuidade.

QUEM EXPERIENCIA SOFRIMENTO

Aqueles que alcançaram a libertação e a iluminação e aqueles que realizam diretamente a vacuidade não experienciam sofrimento. Objetos inanimados não experienciam sofrimento porque não têm sensação ou discriminação. Somente aqueles que tomaram agregados contaminados – um corpo e mente contaminados – como sua base de imputação experienciam sofrimento. Essa é outra razão pela qual Avalokiteshvara explica os cinco agregados como bases sobre as quais estabelecemos a vacuidade.

COMO EXPERIENCIAMOS SOFRIMENTO

Porque nossa faculdade sensorial da visão, nossa faculdade sensorial da audição e assim por diante encontram-se com seus objetos – formas, sons e assim por diante – desenvolvemos uma consciência visual, uma consciência auditiva e assim por diante, que percebem coisas inerentemente existentes. Para nós, isso faz surgir de modo automático uma mente que acredita que essas coisas são inerentemente existentes. Essa é a nossa mente da ignorância do agarramento ao em-si. Devido a essa ignorância, experienciamos vários tipos de sofrimentos e problemas, que são aparências equivocadas, ou alucinações, do mesmo modo que experienciamos coisas nos sonhos. Para mostrar como o sofrimento se desenvolve, Avalokiteshvara explica as doze fontes e os dezoito elementos como bases sobre as quais estabelecemos a vacuidade.

Akashagarbha

COMO VAGAMOS PELO SAMSARA

Vagamos pelo samsara por experienciarmos o ciclo dos doze elos dependente-relacionados. Isso não é fácil de se compreender, a menos que tenhamos estudado ensinamentos sobre eles. O diagrama da Roda da Vida, que foi desenhado por Buda, mostra como os seres vivos estão vagando no samsara através do ciclo dos doze elos dependente-relacionados. Uma explicação desse diagrama pode ser encontrada em *Caminho Alegre da Boa Fortuna*.

Uma explicação detalhada das doze fontes, dos dezoito elementos e dos doze elos dependente-relacionados pode ser encontrada no Apêndice IV.

A AQUISIÇÃO DA LIBERTAÇÃO, OU NIRVANA

As palavras "Do mesmo modo, não há sofrimento, origem, cessação ou caminho" revelam a vacuidade do sofrimento, da origem, da cessação e do caminho e, assim, revelam indiretamente a prática das Quatro Nobres Verdades. No *Sutra das Quatro Nobres Verdades*, Buda diz "Deves conhecer os sofrimentos", o que significa que devemos conhecer os sofrimentos das nossas incontáveis vidas futuras e desenvolver renúncia, o desejo sincero de alcançar a libertação permanente desses sofrimentos. Depois, ele diz: "Deves abandonar as origens". "Origens" significam "delusões", principalmente a ignorância do agarramento ao em-si. Buda está, portanto, nos incentivando a abandonar a ignorância do agarramento ao em-si, a raiz de todos os sofrimentos desta vida e das vidas futuras. Quando Buda a seguir diz "Deves alcançar as cessações", ele está nos aconselhando a alcançar a libertação permanente de todos os sofrimentos, porque a libertação temporária de sofrimentos específicos não é suficiente. E, por fim, quando ele diz "Deves praticar o caminho", isso significa que, para alcançar a libertação permanente, precisamos meditar no caminho à libertação, que é treinar principalmente na meditação sobre a vacuidade com a motivação de renúncia.

As palavras "não há excelsa percepção, nem aquisição e tampouco não-aquisição" revelam a vacuidade da excelsa percepção, da aquisição e da não-aquisição. Elas revelam indiretamente que excelsa percepção, caminho e cessação são aquisições; e que sofrimentos e origens são não-aquisições, isto é, objetos que devemos abandonar. "Excelsa percepção", "caminho espiritual" e "realização espiritual" são sinônimos.

Renúncia é a porta de entrada através da qual ingressamos no caminho à libertação, e a bodhichitta é a porta de entrada através da qual ingressamos no caminho à iluminação. Em resumo, ao aplicar esforço para abandonar a origem do sofrimento – a ignorância do agarramento ao em-si – por meio de treinar na meditação sobre a vacuidade com motivação de renúncia, alcançaremos a libertação permanente (ou cessação) do sofrimento, e ao treinar na meditação sobre a vacuidade com motivação de bodhichitta, alcançaremos a plena iluminação.

Uma vez que tenhamos alcançado a realização inicial do caminho da meditação, o caminho efetivo para treinar a perfeição de sabedoria no caminho da meditação é aperfeiçoar essa realização até que ela se torne a "concentração semelhante-a-um-vajra" (uma concentração que tem o poder de remover da nossa mente a aparência equivocada sutil, de modo permanente); e aperfeiçoamos essa realização por meio de nos empenharmos continuamente na meditação sobre a vacuidade de todos os fenômenos, motivados pela compaixão por todos os seres vivos.

EXPLICAÇÃO SOBRE COMO ALCANÇAR O CAMINHO DO NÃO-MAIS-APRENDER

Portanto, Shariputra, porque não há aquisição, os Bodhisattvas confiam e permanecem na perfeição de sabedoria; suas mentes não têm obstruções nem medo. Passando totalmente além da perversidade, eles alcançam o nirvana final. Igualmente, todos os Budas que residem perfeitamente nos três tempos, tendo confiado na perfeição de

sabedoria, tornaram-se Budas manifestos e plenos no estado de insuperável, perfeita e completa iluminação.

O sentido dessa parte do Sutra é que os Bodhisattvas no caminho da meditação avançam de caminho em caminho até alcançarem o décimo solo do Bodhisattva por meditarem continuamente sobre a vacuidade da aquisição e da não-aquisição – que significa a vacuidade de todos os fenômenos. No décimo solo, o Bodhisattva alcançará a realização da perfeição de sabedoria superior denominada "concentração semelhante-a-um-vajra". Na dependência dessa perfeição de sabedoria, o Bodhisattva ficará completamente livre dos medos das concepções equivocadas e das obstruções das aparências equivocadas. Desse modo, o Bodhisattva alcançará o nirvana final, a cessação permanente da aparência equivocada sutil. Todos os Budas do passado, presente e futuro realizam a aquisição insuperável da plena iluminação, também conhecida como "o Caminho do Não-Mais-Aprender", na dependência dessa perfeição de sabedoria.

Conclusão

CONCLUSÃO

Portanto, o mantra da perfeição de sabedoria, o mantra do grande conhecimento, o mantra insuperável, o mantra igual-ao-inigualável, o mantra que pacifica por completo todo sofrimento, visto que não é falso, deve ser conhecido como a verdade. O mantra da perfeição de sabedoria é proclamado:

TAYATHA OM GATE GATE PARAGATE PARASAMGATE BODHI SÖHA

Shariputra, um Bodhisattva, um Grande Ser, deve treinar a profunda perfeição de sabedoria desse modo.

O sentido dessa parte do Sutra é que, em conclusão, devemos compreender e praticar como segue. Mantra é uma realização interior que protege os seres vivos das obstruções das concepções equivocadas e aparências equivocadas. Nesse contexto, existem cinco tipos de mantra: o mantra da perfeição de sabedoria, o mantra do grande conhecimento, o mantra insuperável, o mantra igual-ao-inigualável e o mantra inigualável, ou mantra que pacifica por completo todo sofrimento.

A perfeição de sabedoria do caminho da acumulação é denominada "o mantra da perfeição de sabedoria" porque é um mantra-sabedoria que não está associado com a visão superior que observa a vacuidade. A perfeição de sabedoria do caminho da preparação é denominada "o mantra do grande conhecimento" porque é um mantra-sabedoria que está associado com a visão superior que observa a vacuidade. A perfeição de sabedoria do caminho da visão é denominada "o mantra insuperável" porque é um mantra-sabedoria que está associado com a realização direta da vacuidade. A perfeição de sabedoria do caminho da meditação é denominada "o mantra igual-ao-inigualável" porque é um mantra-sabedoria que está muito próximo da aquisição do mantra inigualável, a iluminação propriamente dita. A sabedoria da iluminação é denominada "o mantra inigualável" porque tem o poder de pacificar por completo os sofrimentos de todos os seres vivos.

O mantra que recitamos verbalmente não é um mantra de fato, mas é chamado "mantra" porque revela, principalmente, o mantra-sabedoria. Um mantra propriamente dito é, necessariamente, uma realização interior.

Devemos saber que treinar a perfeição de sabedoria dos caminhos da acumulação, preparação, visão, meditação e Não-Mais-Aprender são práticas verdadeiramente significativas e não enganosas. Compreendendo isso, devemos tomar uma forte determinação, pensando "eu preciso buscar refúgio no Dharma da perfeição de sabedoria dos caminhos da acumulação, preparação, visão, meditação e Não-Mais-Aprender" e meditar nessa determinação. Para tornar nossa determinação forte e inabalável, recitamos então o seguinte mantra verbal enquanto nos concentramos em seu significado:

TAYATHA OM GATE GATE PARAGATE PARASAMGATE
BODHI SÖHA

Devemos praticar continuamente essa meditação e recitação como nossa prática diária.

O sentido desse mantra é o seguinte: TAYATHA significa "Assim", OM refere-se a "eu" e GATE significa "ir". Juntas, essas palavras significam "Assim, eu irei" ou "Eu irei realizar a perfeição de sabedoria do caminho da acumulação". O segundo GATE significa "Eu irei realizar a perfeição de sabedoria do caminho da preparação", PARAGATE significa "eu irei realizar a perfeição de sabedoria do caminho da visão", PARASAMGATE significa "eu irei realizar a perfeição de sabedoria do caminho da meditação", BODHI significa "eu irei realizar a perfeição de sabedoria do caminho do Não-Mais-Aprender", e SÖHA significa "eu irei construir o fundamento básico para todas essas realizações interiores a fim de beneficiar todos os seres vivos". Aqui, "fundamento básico" refere-se a treinar as etapas do caminho vasto, que são apresentadas na Parte Dois.

Shariputra

A Aprovação de Buda e a Promessa de Praticar

A APROVAÇÃO DAS RESPOSTAS POR BUDA

Então, o Abençoado saiu daquela concentração e disse ao Superior Avalokiteshvara, o Bodhisattva, o Grande Ser, que ele havia falado bem: "Bom, bom, ó Filho da linhagem. Isso é assim. Visto que é assim, exatamente como revelaste, é desse modo que a profunda perfeição de sabedoria deve ser praticada, e os Tathagatas também irão se regozijar".

COMO SABEMOS, NÃO conseguimos falar ou ensinar ao mesmo tempo em que estamos meditando de modo estritamente focado; para sermos capazes de falar ou ensinar, precisamos sair da nossa concentração. No entanto, porque os Budas realizam direta e simultaneamente a verdade última e a verdade convencional, eles são capazes de falar ou ensinar enquanto meditam de modo estritamente focado na vacuidade; eles não necessitam sair de sua concentração para fazer isso. Quando Ananda diz "Então, o Abençoado saiu daquela concentração", ele está dizendo isso seguindo unicamente a aparência comum, a aparência aos seres comuns.

Além disso, como já foi mencionado, porque esse Sutra foi ensinado por Buda pelo seu coração, ele é um ensinamento do próprio Buda. Portanto, quando Buda dá sua aprovação às respostas de Avalokiteshvara, isso segue unicamente a aparência comum, porque a resposta veio, de fato, do próprio Buda.

OS SEGUIDORES FICAM FELIZES E ADOTAM COM SINCERIDADE OS ENSINAMENTOS

Quando o Abençoado assim falou, o Venerável Shariputra, o Superior Avalokiteshvara, o Bodhisattva, o Grande Ser, e todo o círculo de discípulos, assim como os seres mundanos - deuses, humanos, semideuses e espíritos - ficaram deleitados e louvaram grandemente o que fora proferido pelo Abençoado.

Quando Buda estava dando ensinamentos sobre os *Sutras Perfeição de Sabedoria*, a grande assembleia de discípulos que recebia esses ensinamentos incluía humanos, Bodhisattvas, deuses, semideuses e espíritos. Todos eles se regozijaram profundamente com sua própria boa fortuna por terem recebido esse ensinamento profundo e prometeram praticar e difundir esses ensinamentos.

Dentre os discípulos humanos, aqueles com mentes puras viram diretamente os discípulos não humanos, como as deidades Avalokiteshvara e Maitreya. O grupo de discípulos que eram espíritos incluía a assembleia de discípulos naga. É dito que, naquele tempo, muitos dentre os reis naga tinham uma devoção especialmente forte pelos ensinamentos de Buda sobre os *Sutras Perfeição de Sabedoria* e, após o falecimento de Buda, quando, por muitas razões, o Budismo Mahayana degenerou-se seriamente, os espíritos naga levaram as escrituras extensas dos *Sutras Perfeição de Sabedoria* para seu próprio mundo. Por causa disso, essas escrituras desapareceram do mundo humano por centenas de anos. Mais tarde, o grande mestre Nagarjuna visitou o mundo naga para encontrar essas escrituras e retornou com elas ao mundo humano. Então, ele restaurou e difundiu o Budismo Mahayana, em geral, e os ensinamentos dos *Sutras Perfeição de Sabedoria*, em particular. Por essa razão, a grande bondade de Nagarjuna é incomensurável. O mestre budista indiano Atisha disse:

Alcançaremos a iluminação da Budeidade
Ao confiar nas instruções que vêm de Nagarjuna e de
seu discípulo, Chandrakirti;
Com visões que contradizem essas instruções, não há
aquisição alguma da iluminação.

A história da vida de Nagarjuna pode ser encontrada na Parte Dois.

Comentário ao *Sutra Coração*

PARTE DOIS:
Explicação do Significado Oculto do Sutra

Ananda

Explicação Preliminar e as Vidas do Protetor Nagarjuna e Arya Asanga

EXPLICAÇÃO PRELIMINAR

Devemos saber que todos e cada um dos seres vivos têm seu próprio corpo e mente verdadeiros, que são seu corpo sutil e mente sutil. Eles são chamados "corpo residente-contínuo e mente residente-contínua" e são sua natureza búdica, a linhagem de um futuro Buda. Porque os seres vivos a possuem, quando encontram o Budadharma, eles todos podem, por fim, alcançar o estado de um Buda iluminado.

Um Buda iluminado é uma pessoa que despertou do sono da ignorância e que atua concedendo paz mental para todos e cada um dos seres vivos. Quando os seres vivos experienciarem paz mental o tempo todo, eles serão sempre felizes; sem paz mental, ninguém experiencia felicidade. De onde vem a paz mental dos seres vivos? Ela vem da mente dos seres vivos ao receber as bênçãos de Buda. Essa é a atuação, ou função, de um Buda. A partir disso podemos compreender que Buda é a fonte da felicidade de todos os seres vivos. A partir de nossa própria experiência compreendemos que nesta vida impura não há felicidade ou liberdade verdadeiras, de modo algum. Portanto, porque nós e todos os seres vivos desejamos com sinceridade ser felizes e livres do sofrimento, precisamos decididamente aplicar esforço para alcançar o estado de um Buda iluminado. Quando alcançarmos esse estado, iremos nos tornar a fonte de felicidade para todos os demais seres vivos. Buda ensinou o *Sutra Coração* para conduzir todos os seres vivos à felicidade suprema da iluminação.

Esse Sutra mostra diretamente as etapas do caminho profundo, mas revela, implicitamente, as etapas do caminho vasto. Esses dois caminhos, o profundo e o vasto, são o caminho efetivo à iluminação. O caminho profundo é o treino na perfeição de sabedoria, que foi explicado na Parte Um; e o caminho vasto é o treino nos caminhos das pessoas de escopos inicial e mediano e as práticas de amor, compaixão e bodhichitta.

O Protetor Nagarjuna recebeu do Bodhisattva Manjushri as instruções sobre as etapas do caminho profundo, que as recebeu diretamente de Buda Shakyamuni. Arya Asanga recebeu do Bodhisattva Maitreya as instruções das etapas do caminho vasto, que as recebeu diretamente de Buda Shakyamuni. As linhagens dessas duas instruções foram transmitidas de professor para professor numa sucessão ininterrupta até chegarem a Atisha, o fundador do Budismo *Kadampa*. Atisha escreveu um texto intitulado *Luz para o Caminho*, no qual explica a maneira como praticar as etapas dos caminhos vasto e profundo, numa apresentação especial conhecida como "as etapas do caminho das pessoas de escopos inicial, mediano e grande". Essa apresentação inclui, de um modo prático, todos os ensinamentos de Buda sobre o Sutra e o Tantra.

As instruções que têm essa apresentação especial são chamadas "*Lamrim Kadam*" ou "Dharma Kadam". O texto de Atisha, *Luz para o Caminho*, é o texto raiz do Lamrim Kadam. Ele é muito curto e, sem um comentário detalhado a esse texto, é difícil compreender como praticar corretamente as etapas dos caminhos profundo e vasto, em especial as etapas do caminho profundo. Por causa disso, a sabedoria de todos os Budas apareceu no Tibete na forma de Je Tsongkhapa, que escreveu comentários extensos, medianos e curtos ao texto *Luz para o Caminho* e deu extensos ensinamentos públicos. Desse modo, o Lamrim Kadam floresceu por todo o Tibete, China, Mongólia e muitos outros países asiáticos e, agora, está começando a se difundir pelo restante do mundo. Eu, pessoalmente, tenho a oportunidade de praticar e ensinar o Dharma Kadam por meio da grande bondade de Je Tsongkhapa e de meu Guia Espiritual Trijang Dorjechang, que é uma manifestação de Je Tsongkhapa.

O PROTETOR NAGARJUNA

A vida e as obras de Nagarjuna foram profetizadas várias vezes por Buda. Numa passagem bem conhecida do *Sutra "Ida para Lanka"*, Buda é perguntado sobre quem manteria a doutrina após seu falecimento. Buda respondeu:

> Na região sul, na Terra das Palmeiras,
> O monge Shriman, de grande renome,
> Conhecido pelo nome "Naga",
> Refutará os extremos da existência e da não-existência.
> Tendo proclamado ao mundo meus ensinamentos –
> O Grande Veículo insuperável –
> Ele realizará o solo Muito Alegre
> E partirá para a Terra de Êxtase.

Como foi predito, quatrocentos anos após o falecimento de Buda, um filho nasceu numa próspera família brâmane que vivia numa região no sul da Índia, conhecida como Bedarwa, ou "Terra das Palmeiras". Um oráculo predisse que a criança viveria sete dias apenas, mas que seu tempo de vida poderia ser aumentado em mais sete dias se presentes fossem concedidos a uma centena de pessoas comuns; por mais sete meses se oferendas fossem feitas a uma centena de brâmanes; ou, por mais sete anos, se oferendas fossem feitas a uma centena de monges. No entanto, o oráculo não conhecia nenhum método para aumentar sua vida além disso. Portanto, seus pais fizeram oferendas a uma centena de monges, e, como resultado, foram capazes de viver felizes com seu filho por sete anos.

Como o sétimo aniversário da criança se aproximasse, eles a enviaram numa peregrinação com vários criados, pois não poderiam suportar o testemunho de sua morte. Guiados por uma manifestação de Avalokiteshvara, o grupo dirigiu-se para o Monastério de Nalanda,

Nagarjuna

onde encontraram o grande professor Saraha. Eles explicaram a Saraha a má situação do menino, e ele lhes disse que a criança poderia evitar a morte prematura ficando em Nalanda e se ordenando monge. Ele deu ao menino uma iniciação, ou transmissão de bênçãos, à prática de longa vida de Buda Amitayus e incentivou-o a praticar extensivamente esse ioga. Na véspera de seu sétimo aniversário, o menino recitou sem interrupção o mantra de Amitayus e, como resultado, evitou a morte prematura. No dia seguinte, foi ordenado monge e lhe foi dado o nome "Shrimanta". Ele permaneceu em Nalanda onde, sob a proteção de Manjushri, foi capaz de estudar todos os Sutras e Tantras. Em pouco tempo, ele se tornou um professor e erudito plenamente realizado e sua reputação se espalhou amplamente. Por fim, foi nomeado abade de Nalanda.

A vida de Nagarjuna compreende três grandes períodos de feitos auspiciosos que correspondem às três giradas da Roda do Dharma por Buda, motivo pelo qual Nagarjuna é frequentemente chamado de "o Segundo Buda". O primeiro período corresponde ao seu mandato como abade de Nalanda. Infelizmente, a disciplina moral dos monges havia se degenerado desde o tempo em que Buda deu pela primeira vez os votos, e Nagarjuna foi muito ativo em restaurar a pureza da disciplina. Ele esclareceu muitos pontos da disciplina moral em ensinamentos extensos e escreveu diversas obras sobre conduta pura. Esses escritos, conhecidos como *Coleção de Conselhos*, incluem obras como *Guirlanda Preciosa*, *Carta Amigável*, *Árvore de Sabedoria*, *Uma Centena de Sabedorias* e *Gotas para Curar os Seres*. Essas atividades estão relacionadas com a primeira girada da Roda do Dharma por Buda.

No entanto, Nagarjuna é melhor lembrado pelos trabalhos do segundo período. Como foi mencionado anteriormente, os *Sutras Perfeição de Sabedoria*, os principais ensinamentos mahayana, desapareceram deste mundo pouco tempo após o falecimento de Buda. Isso é dito porque alguns nagas que receberam esse ensinamento de Buda levaram as escrituras *Perfeição de Sabedoria* extensas para seu próprio mundo para guardá-las em segurança. Restaram somente poucos praticantes que podiam compreender esses ensinamentos, e a maioria deles manteve secreta sua prática. Os únicos ensinamentos de Buda que continuaram a se difundir amplamente foram os ensinamentos hinayana e, como resultado, muitas pessoas supuseram que esses ensinamentos fossem os únicos que Buda tinha dado. Algum tempo depois, os nagas convidaram Nagarjuna para visitá-los e devolveram as escrituras *Perfeição de Sabedoria* para ele. Nagarjuna trouxe as escrituras para o mundo humano e propagou-as amplamente. Devido ao seu relacionamento especial com os nagas e porque ele curou muitos nagas de doenças por meio de preces rituais especiais, foi dado a Nagarjuna o nome "Protetor dos nagas". "Arjuna" foi acrescentado ao seu nome porque Nagarjuna difundiu os ensinamentos mahayana do mesmo modo que o legendário arqueiro Arjuna desferia flechas com seu arco – com grande rapidez e exatidão. Por essa razão, ele finalmente se tornou conhecido como "Protetor Nagarjuna".

Por ter uma mente muito lúcida e grande sabedoria, Nagarjuna era perfeitamente capaz de compreender os *Sutras Perfeição de Sabedoria* e explicá-los para os outros. Ele difundiu amplamente esses ensinamentos, fomentando um grande reflorescimento da doutrina mahayana neste mundo. Ele apresentou um sistema de raciocínio que, por tê-lo direcionado por um caminho perfeito entre os dois extremos da existência e não-existência, tornou-se conhecido como "a Filosofia do Caminho do Meio", ou "Madhyamaka". Nagarjuna escreveu muitos comentários aos *Sutras Perfeição de Sabedoria* que elucidam a visão madhyamaka. Esses tratados, conhecidos como *Coleção de Raciocínios*, incluem o famoso *Sabedoria Fundamental do Caminho do Meio* e seus quatro membros: *Sessenta Raciocínios*, *Setenta Vacuidades*, *Finamente Tecido* e *Refutação das Objeções*. Ele também escreveu *Compêndio de Sutras*, *Cinco Etapas do Estágio de Conclusão de Guhyasamaja* e muitos outros comentários aos Sutras e aos Tantras. Essas atividades estão relacionadas à segunda girada da Roda do Dharma por Buda.

O terceiro período de feitos auspiciosos de Nagarjuna aconteceu próximo ao fim de sua vida. Agindo sob os conselhos de Tara, ele retornou ao sul da Índia e residiu num lugar chamado

Monte Esplendor, onde deu mais ensinamentos extensos sobre os Sutras e os Tantras e escreveu muitos outros textos. Esses escritos, conhecidos como *Coleção de Louvores*, incluem trabalhos como *Louvor do Dharmadhatu*, *Louvor do Supramundano*, *Louvor do Inconcebível* e *Louvor do Supremo*. Essas atividades estão relacionadas à terceira girada da Roda do Dharma por Buda.

Não é possível, num relato tão breve, sequer começar a fazer justiça à vida e às obras de Nagarjuna. Por toda sua vida, ele se devotou totalmente a reviver o Dharma Mahayana e a manter a *Sangha* Mahayana. Para esse fim, deu numerosos ensinamentos, escreveu muitos livros sobre o Sutra e o Tantra e executou outros incontáveis feitos excelentes. Como mencionado no *Sutra "Ida para Lanka"*, Nagarjuna realizou o primeiro solo do Bodhisattva, chamado "Muito Alegre". Depois, avançou mais adiante e alcançou, por fim, a terra do supremo êxtase da iluminação.

ARYA ASANGA

Asanga foi um grande praticante que tinha o desejo sincero de receber ensinamentos dos *Sutras Perfeição de Sabedoria*, nos quais poderia encontrar todas as instruções das etapas do caminho à iluminação. Ele tentou encontrar um professor que lhe ensinasse o significado oculto dos *Sutras Perfeição de Sabedoria*, isto é, as etapas do caminho vasto, mas não conseguia encontrar tal professor em lugar algum. Por fim, Asanga decidiu que precisava obter uma visão direta de Maitreya, que havia recebido esses ensinamentos diretamente de Buda Shakyamuni. Para realizar esse objetivo, Asanga entrou em retiro, numa caverna de uma remota montanha. Por três anos, ele se concentrou na visualização, meditação e recitação do mantra de Buda Maitreya, mas suas obstruções cármicas o impediam de ver Maitreya e ele ficou desencorajado e interrompeu seu retiro. Quando estava retornando a sua casa, encontrou um homem trabalhando com muito empenho, cortando um bloco de ferro com uma pena de pavão. Asanga perguntou ao homem: "Como você pode cortar esse bloco de ferro com uma pena de pavão?". O homem respondeu: "Com esforço, posso realizar qualquer coisa. Veja, eu já fiz algum progresso", e mostrou a Asanga uma marca no bloco. Asanga então perguntou: "O que você irá fazer quando tiver cortado o bloco?". E o homem respondeu: "Nada. Apenas o deixarei aqui". Asanga pensou: "Se esse homem pode trabalhar com tanto empenho por algo que não tem sentido, com toda a certeza eu posso trabalhar continuamente em meu retiro por algo que trará grande significado para mim e para incontáveis seres vivos". Com esse pensamento, ele retornou ao seu retiro.

O homem cortando o bloco de ferro com a pena de pavão era, na verdade, emanado por Maitreya para o benefício de Asanga. Maitreya ajudava continuamente Asanga por meio dessa e de muitas outras emanações. Após doze anos de retiro, Asanga ficou novamente desencorajado e abandonou seu retiro. Então, Maitreya emanou-se como uma cadela que havia desmaiado à margem da estrada e que estava sendo lentamente devorada viva por muitas larvas. Quando Asanga viu a cadela, desenvolveu forte compaixão por ambas – pela cadela e pelas larvas. Para salvar a vida de ambas, ele cortou um pedaço de carne de sua própria coxa e, retirando todas as larvas do corpo da cadela com sua própria língua, transferiu-as para o pedaço de carne. Por meio dessas ações virtuosas compassivas, as obstruções cármicas que o tinham impedido de ver Maitreya foram purificadas por completo e, em vez de ver a cadela, Asanga repentinamente viu Maitreya. Com um sentimento misto de choque e alegria, Asanga exclamou: "Por que precisei esperar tanto tempo para te ver?". Maitreya respondeu: "Eu tenho estado contigo desde o início de teu retiro, mas tuas obstruções mentais cármicas impediram-te de me ver. Como posso, agora, ajudar-te?".

Asanga, então, pediu a Maitreya: "Por favor, dá-me as instruções dos *Sutras Perfeição de Sabedoria* que recebeste diretamente de Buda Shakyamuni, para que eu consiga alcançar a iluminação de um Buda, como tu o fizeste". Então, por meio do poder das bênçãos de Maitreya, Asanga alcançou instantaneamente o Palácio Yiga Chodzin, na Terra Pura de Tushita, e lá recebeu as instruções do *Sutra Perfeição de Sabedoria*.

Asanga também recebeu instruções sobre *Cinco Categorias de Dharma*, de Maitreya, que compreendem *Ornamento da Clara Realização* (um comentário aos *Sutras Perfeição de Sabedoria*) e quatro comentários a outros ensinamentos de Sutra de Buda – *Ornamento para os Sutras Mahayana*, *Explicação dos Fenômenos e Vacuidade dos Fenômenos*, *Distinguindo o Caminho do Meio e os Extremos* e *Sublime Continuum*.

Asanga permaneceu na Terra Pura de Tushita por cinquenta anos. Durante esse tempo, ele enfatizou a prática das etapas do caminho à iluminação que havia recebido diretamente de Maitreya e avançou até o terceiro solo de um Bodhisattva superior. Ele também traduziu *Cinco Categorias de Dharma*, de Maitreya, da língua da Terra Pura de Tushita para o sânscrito e, então, retornou ao mundo humano trazendo esses cinco textos.

Nessa época, havia muitos eruditos e professores famosos, incluindo Vasubandhu, o irmão mais jovem de Asanga, que rejeitavam os ensinamentos mahayana de Buda. Vasubandhu era, originalmente, um famoso professor hinayana que tinha milhares de discípulos. Em um livro, Vasubandhu criticou o mahayana, dizendo que esses ensinamentos eram como uma flor num céu que não existe, que Nagarjuna era um dos mensageiros dos maras e que seu próprio irmão, Asanga, era um seguidor dos maras.

Asanga achou difícil suportar seu jovem irmão criando tanto carma negativo e, movido por compaixão, pensou em maneiras de interrompê-lo. Por fim, decidiu pedir a um praticante mahayana que havia memorizado o Sutra mahayana intitulado *Sutra sobre os Dez Solos (de um Bodhisattva)* para visitar seu jovem irmão e que, enquanto permanecesse lá, recitasse esse Sutra em voz alta todas as manhãs. O praticante foi visitar Vasubandhu e, por ele ter sido enviado por seu irmão mais velho, Vasubandhu permitiu-lhe que ficasse. Na manhã seguinte, bem cedo, o praticante recitou o Sutra em voz alta e Vasubandhu ouviu-o. Porque era muito inteligente e tinha uma mente instruída e aguçada, Vasubandhu começou a apreciar esse Sutra mahayana e desenvolveu um bom sentimento por ele. Na outra manhã, o praticante recitou novamente o Sutra, e Vasubandhu ouviu-o cuidadosamente e compreendeu com facilidade seu verdadeiro sentido. Vasubandhu desenvolveu um apreço profundo pelo Sutra e começou a se arrepender de sua rejeição anterior aos ensinamentos mahayana de Buda e de suas críticas a Nagarjuna e ao seu irmão mais velho. Na terceira manhã, quando o praticante recitava o Sutra, Vasubandhu obteve uma profunda compreensão de seu sentido por inteiro.

Vasubandhu pensou sobre como eram maravilhosos e preciosos os ensinamentos de Buda sobre o estilo de vida do Bodhisattva, e desenvolveu um arrependimento tão profundo por ter rejeitado os ensinamentos mahayana de Buda e um desejo tão intenso de purificar os efeitos de suas ações negativas que quase enlouqueceu. Ele pegou uma faca e, a todos que encontrava, pedia para cortar sua língua! Quando as pessoas lhe perguntavam o porquê, ele respondia: "Com esta língua eu criei más ações tão pesadas que eu desejo morrer. Eu quero purificar essas ações agora; por isso, por favor, corte fora minha língua". Uma pessoa disse a Vasubandhu que, para purificar seu carma negativo, ele não precisava cortar sua língua, mas que deveria visitar seu irmão, Asanga, que lhe ensinaria um método especial para purificar sua negatividade. Com lágrimas de arrependimento, Vasubandhu pediu a seu irmão: "Por favor, ensina-me um método para purificar meu carma negativo". Asanga era capaz de se comunicar diretamente com Buda Maitreya e disse a seu irmão que esperasse, enquanto perguntava a Maitreya que tipo de purificação seu jovem irmão deveria fazer. Maitreya disse a Asanga que, se Vasubandhu ingressasse imediatamente no caminho mahayana e escrevesse muitos comentários aos Sutras mahayana, seu carma negativo seria gradualmente purificado. Quando Asanga contou a seu irmão o que Maitreya havia dito, Vasubandhu imediatamente ingressou no caminho mahayana e tornou-se um discípulo de Asanga, escrevendo depois muitos comentários aos Sutras mahayana. Desse modo, ele purificou a maior parte de seu carma negativo, mas, porque marcas sutis de suas negatividades ainda permaneciam, Vasubandhu levou um pouco mais de tempo para alcançar a iluminação, que, se não fosse por isso, já a teria realizado.

Asanga transmitiu as instruções das etapas do caminho vasto a seus discípulos, principalmente a Vasubandhu. Por fim, essas instruções chegaram a Atisha, que, como já foi mencionado, ensinou uma apresentação especial do Lamrim conhecida como "as etapas do caminho das pessoas de escopos inicial, mediano e grande". Por essa razão, Atisha é reconhecido como o fundador do Lamrim Kadam. Atisha fundamentou suas instruções de Lamrim a partir de *Ornamento da Clara Realização*, de Maitreya, que Asanga havia traduzido da língua de Tushita para o sânscrito.

Asanga

O Caminho de uma Pessoa de Escopo Inicial

AS ETAPAS DO CAMINHO VASTO: O SIGNIFICADO OCULTO DO *SUTRA CORAÇÃO*

Tendo compreendido como treinar a perfeição de sabedoria, explicada na Parte Um, se aprendermos como treinar as etapas do caminho vasto conheceremos o sentido completo do *Sutra Coração*. Por essa razão, segue-se, agora, neste comentário, a apresentação das etapas do caminho vasto. Essa apresentação tem três partes:

1. O caminho de uma pessoa de escopo inicial;
2. O caminho de uma pessoa de escopo mediano;
3. O caminho de uma pessoa de grande escopo.

O CAMINHO DE UMA PESSOA DE ESCOPO INICIAL

Neste contexto, uma "pessoa de escopo inicial" refere-se a alguém que tem uma capacidade inicial para desenvolver compreensão e realizações espirituais.

A PRECIOSIDADE DA NOSSA VIDA HUMANA

O propósito de compreender a preciosidade da nossa vida humana é encorajar-nos a extrair o sentido da nossa vida humana e não desperdiçá-la em atividades sem sentido. Nossa vida humana é muito preciosa e significativa, mas somente se a usarmos para obter a libertação permanente e a felicidade suprema da iluminação. Devemos nos encorajar a realizar o verdadeiro sentido da nossa vida humana por meio de compreender e contemplar a seguinte explicação.

Muitas pessoas acreditam que o desenvolvimento material é o verdadeiro sentido da vida humana, mas podemos ver que não importa quanto desenvolvimento material exista no mundo, ele nunca reduz o sofrimento e os problemas humanos. Em vez disso, ele frequentemente faz com que os sofrimentos e os problemas aumentem; portanto, ele não é o verdadeiro sentido da vida humana. Devemos saber que, vindos das nossas vidas anteriores, alcançamos agora o mundo humano por apenas um breve instante e que temos a oportunidade de obter a felicidade suprema da iluminação praticando o Dharma. Essa é a nossa extraordinária boa fortuna. Quando obtivermos a iluminação, teremos satisfeito todos os nossos desejos e poderemos satisfazer os desejos de todos os outros seres vivos; teremos libertado a nós mesmos permanentemente dos sofrimentos desta vida e de incontáveis vidas futuras e poderemos beneficiar diretamente todos e cada um dos seres vivos, todos os dias. A conquista da iluminação é, portanto, o verdadeiro sentido da vida humana.

A iluminação é a luz interior de sabedoria que é permanentemente livre de toda aparência equivocada e que atua concedendo paz mental para todos e cada um dos seres vivos, todos os dias. Agora mesmo obtivemos um renascimento humano e temos a oportunidade de alcançar a iluminação pela prática de Dharma; assim sendo, se desperdiçarmos esta preciosa oportunidade em atividades sem sentido, não haverá maior perda nem maior insensatez do que essa. O motivo é que tal oportunidade preciosa será extremamente difícil de ser encontrada no futuro. Em um Sutra, Buda torna isso claro pela seguinte analogia. Ele pergunta aos seus discípulos: "Imaginem que exista um vasto e profundo oceano do tamanho deste mundo, que em sua superfície haja uma canga dourada flutuando e que no fundo do oceano vive uma tartaruga cega que vem à superfície apenas uma vez a cada cem mil anos. Quantas vezes a tartaruga colocaria sua cabeça no meio da canga?" Ananda, seu discípulo, respondeu que, certamente, isso seria extremamente raro.

Nesse contexto, o vasto e profundo oceano refere-se ao samsara – o ciclo de vida impura que temos experienciado desde tempos sem início, continuamente, vida após vida, sem-fim – a canga dourada refere-se ao Budadharma e a tartaruga cega refere-se a nós. Embora não sejamos fisicamente como uma tartaruga, mentalmente não somos muito diferentes; e embora os nossos olhos físicos possam não ser cegos, os nossos olhos de sabedoria o são. Na maioria das nossas incontáveis vidas anteriores, permanecemos no fundo do oceano do samsara, nos três reinos inferiores – no reino animal, no reino dos fantasmas famintos e no reino do inferno – emergindo como ser humano apenas a cada cem mil anos, mais ou menos. Mesmo quando alcançamos brevemente o reino superior do oceano do samsara como um ser humano, é extremamente raro encontrar a canga dourada do Budadharma: o oceano do samsara é extremamente vasto, a canga dourada do Budadharma não permanece num único lugar, mas move-se de um lugar a outro, e os nossos olhos de sabedoria estão sempre cegos. Por essas razões, Buda diz que, no futuro, mesmo se obtivermos um renascimento humano, será extremamente raro encontrar o Budadharma novamente; encontrar o Dharma Kadam é ainda mais raro que isso. Podemos ver que a grande maioria dos seres humanos no mundo, embora tenham brevemente alcançado o reino superior do samsara como seres humanos, não encontraram o Budadharma. O motivo é que os seus olhos de sabedoria não se abriram.

O que significa "encontrar o Budadharma"? Significa ingressar no budismo buscando sinceramente refúgio em Buda, Dharma e Sangha e assim ter a oportunidade de ingressar e fazer progressos no caminho à iluminação. Se não encontrarmos o Budadharma, não teremos a oportunidade para fazer isso e, assim, não teremos a oportunidade de obter a felicidade pura e duradoura da iluminação, o verdadeiro sentido da vida humana. Concluindo, devemos pensar:

> *Agora, eu alcancei por um breve momento o mundo humano e tenho a oportunidade de obter a libertação permanente do sofrimento e a felicidade suprema da iluminação, por meio de colocar o Dharma em prática. Se eu desperdiçar esta preciosa oportunidade em atividades sem sentido, não haverá maior perda nem maior insensatez.*

Com esse pensamento, tomamos a firme determinação de praticar agora, enquanto temos esta oportunidade, o Dharma dos ensinamentos de Buda sobre renúncia, compaixão universal e visão profunda da vacuidade. Então, meditamos repetidamente nessa determinação. Devemos praticar essa contemplação e meditação todos os dias em muitas sessões e, desse modo, nos encorajarmos a extrair o verdadeiro sentido da nossa vida humana.

Devemos nos perguntar o que consideramos mais importante – o que desejamos, pelo que nos dedicamos ou com o que sonhamos? Para algumas pessoas são as posses materiais, como uma casa grande com os últimos requintes de conforto, um carro veloz ou um emprego bem remunerado. Para outros é reputação, boa aparência, poder, excitação ou aventura. Muitos tentam encontrar o sentido de suas vidas em relacionamentos familiares e círculo de amigos. Todas essas coisas podem nos fazer superficialmente felizes por pouco tempo, mas elas também causam muita preocupação e sofrimento. Elas nunca nos darão a verdadeira felicidade que todos nós, em nossos corações, buscamos. Já que não podemos levá-las conosco quando morrermos, se tivermos feito delas o principal sentido da nossa vida, com toda a certeza irão nos decepcionar. As aquisições mundanas, tomadas como um fim em si mesmas, são ocas: elas não são o verdadeiro sentido da vida humana.

Com a nossa vida humana podemos, ao colocar o Dharma em prática, obter a suprema paz permanente da mente, conhecida como "nirvana", e a iluminação. Uma vez que essas aquisições são não enganosas e são estados últimos de felicidade, elas são o verdadeiro sentido da vida humana. No entanto, porque o nosso desejo por prazer mundano é tão forte, temos pouco ou nenhum interesse pela prática de Dharma. Do ponto de vista espiritual, essa ausência de interesse pela prática de Dharma é um tipo de preguiça chamado "preguiça do apego". A porta da libertação estará fechada para nós enquanto tivermos essa preguiça e, consequentemente, continuaremos a experienciar infortúnio e sofrimento nesta vida e em incontáveis vidas futuras. A maneira de superar essa preguiça, o principal obstáculo para a nossa prática de Dharma, é meditar sobre a morte.

Precisamos contemplar a nossa morte e meditar sobre ela repetidamente, até obtermos uma profunda realização sobre a morte. Embora, num nível intelectual, todos nós saibamos que definitivamente iremos morrer, a nossa percepção da morte permanece superficial. Na medida em que a nossa compreensão intelectual da morte não toca o nosso coração, continuamos a pensar todos os dias "eu não vou morrer hoje, eu não vou morrer hoje". Mesmo no dia da nossa morte, ainda estaremos pensando sobre o que faremos no dia ou na semana seguintes. Essa mente que pensa todo dia "eu não vou morrer hoje" é enganosa – ela nos conduz na direção errada e faz com que a nossa vida humana se torne vazia. Por outro lado, meditando sobre a morte substituiremos gradativamente o pensamento enganoso "eu não vou morrer hoje" pelo pensamento não enganoso "talvez eu morra hoje". A mente que espontaneamente pensa todos os dias "talvez eu morra hoje" é a realização sobre a morte. É essa realização que elimina diretamente a nossa preguiça do apego e abre a porta para o caminho espiritual.

Em geral, podemos ou não morrer hoje – não sabemos. No entanto, se pensarmos todos os dias "talvez eu não morra hoje", esse pensamento irá nos enganar porque vem da nossa ignorância; porém, se em vez disso pensarmos todos os dias "talvez eu morra hoje", esse pensamento não irá nos enganar porque vem da nossa sabedoria. Esse pensamento benéfico impedirá a nossa preguiça do apego e irá nos encorajar a preparar o bem-estar das nossas incontáveis vidas futuras ou a aplicar grande esforço para ingressar no caminho da libertação e da iluminação. Desse modo, tornaremos significativa a nossa vida humana atual. Até agora desperdiçamos, sem sentido algum, as nossas incontáveis vidas anteriores: não trouxemos nada conosco das nossas vidas passadas, exceto delusões e sofrimento.

O QUE A NOSSA MORTE SIGNIFICA?

A nossa morte é a separação permanente entre o nosso corpo e a nossa mente. Podemos experienciar muitas separações temporárias do nosso corpo e mente, mas elas não são a nossa morte. Por exemplo, quando aqueles que completaram seu treino na prática conhecida como "transferência de consciência" entram em meditação, suas mentes separam-se dos seus corpos. Seus corpos permanecem onde estão meditando e suas mentes vão para uma Terra Pura e, então, retornam aos seus corpos. À noite, durante os sonhos, o nosso corpo permanece na cama, mas a nossa mente vai para diversos lugares do mundo do sonho e então retorna para o nosso corpo. Essas separações de nosso corpo e mente não são a nossa morte porque elas são apenas temporárias.

Na morte, a nossa mente separa-se permanentemente do nosso corpo. O nosso corpo permanece no local de sua vida, mas a nossa mente vai para os diversos lugares das nossas vidas futuras, como um pássaro deixando um ninho e voando para outro. Isso mostra claramente a existência das nossas incontáveis vidas futuras e que a natureza e a função do nosso corpo e da nossa mente são muito diferentes. Nosso corpo é uma forma visual que possui cor e formato, mas nossa mente é um continuum sem forma que sempre carece de cor e formato. A natureza da nossa mente é um vazio semelhante ao espaço, e ela atua percebendo ou entendendo objetos. Por meio disso, podemos compreender que o nosso cérebro não é a nossa mente. O cérebro é simplesmente uma parte do nosso corpo que, por exemplo, pode ser fotografado, ao passo que não podemos fazer o mesmo com a nossa mente.

Podemos não ficar felizes ao ouvir sobre a nossa morte, mas contemplar e meditar sobre a morte é muito importante para a efetividade da nossa prática de Dharma. O motivo é que ela impede o principal obstáculo a nossa prática de Dharma – a preguiça do apego às coisas desta vida – e nos encoraja a praticar o puro Dharma agora. Se fizermos isso, realizaremos o verdadeiro sentido da vida humana antes da nossa morte.

COMO MEDITAR SOBRE A MORTE

Primeiro, fazemos a seguinte contemplação:

> *Com certeza, eu vou morrer. Não há nenhuma maneira de impedir que o meu corpo finalmente decaia. Dia após dia, momento após momento, a minha vida está se esvaindo. Eu não tenho nenhuma ideia de quando morrerei: a hora da morte é completamente incerta. Muitas pessoas jovens morrem antes de seus pais, algumas morrem no momento em que nascem – não há certezas neste mundo. Além disso, há muitas causas de morte prematura. As vidas de muitas pessoas fortes e saudáveis são destruídas em acidentes. Não há garantia de que eu não morrerei hoje.*

Tendo contemplado repetidamente esses pontos, repetimos mentalmente muitas e muitas vezes "talvez eu morra hoje, talvez eu morra hoje" e concentramo-nos no sentimento que isso evoca. Transformamos a nossa mente no sentimento "talvez eu morra hoje" e permanecemos estritamente focados nele pelo maior tempo possível. Devemos praticar essa meditação repetidamente, até acreditarmos espontaneamente todos os dias: "talvez eu morra hoje". Finalmente, chegaremos à conclusão: "Já que terei que partir cedo deste mundo, não há sentido em ficar apegado às coisas desta vida. Em vez disso, a partir de agora devotarei toda a minha vida para praticar o Dharma pura e sinceramente". Então, mantemos essa determinação dia e noite.

Durante o intervalo entre meditações devemos, sem preguiça, aplicar esforço em nossa prática de Dharma. Realizando que os prazeres mundanos são enganosos e que eles nos distraem de usar a nossa vida de uma maneira significativa, devemos abandonar o apego por eles. Dessa maneira, podemos eliminar o principal obstáculo à pura prática de Dharma.

OS PERIGOS DE UM RENASCIMENTO INFERIOR

O propósito desta explicação é encorajar-nos a preparar uma proteção contra os perigos de um renascimento inferior. Se não fizermos isso agora, enquanto temos uma vida humana com suas liberdades e dotes e a oportunidade para fazê-lo, será tarde demais quando tivermos qualquer um dos três renascimentos inferiores; e será extremamente difícil obter uma preciosa vida humana novamente. Diz-se que é mais fácil para os seres humanos obterem a iluminação que para seres como os animais obterem um precioso renascimento humano. Compreendendo isso, vamos nos encorajar a abandonar não-virtude, praticar virtude e buscar refúgio em Buda, Dharma e Sangha (os supremos amigos espirituais). Essa é a nossa verdadeira proteção.

Cometer ações não virtuosas é a causa principal de renascimento inferior, enquanto que praticar virtude e buscar refúgio em Buda, Dharma e Sangha são as causas principais de um precioso renascimento humano – um renascimento no qual temos a oportunidade de obter a libertação permanente de todo o sofrimento. Ações não virtuosas graves são a principal causa de renascimento como um ser-do-inferno, ações não virtuosas medianas são a causa principal de renascimento como um fantasma faminto e ações não virtuosas menores são a causa principal de renascimento como um animal. Existem muitos exemplos dados nas escrituras budistas sobre como as ações não virtuosas conduzem a renascimentos nos três reinos inferiores.

Havia uma vez um caçador cuja esposa vinha de uma família de criadores de animais. Após morrer, ele renasceu como uma vaca, pertencendo à família de sua mulher. Então, um açougueiro comprou essa vaca, abateu-a e vendeu a carne. O caçador renasceu sete vezes como uma vaca, pertencendo à mesma família e, dessa maneira, tornou-se alimento para outras pessoas.

No Tibete há um lago chamado Yamdroktso, onde muitas pessoas da cidade próxima costumavam passar suas vidas pescando. Certa vez, um grande iogue com clarividência visitou a cidade e disse: "eu vejo que as pessoas desta cidade e os peixes deste lago estão continuamente trocando suas posições". O que ele quis dizer é que as pessoas da cidade que gostavam de pescar estavam renascendo como peixes, o alimento de outras pessoas, e os peixes no lago estavam renascendo como as pessoas que gostavam de pescar. Dessa maneira, trocando seus aspectos físicos, eles estavam continuamente matando e comendo uns aos outros. Esse ciclo de infortúnio continuou geração após geração.

COMO MEDITAR SOBRE OS PERIGOS DE UM RENASCIMENTO INFERIOR

Primeiro, fazemos a seguinte contemplação:

> *Quando o óleo de uma lamparina é consumido, a chama se extingue porque ela é produzida pelo óleo; mas, quando o nosso corpo morre, a nossa consciência não se extingue, porque a consciência não é produzida pelo corpo. Quando morremos, a nossa mente tem que deixar este corpo atual, que é apenas uma morada temporária, e encontrar outro corpo, assim como um pássaro deixando um ninho e voando para outro. A nossa mente não tem liberdade de permanecer e não tem escolha para onde ir. Somos soprados para o lugar do nosso próximo renascimento pelos ventos das nossas ações, ou carma (nossa boa fortuna ou infortúnio). Se o carma que amadurecer na hora da nossa morte for negativo, com toda a certeza teremos um renascimento inferior.*

Carma negativo grave causa renascimento no inferno, carma negativo mediano causa renascimento como fantasma faminto e carma negativo menor causa renascimento como um animal.

É muito fácil cometer carma negativo grave. Por exemplo, ao simplesmente esmagar um mosquito com raiva, criamos a causa para renascer no inferno. Nesta e em todas as nossas incontáveis vidas anteriores, cometemos muitas ações negativas graves. A não ser que já tenhamos purificado essas ações pela prática sincera de confissão, as suas potencialidades permanecem em nosso continuum mental e qualquer uma dessas potencialidades negativas poderá amadurecer quando morrermos. Mantendo isso em mente, devemos nos perguntar: "Se eu morrer hoje, onde estarei amanhã? É muito provável que eu me encontre no reino animal, entre os fantasmas famintos ou no inferno. Se alguém hoje me chamasse de vaca estúpida, acharia difícil tolerar isso, mas o que eu faria se realmente me tornasse uma vaca, um porco ou um peixe – o alimento de seres humanos?".

Tendo contemplado repetidamente esses pontos e compreendido como os seres nos reinos inferiores, tais como os animais, experienciam sofrimento, geramos um forte medo de renascer nos reinos inferiores. Essa sensação de medo é o objeto da nossa meditação. Retemos, então, essa sensação sem esquecê-la; a nossa mente deve permanecer estritamente focada nessa sensação de medo pelo maior tempo possível. Se perdermos o objeto da nossa meditação, renovamos a sensação de medo relembrando-a imediatamente ou repetindo a contemplação.

Durante o intervalo entre meditações, tentamos nunca nos esquecer da nossa sensação de medo de renascer nos reinos inferiores. Em geral, medo é algo sem sentido, mas o medo gerado por meio da contemplação e meditação acima tem um imenso significado, porque ele surge da sabedoria e não da ignorância. Esse medo é a principal causa de buscar refúgio em Buda, Dharma e Sangha, a verdadeira proteção de tais perigos, e nos ajuda a sermos conscienciosos e atentos em evitar ações não virtuosas.

BUSCAR REFÚGIO

Neste contexto, "buscar refúgio" significa buscar refúgio em Buda, Dharma e Sangha. O propósito desta prática é proteger-nos permanentemente de um renascimento inferior. No momento presente, porque somos humanos, estamos livres de um renascimento como um animal, fantasma faminto ou ser-do-inferno, mas isso é apenas temporário. Somos como um prisioneiro que ganhou permissão para ficar em seu lar por uma semana, mas que depois disso tem que retornar à prisão. Precisamos de libertação permanente dos sofrimentos desta vida e das incontáveis vidas futuras. Isso depende de ingressar, de fazer progressos e de concluir o caminho budista à libertação, que, por sua vez, depende de ingressar no budismo.

Ingressamos no budismo pela prática de buscar refúgio. Para que a nossa prática de refúgio seja qualificada devemos fazer, enquanto visualizamos Buda a nossa frente, a promessa verbal ou mental de buscar refúgio em Buda, Dharma e Sangha por toda a nossa vida. Essa promessa é o nosso voto de refúgio e é a porta através da qual ingressamos no budismo. Estaremos no budismo durante o tempo que mantivermos essa promessa, mas, se a quebrarmos, estaremos fora. Ao ingressar e permanecer dentro do budismo, temos a oportunidade de começar, de fazer progressos e de concluir o caminho budista à libertação e à iluminação.

Nunca devemos abandonar a promessa de buscar refúgio em Buda, Dharma e Sangha por toda a nossa vida. Buscar refúgio em Buda, Dharma e Sangha significa que aplicamos esforço em receber as bênçãos de Buda, em colocar o Dharma em prática e em receber ajuda da Sangha. Esses são os três principais compromissos do voto de refúgio. Mantendo e praticando sinceramente esses três principais compromissos de refúgio podemos realizar nossa meta final.

A principal razão pela qual precisamos nos determinar *e* fazer a promessa de buscar refúgio em Buda, Dharma e Sangha por toda a nossa vida é que precisamos alcançar a libertação permanente do sofrimento. No momento presente, podemos estar livres de sofrimento

Atisha

físico e dor mental, mas, como foi mencionado anteriormente, essa liberdade é somente temporária. Mais tarde, nesta vida e em nossas incontáveis vidas futuras, teremos que experienciar insuportável sofrimento físico e dor mental continuamente, vida após vida, sem-fim.

Quando a nossa vida está em perigo ou quando somos ameaçados por alguém, normalmente buscamos refúgio na polícia. É claro que, algumas vezes, a polícia pode nos proteger de um perigo em particular, mas ela não pode nos dar libertação permanente da morte. Quando estamos seriamente doentes, buscamos refúgio em médicos. Algumas vezes, os médicos podem curar uma doença específica, mas nenhum médico pode nos dar a libertação permanente das doenças. O que realmente precisamos é da libertação permanente de todos os sofrimentos e, como seres humanos, podemos conquistar isso buscando refúgio em Buda, Dharma e Sangha.

Os Budas são "Despertos", o que significa que eles despertaram do sono da ignorância e estão livres dos sonhos do samsara, o ciclo de vida impura. Eles são seres completamente puros, que estão permanentemente livres de todas as delusões (ou aflições mentais) e aparências equivocadas. Como foi mencionado anteriormente, a atuação, ou função, dos Budas é conceder paz mental a todos e cada um dos seres vivos todos os dias, por meio de suas bênçãos. Sabemos que estamos felizes quando a nossa mente está em paz e infelizes quando ela não está em paz. Fica claro, portanto, que a nossa felicidade depende de termos uma mente pacífica e não de boas condições exteriores. Mesmo se as nossas condições exteriores forem pobres, se mantivermos uma mente em paz o tempo todo seremos sempre felizes. Recebendo continuamente as bênçãos de Buda, podemos manter uma mente pacífica o tempo todo. Buda é, portanto, a fonte da nossa felicidade. O Dharma é a verdadeira proteção pela qual somos permanentemente libertados dos sofrimentos da doença, envelhecimento, morte e renascimento; e a Sangha são os amigos espirituais supremos que nos guiam aos caminhos espirituais corretos. Por meio dessas três preciosas joias-que-satisfazem-os-desejos, Buda, Dharma e Sangha – conhecidas como as

"Três Joias" –, podemos satisfazer tanto os nossos próprios desejos como os desejos de todos os seres vivos.

Devemos recitar todos os dias, do fundo do nosso coração, preces de pedidos para os Budas iluminados, enquanto mantemos profunda fé neles. Esse é um método simples para recebermos continuamente as bênçãos de Buda. Devemos também nos reunir para fazer preces em grupo, conhecidas como "pujas", organizadas nos Templos Budistas ou Salas de Preces, e que são métodos poderosos para receber as bênçãos e a proteção de Buda.

COMO MEDITAR EM BUSCAR REFÚGIO

Primeiro, fazemos a seguinte contemplação:

> *Eu quero me proteger e me libertar permanentemente dos sofrimentos desta vida e das incontáveis vidas futuras. Somente posso realizar isso se receber as bênçãos de Buda, colocar o Dharma em prática e receber ajuda da Sangha – os amigos espirituais supremos.*

Pensando profundamente desse modo, primeiro tomamos a forte determinação e, depois, fazemos a promessa de sinceramente buscar refúgio em Buda, Dharma e Sangha por toda a nossa vida. Devemos meditar nessa determinação todos os dias e manter continuamente a nossa promessa pelo resto da nossa vida. Como compromisso do nosso voto de refúgio, devemos sempre aplicar esforço para receber as bênçãos de Buda, colocar o Dharma em prática e receber ajuda da Sangha, nossos amigos espirituais puros, incluindo o nosso professor espiritual. É desse modo que buscamos refúgio em Buda, Dharma e Sangha. Por meio disso, realizaremos nosso objetivo – a libertação permanente de todos os sofrimentos desta vida e das incontáveis vidas futuras, o verdadeiro sentido da nossa vida humana.

Para manter a nossa promessa de buscar refúgio em Buda, Dharma e Sangha por toda a nossa vida e a fim de que nós e todos os seres vivos possamos receber as bênçãos e a proteção de Buda, recitamos a seguinte prece de refúgio todos os dias, com forte fé:

Eu e todos os seres sencientes, até alcançarmos a iluminação,
Nos refugiamos em Buda, Dharma e Sangha.

O QUE É CARMA?

O propósito de compreender e acreditar no carma é impedir o sofrimento futuro e estabelecer o fundamento básico para o caminho à libertação e à iluminação. Geralmente, carma significa "ação". Das ações não virtuosas advém sofrimento e das ações virtuosas surge felicidade: se acreditamos nisso, acreditamos no carma. Buda deu extensos ensinamentos que provam a verdade dessa afirmação e muitos exemplos diferentes que mostram a conexão especial entre as ações das nossas vidas anteriores e as nossas experiências nesta vida, algumas delas explicadas no livro *Caminho Alegre da Boa Fortuna*.

Em nossas vidas anteriores, executamos muitos tipos de ações não virtuosas que causaram sofrimento aos outros. Como resultado dessas ações não virtuosas, vários tipos de condições e situações de infortúnio surgem e experienciamos sofrimento e problemas humanos sem-fim. O mesmo acontece a todos os demais seres vivos.

Devemos avaliar se acreditamos, ou não, que a principal causa do sofrimento são as nossas ações não virtuosas e que a principal causa de felicidade são as nossas ações virtuosas. Se não acreditarmos nisso, nunca aplicaremos esforço em acumular ações virtuosas, ou mérito, e nunca purificaremos as nossas ações não virtuosas; e, por causa disso, experienciaremos sofrimento e dificuldades continuamente, vida após vida, sem-fim.

Toda ação que executamos deixa uma marca em nossa mente muito sutil e cada marca finalmente dará origem ao seu próprio efeito. Nossa mente é como um campo e executar ações é como semear nesse campo. Ações virtuosas plantam sementes de felicidade futura e ações não virtuosas plantam sementes de sofrimento futuro.

Essas sementes permanecem adormecidas em nossa mente até que as condições para o seu amadurecimento ocorram e, nesse momento, elas produzem seu efeito. Em alguns casos, isso pode acontecer muitas vidas depois que a ação original foi realizada.

As sementes que amadurecem quando morremos são muito importantes porque elas determinam qual o tipo de renascimento que teremos em nossa próxima vida. A semente que, em particular, amadurece na morte depende do estado da mente com o qual morremos. Se morrermos com uma mente pacífica, isso estimulará uma semente virtuosa e experienciaremos um renascimento afortunado. Entretanto, se morrermos com uma mente perturbada, como acontece num estado de raiva, isso estimulará uma semente não virtuosa e experienciaremos um renascimento desafortunado. Isso é semelhante ao modo como os pesadelos são provocados por estarmos com um estado mental agitado logo antes de adormecer.

Todas as ações inadequadas, incluindo matar, roubar, má conduta sexual, mentir, discurso divisor, discurso ofensivo, tagarelice, cobiça, maldade e sustentar visões errôneas, são ações não virtuosas. Quando abandonamos as ações não virtuosas e aplicamos esforço para purificar as nossas ações não virtuosas anteriores, estamos praticando disciplina moral. Isso irá nos impedir de experienciar sofrimento futuro e de ter um renascimento inferior. Exemplos de ações virtuosas são treinar todas as meditações e outras práticas espirituais apresentadas neste livro. Meditação é uma ação mental virtuosa que é a causa principal para experienciar paz mental no futuro. Sempre que praticamos meditação, seja a nossa meditação clara ou não, estamos executando uma ação mental virtuosa que é a causa da nossa felicidade futura e de paz mental. Normalmente, estamos preocupados principalmente com as nossas ações físicas e verbais, mas na realidade as ações mentais são mais importantes. Nossas ações físicas e verbais dependem da nossa ação mental, que, por sua vez, depende de tomarmos uma decisão mental.

Sempre que fazemos ações virtuosas, como meditar ou outras práticas espirituais, devemos ter a seguinte determinação mental:

Montando o cavalo das ações virtuosas,
Eu o conduzirei ao caminho da libertação com as rédeas da renúncia;
E instigando esse cavalo para adiante com o chicote do esforço,
Alcançarei rapidamente a Terra Pura da libertação e da iluminação.

Tendo contemplado a explicação acima, devemos pensar:

Uma vez que eu mesmo nunca desejo sofrer e sempre quero ser feliz, preciso abandonar e purificar as minhas ações não virtuosas e sinceramente executar ações virtuosas.

Devemos meditar nessa determinação todos os dias e colocar a nossa determinação em prática.

Je Tsongkhapa

O Caminho de uma Pessoa de Escopo Mediano

Neste contexto, uma "pessoa de escopo mediano" refere-se a alguém que tem uma capacidade mediana para desenvolver compreensão e realizações espirituais.

O QUE DEVEMOS CONHECER

Como foi mencionado anteriormente, no *Sutra das Quatro Nobres Verdades*, Buda diz: "Deves conhecer os sofrimentos". Ao dizer isso, Buda está nos aconselhando a tomar conhecimento dos insuportáveis sofrimentos que experienciaremos em nossas vidas futuras e, por essa razão, desenvolver renúncia, a determinação de nos libertarmos permanentemente desses sofrimentos.

Em geral, todos os que têm dor física ou mental, incluindo os animais, compreendem seu próprio sofrimento; mas quando Buda diz "Deves conhecer os sofrimentos", ele quer dizer que devemos conhecer os sofrimentos das nossas vidas futuras. Compreendendo isso, desenvolveremos um forte desejo de nos libertar deles. Esse conselho prático é importante para todos porque, se tivermos o desejo de nos libertar dos sofrimentos das vidas futuras, devemos determinadamente usar nossa atual vida humana para a felicidade e a liberdade das nossas incontáveis vidas futuras. Não há significado maior do que esse.

Se não tivermos esse desejo, desperdiçaremos nossa preciosa vida humana somente para a liberdade e a felicidade desta única curta vida. Isso seria uma loucura, porque nossa intenção e ações não seriam diferentes da intenção e das ações dos animais, que estão preocupados apenas com esta vida. Certa vez, o grande iogue Milarepa disse para um caçador chamado Gonpo Dorje:

> O teu corpo é humano, mas tua mente é a de um animal.
> Tu, um ser humano que possuis uma mente de animal, por favor, ouve a minha canção.

Normalmente, acreditamos que solucionar o sofrimento e os problemas da nossa vida atual é o mais importante e dedicamos toda a nossa vida a esse propósito. Na realidade, a duração do sofrimento e dos problemas desta vida é muito curta; se morrermos amanhã, eles acabarão amanhã. No entanto, já que a duração do sofrimento e dos problemas das vidas futuras é sem-fim, a liberdade e a felicidade das nossas vidas futuras são imensamente mais importantes que a liberdade e a felicidade desta curta vida. Com as palavras "Deves conhecer os sofrimentos", Buda nos encoraja a usar a nossa vida humana atual para preparar a liberdade e a felicidade das nossas incontáveis vidas futuras. Aqueles que fazem isso são verdadeiramente sábios.

Nas vidas futuras, quando renascermos como um animal, como uma vaca ou um peixe, iremos nos tornar o alimento de outros seres vivos e teremos que experienciar muitos outros tipos de sofrimento animal. Os animais não têm liberdade e são usados pelos seres humanos como alimento e para trabalho e divertimento. Eles não têm oportunidade de aperfeiçoarem a si mesmos; ainda que ouçam preciosas palavras de Dharma, elas são tão sem sentido para eles como o soprar do vento. Quando renascermos como um fantasma faminto, não teremos sequer uma minúscula gota de água para beber; nossa única água serão as nossas lágrimas. Teremos que experienciar insuportáveis sofrimentos de sede e fome por muitas centenas de anos. Quando renascermos como um ser-do-inferno nos infernos quentes, nosso corpo irá se tornar inseparável do fogo e os outros serão capazes de distinguir nosso corpo do fogo somente por ouvir nossos gritos de sofrimento. Teremos que experienciar o insuportável tormento do nosso corpo ser queimado por milhões de anos. Assim como todos os outros fenômenos, os reinos do inferno não existem inerentemente, mas existem como meras aparências à mente, como sonhos. Quando renascermos como um deus do reino do desejo, experienciaremos grande conflito e insatisfação. Mesmo que experienciemos um pouco de prazer superficial, nossos desejos irão se tornar ainda mais fortes e até teremos mais sofrimento mental que os seres humanos. Quando renascermos como um semideus, seremos sempre invejosos da glória dos deuses e, por causa disso, teremos grande sofrimento mental. Nossa inveja é como um espinho penetrando em nossa mente, fazendo-nos experienciar sofrimento físico e mental por longos períodos. Quando renascermos como um ser humano, teremos que experienciar vários tipos de sofrimento humano, como os sofrimentos do nascimento, doença, envelhecimento e morte.

NASCIMENTO

Quando nossa consciência ingressa na união do espermatozoide do nosso pai e do óvulo da nossa mãe, o nosso corpo é uma substância aquosa bastante quente, como iogurte branco tingido de vermelho. Nos primeiros momentos após a concepção não temos sensações densas, mas assim que elas se desenvolvem começamos a experienciar dor. O nosso corpo torna-se, gradualmente, mais e mais consistente e os nossos membros crescem como se nosso corpo estivesse sendo esticado numa roda de tortura. Dentro do útero da nossa mãe é quente e escuro. O nosso lar por nove meses é esse espaço pequeno, bastante apertado e cheio de substâncias impuras. É como estar espremido dentro de um pequeno tanque de água cheio de líquido imundo, com a tampa firmemente fechada, de modo que nenhum ar ou luz consigam entrar.

Enquanto estamos no útero da nossa mãe experienciamos muita dor e medo, tudo isso inteiramente sós. Somos extremamente sensíveis a tudo o que a nossa mãe faz. Quando ela anda rapidamente, sentimos como se estivéssemos caindo de uma montanha alta e ficamos aterrorizados. Se ela tem relações sexuais, sentimos como se estivéssemos sendo esmagados e sufocados entre dois imensos pesos e ficamos em pânico. Se nossa mãe der apenas um pequeno salto, sentimos como se estivéssemos sendo jogados contra o chão de uma grande altura. Se ela bebe qualquer coisa quente, sentimos como se água escaldante estivesse queimando nossa pele e, se ela bebe qualquer coisa gelada, parece como se fosse uma ducha fria no inverno.

Quando saímos do útero da nossa mãe, sentimos como se estivéssemos sendo forçados através de uma abertura apertada entre duas rochas bem firmes e, quando acabamos de nascer, nosso corpo é tão delicado que qualquer tipo de contato é doloroso. Mesmo se alguém nos segurar com muita ternura, suas mãos parecerão espinhos furando nossa carne e os mais delicados tecidos parecerão ásperos e abrasivos. Comparada com a maciez e suavidade do útero da nossa mãe, qualquer sensação tátil é desagradável e dolorosa. Se alguém nos pegar é como se estivéssemos sendo balançados acima de um grande precipício e nos sentimos assustados e inseguros. Esquecemo-nos de tudo que sabíamos em nossa vida passada; do útero da nossa mãe trouxemos apenas dor e confusão. Tudo o que escutamos é sem sentido, como o som do vento, e não podemos compreender nada do que percebemos. Nas primeiras semanas, somos como alguém que é cego, surdo e mudo e que sofre de profunda amnésia. Quando estamos com fome, não podemos dizer "eu preciso de comida", e quando sentimos dor não conseguimos falar "isto está me fazendo mal". Os únicos sinais que podemos fazer são lágrimas quentes e gestos violentos. Nossa mãe frequentemente não tem ideia da dor e do desconforto que estamos experienciando. Somos completamente impotentes e tudo nos tem que ser ensinado – como comer, como sentar, como andar, como falar.

Embora sejamos muito vulneráveis nas primeiras semanas da nossa vida, os nossos sofrimentos não cessam à medida que crescemos. Continuamos a experienciar vários tipos de sofrimento por toda a nossa vida. Do mesmo modo que, quando acendemos uma lareira numa casa grande, o calor do fogo permeia toda a casa e todo o calor da casa tem a sua origem no fogo, quando nascemos no samsara o sofrimento permeia toda a nossa vida e todos os sofrimentos que experienciamos surgem porque tivemos um renascimento contaminado.

Nosso renascimento humano, contaminado pela delusão venenosa do agarramento ao em-si, é a base do nosso sofrimento humano; sem essa base, não existem problemas humanos. As dores do nascimento gradualmente se convertem nas dores da doença, envelhecimento e morte – elas são um único continuum.

DOENÇA

Nosso nascimento também dá origem ao sofrimento da doença. Assim como o vento e a neve do inverno roubam a glória dos prados verdejantes, das árvores, das florestas e das flores, a doença nos toma o esplendor da juventude do nosso corpo, destruindo o seu vigor e o poder dos nossos sentidos. Se normalmente somos saudáveis e nos sentimos bem, quando adoecemos ficamos repentinamente incapazes de nos envolver em nossas atividades físicas normais. Mesmo um campeão de boxe, que normalmente é capaz de levar a nocaute todos os seus adversários, torna-se completamente indefeso quando a doença o atinge. A doença faz com que todas as experiências dos nossos prazeres diários desapareçam e leva-nos a experienciar sensações desagradáveis dia e noite.

Quando caímos doentes, somos como um pássaro que estava pairando nas alturas do céu e repentinamente é abatido. Quando um pássaro é abatido, ele cai direto ao chão como um pedaço de chumbo e toda a sua glória e poder são imediatamente destruídos. De modo semelhante, quando ficamos doentes nos tornamos repentinamente incapacitados. Se estivermos seriamente doentes, podemos nos tornar completamente dependentes dos outros e perder até mesmo a habilidade de controlar nossas funções corporais. Essa transformação é difícil de suportar, especialmente para os que são orgulhosos de sua independência e bem-estar físico.

Quando estamos doentes, sentimo-nos frustrados por não podermos fazer o nosso trabalho habitual ou concluir todas as tarefas com as quais nos comprometemos. Facilmente ficamos impacientes com nossa doença e deprimidos com todas as coisas que não podemos fazer. Não conseguimos desfrutar das coisas que normalmente nos dão prazer, como a prática de esportes, dançar, beber, comer alimentos saborosos ou a companhia dos nossos amigos. Todas essas limitações nos fazem sentir ainda mais infelizes; e, para aumentar a nossa infelicidade, temos que suportar todas as dores físicas que a doença traz.

Quando estamos doentes, temos que experienciar não apenas todas as dores indesejáveis da própria doença, mas também toda sorte de outras coisas indesejadas. Por exemplo, temos que tomar qualquer medicamento que for prescrito, quer seja um remédio de sabor repugnante, uma série de injeções, passar por uma grande cirurgia ou a abstinência de alguma coisa de que gostamos muito. Se tivermos que fazer uma intervenção cirúrgica, teremos que ir ao hospital e aceitar todas as suas condições. Podemos ter que comer alimentos de que não gostamos e ficar numa cama durante todo o dia sem nada para fazer e podemos nos sentir ansiosos em relação à cirurgia. Nosso médico pode não nos explicar exatamente qual é o problema e se ele, ou ela, espera que sobrevivamos ou não.

Se descobrirmos que a nossa doença é incurável e não tivermos experiência espiritual, sofreremos de ansiedade, medo e arrependimento. Podemos ficar deprimidos e perder a esperança, ou podemos ficar com raiva da nossa doença, sentindo que ela é uma inimiga que maldosamente nos privou de toda a alegria.

ENVELHECIMENTO

O nosso nascimento também dá origem aos sofrimentos do envelhecimento. O envelhecimento rouba a nossa beleza, a nossa saúde, a nossa boa aparência, o corado do nosso rosto, a nossa vitalidade e o nosso conforto. O envelhecimento nos transforma em objetos de desdém. Ele traz muitos sofrimentos indesejáveis e leva-nos rapidamente para a nossa morte.

À medida que envelhecemos, perdemos toda a beleza da nossa juventude e o nosso corpo sadio e forte torna-se fraco e oprimido por doenças. Nosso porte, outrora vigoroso e bem proporcionado, torna-se curvado e desfigurado, e os nossos músculos e carne encolhem tanto que os nossos membros tornam-se finos como gravetos e os nossos ossos tornam-se salientes e protuberantes. O nosso cabelo perde a cor e o brilho e a nossa pele perde a radiância. A nossa face torna-se enrugada e a nossa fisionomia torna-se gradualmente distorcida. Milarepa disse:

> Como os velhos se levantam? Eles se levantam como se estivessem arrancando uma estaca do chão. Como os velhos andam? Uma vez que estejam em pé, eles têm que andar cuidadosamente, como fazem os caçadores de pássaros. Como os velhos se sentam? Eles se estatelam como malas pesadas cujas alças se romperam.

Podemos contemplar o seguinte poema sobre os sofrimentos do envelhecimento, escrito pelo erudito Gungtang:

> Quando somos idosos, nosso cabelo se torna branco,
> Não porque o tenhamos lavado muito bem;
> Isso é um sinal de que, em breve, encontraremos o Senhor da Morte.
>
> Temos rugas em nossa fronte,
> Não porque tenhamos carne demais;
> É um aviso do Senhor da Morte: "Estás prestes a morrer".
>
> Nossos dentes caem,
> Não para abrir espaço para novos;
> É um sinal de que, em breve, perderemos a capacidade de comer comida humana.

Nosso rosto é feio e aborrecido,
Não porque estejamos usando máscaras;
Isso é um sinal de que perdemos a máscara da juventude.

Nossa cabeça balança de um lado para outro,
Não porque estejamos discordando;
É o Senhor da Morte batendo em nossa cabeça com o
bastão que ele traz em sua mão direita.

Andamos curvados, fitando o chão,
Não porque estejamos à procura de agulhas perdidas;
Isso é um sinal de que estamos em busca de nossa beleza e
memórias perdidas.

Levantamo-nos do chão usando os quatro membros,
Não porque estejamos a imitar os animais;
Isso é um sinal de que as nossas pernas estão fracas
demais para suportar o nosso corpo.

Sentamo-nos como se tivéssemos sofrido uma queda
repentina,
Não porque estejamos zangados;
Isso é um sinal de que o nosso corpo perdeu seu vigor.

Nosso corpo balança quando andamos,
Não porque pensemos que somos importantes;
Isso é um sinal de que as nossas pernas não podem
sustentar o nosso corpo.

Nossas mãos tremem,
Não porque estejam com ânsia de roubar;
Isso é um sinal de que os dedos gananciosos do Senhor da
Morte estão roubando as nossas posses.

Comemos pouco,
Não porque somos avaros;
Isso é um sinal de que não podemos digerir nossa comida.

Produzimos chiados com frequência,
Não porque estejamos sussurrando mantras aos doentes;
Isso é um sinal de que nossa respiração em breve
desaparecerá.

Quando somos jovens podemos viajar ao redor do mundo inteiro, mas quando estamos velhos dificilmente conseguimos ir até a porta de entrada da nossa própria casa. Tornamo-nos muito fracos para nos envolver em muitas atividades mundanas e as nossas atividades espirituais são frequentemente abreviadas. Por exemplo, temos pouco vigor físico para fazer ações virtuosas e pouca energia mental para memorizar, contemplar e meditar. Não podemos assistir a ensinamentos que são dados em lugares de difícil acesso ou desconfortáveis de se estar. Não podemos ajudar os outros através de meios que requeiram força física e boa saúde. Privações como essas frequentemente deixam as pessoas idosas muito tristes.

Quando envelhecemos, ficamos como alguém que é cego e surdo. Não podemos ver com clareza e precisamos de óculos cada vez mais fortes até que não possamos mais ler. Não podemos escutar claramente e isso nos deixa com dificuldades cada vez maiores para ouvir música ou a televisão ou para escutar o que os outros estão dizendo. Nossa memória se enfraquece. Todas as atividades, mundanas e espirituais, tornam-se mais difíceis. Se praticamos meditação, torna-se mais difícil obtermos realizações porque nossa memória e concentração estão muito fracas. Não conseguimos nos dedicar ao estudo. Desse modo, se não tivermos aprendido e treinado as práticas espirituais quando éramos jovens, a única coisa a fazer quando envelhecermos é desenvolver arrependimento e esperar pela chegada do Senhor da Morte.

Quando somos idosos não conseguimos obter o mesmo prazer das coisas que costumávamos desfrutar, como alimento, bebida e sexo. Estamos fracos demais para disputar um jogo e também estamos frequentemente exaustos até para nos distrairmos. À medida que o nosso tempo de vida se esgota, não conseguimos nos incluir nas atividades das pessoas jovens. Quando eles viajam, temos que ficar para trás. Ninguém quer nos levar com eles quando somos velhos e ninguém deseja nos visitar. Mesmo os nossos netos não querem ficar conosco por muito tempo. Pessoas idosas frequentemente pensam consigo mesmas: "Que maravilhoso seria se os jovens estivessem comigo. Poderíamos sair para caminhadas e eu poderia mostrar-lhes algo", mas os jovens não querem ser incluídos em nossos planos. À medida que suas vidas vão chegando ao fim, as pessoas idosas experienciam o sofrimento do abandono e da solidão. Eles têm muitos sofrimentos específicos.

MORTE

O nosso nascimento também dá origem aos sofrimentos da morte. Se durante a nossa vida tivermos trabalhado arduamente para adquirir posses e se tivermos nos tornado muito apegados a elas, experienciaremos grande sofrimento na hora da morte, pensando: "Agora eu tenho que deixar todas as minhas preciosas posses para trás". Mesmo agora achamos difícil emprestar algum dos nossos mais preciosos bens, quanto mais dá-lo. Não é de surpreender que fiquemos tão infelizes quando nos damos conta que, nas mãos da morte, temos que abandonar tudo.

Quando morremos, temos de nos separar até mesmo dos nossos amigos mais próximos. Temos de deixar nosso companheiro ainda que tenhamos estado juntos durante anos, sem passar sequer um dia separados. Se formos muito apegados aos nossos amigos, experienciaremos grande sofrimento na hora da morte, mas tudo o que poderemos fazer será segurar suas mãos. Não seremos capazes de parar o processo da morte, mesmo se eles implorarem para que não morramos. Geralmente, quando somos muito apegados a alguém sentimos ciúme caso ele, ou ela, nos deixe sozinhos e passe o seu tempo com outra pessoa, mas quando morrermos teremos que deixar nossos amigos com os outros para sempre. Teremos que deixar todos, incluindo nossa família e todas as pessoas que nos ajudaram nesta vida.

Quando morrermos, este corpo que temos apreciado e cuidado de tantas e variadas maneiras terá de ser deixado para trás. Ele irá se tornar insensível como uma pedra e será sepultado sob a terra ou cremado. Se não tivermos a proteção interior da experiência espiritual, na hora da morte experienciaremos medo e angústia, assim como dor física.

Quando a nossa consciência deixar o nosso corpo na hora da morte, todas as potencialidades que acumulamos em nossa mente por meio das ações virtuosas e não virtuosas que fizemos irão conosco. Não poderemos levar nada deste mundo além disso. Todas as outras coisas irão nos decepcionar. A morte interrompe todas as nossas atividades – as nossas conversas, a nossa refeição, o nosso encontro com amigos, o nosso sono. Tudo chega ao fim no dia da nossa morte e temos que deixar todas as coisas para trás, até mesmo os anéis em nossos dedos. No Tibete, os mendigos carregam consigo um bastão para se defenderem dos cachorros. Para compreender a completa privação provocada pela morte devemos lembrar de que, na hora da morte, os mendigos têm que deixar até esse velho bastão, a mais insignificante das posses humanas. Ao redor do mundo, podemos ver que os nomes esculpidos em pedra são a única posse dos mortos.

OUTROS TIPOS DE SOFRIMENTO

Nós também temos de experienciar os sofrimentos da separação, de ter que nos defrontar com o que não gostamos e de não ter nossos desejos satisfeitos – os quais incluem os sofrimentos da pobreza e de ser prejudicado por humanos e não-humanos e por água, fogo, vento e terra. Antes da separação final na hora da morte, frequentemente temos que experienciar separação temporária de pessoas e coisas de que gostamos, o que nos causa dor mental. Podemos ter que deixar o nosso país, onde todos os nossos amigos e parentes vivem, ou podemos ter que deixar o trabalho de que gostamos. Podemos perder nossa reputação. Muitas vezes nesta vida temos que experienciar o sofrimento de nos separar das pessoas de que gostamos ou abandonar e perder as coisas que consideramos agradáveis e atraentes; mas, quando morrermos, teremos que nos separar para sempre de todos os nossos companheiros e prazeres e de todas as condições exteriores e interiores desta vida que contribuem para a nossa prática de Dharma.

Frequentemente temos que nos encontrar e conviver com pessoas de quem não gostamos ou enfrentar situações que consideramos desagradáveis. Algumas vezes podemos nos achar numa situação muito perigosa, como num incêndio ou enchente, ou onde há violência, como num tumulto ou numa batalha. Nossas vidas estão repletas de situações menos extremas que achamos irritantes. Algumas vezes somos impedidos de fazer as coisas que queremos. Num dia ensolarado podemos nos determinar a ir para a praia, mas nos encontrarmos presos num congestionamento. Continuamente experienciamos interferência dos nossos demônios interiores das delusões, ou aflições mentais, que perturbam nossa mente e nossas práticas espirituais. Há inumeráveis condições que frustram nossos planos e impedem-nos de fazer o que queremos. É como se estivéssemos nus e vivendo num arbusto espinhento – sempre que tentamos nos mexer, somos feridos pelas circunstâncias. Pessoas e coisas são como espinhos perfurando a nossa carne e nenhuma situação jamais nos parecerá inteiramente confortável. Quanto mais desejos e planos temos, mais frustrações experienciamos. Quanto mais desejamos determinadas situações, mais nos encontramos presos em situações que não queremos. Todo desejo parece convidar seu próprio obstáculo. Situações indesejáveis nos acontecem sem que procuremos por elas. Na verdade, as únicas coisas que vêm sem esforço são as coisas que não queremos. Ninguém deseja morrer, mas a morte vem sem esforço. Ninguém deseja ficar doente, mas a doença vem sem esforço. Por termos renascido sem liberdade ou controle temos um corpo impuro, vivemos num ambiente impuro e coisas tão desagradáveis desabam sobre nós. No samsara, esse tipo de experiência é completamente natural.

Temos incontáveis desejos, mas não importa quanto esforço façamos, nunca sentimos que os satisfizemos. Mesmo quando conseguimos o que queremos, não o conseguimos da maneira que queríamos. Possuímos o objeto, mas não extraímos satisfação por possuí-lo. Por exemplo, podemos sonhar em nos tornarmos ricos, mas, se nos tornarmos realmente ricos, a nossa vida não será da maneira que havíamos imaginado e não sentiremos que o nosso desejo foi satisfeito. O motivo é que os nossos desejos não diminuem conforme nossa riqueza aumenta. Quanto mais riqueza temos, mais desejamos. A riqueza que procuramos não pode ser encontrada, pois buscamos uma quantidade que sacie os nossos desejos, e nenhuma quantidade de riqueza pode fazer isso. Para piorar as coisas, ao obter o objeto do nosso desejo criamos novas oportunidades para descontentamento. Com cada objeto que desejamos vêm outros objetos que não queremos. Por exemplo, com a riqueza vêm impostos, insegurança e complicados assuntos financeiros. Esses acréscimos indesejáveis impedem que nos sintamos plenamente satisfeitos. De modo semelhante, podemos sonhar com férias nos mares do sul e podemos realmente ir até lá, mas a experiência nunca será o que esperamos e, junto com as nossas férias, vêm outras coisas, como uma queimadura de sol e grandes despesas.

Se examinarmos os nossos desejos, veremos que eles são excessivos. Queremos todas as melhores coisas no samsara – o melhor trabalho, o melhor companheiro, a melhor reputação, a melhor casa, o melhor carro, as melhores férias. Qualquer coisa que não seja a melhor deixa-nos com um sentimento de desapontamento – ainda à procura por ela, mas não encontrando o que queremos. Nenhum prazer mundano, no entanto, pode nos dar a satisfação completa e perfeita que desejamos. Coisas melhores estão sempre sendo produzidas. Em toda parte, novas propagandas anunciam que a melhor coisa acabou de chegar ao mercado, mas poucos dias depois chega outra ainda melhor que a "melhor" de poucos dias atrás. O surgimento de novas coisas para cativar os nossos desejos não tem fim.

As crianças na escola nunca conseguem satisfazer as suas próprias ambições ou as de seus pais. Mesmo que cheguem ao primeiro lugar da classe, elas sentem que não podem se contentar com isso, a menos que façam a mesma coisa no ano seguinte. Se elas prosseguem sendo bem-sucedidas em seus empregos, suas ambições serão mais fortes do que nunca. Não há nenhum ponto a partir do qual possam descansar, sentindo que estão completamente satisfeitas com o que já fizeram.

Podemos pensar que, ao menos, as pessoas que levam uma vida simples no campo devem estar satisfeitas, mas, se olharmos para sua situação, vamos perceber que mesmo os agricultores procuram mas não encontram o que desejam. As suas vidas estão cheias de problemas e ansiedades e eles não desfrutam de paz e satisfação verdadeiras. O sustento deles depende de muitos fatores incertos que estão além de seu controle, como o clima. Os agricultores não têm maior liberdade perante o descontentamento do que um homem de negócios que vive e trabalha na cidade. Homens de negócio parecem elegantes e eficientes quando saem a cada manhã para trabalhar, carregando suas pastas, mas, embora pareçam tão confiantes na aparência, em seus corações eles carregam muitas insatisfações. Eles ainda estão procurando, mas nunca encontram o que desejam.

Se refletirmos sobre essa situação, podemos chegar à conclusão de que encontraremos o que procuramos se abandonarmos todas as nossas posses. Podemos ver, no entanto, que mesmo as pessoas pobres estão à procura, mas não encontram o que buscam, e muitas pessoas pobres têm dificuldade em obter até as necessidades mais básicas da vida: milhões de pessoas no mundo experienciam os sofrimentos da pobreza extrema.

Não podemos evitar o sofrimento da insatisfação mudando frequentemente a nossa situação. Podemos pensar que se conseguirmos continuamente um novo companheiro, um novo emprego ou se ficarmos viajando por aí, encontraremos finalmente o que queremos; mas, mesmo se viajássemos para todas as partes do planeta e tivéssemos um novo amante em cada cidade, ainda assim continuaríamos à procura de um outro lugar e de um outro amante. No samsara não existe verdadeira satisfação dos nossos desejos.

Sempre que virmos qualquer pessoa numa posição elevada ou baixa, seja homem ou mulher, eles diferem apenas na aparência, roupas, comportamento e *status*. Em essência, todos são iguais – todos experienciam problemas em suas vidas. Sempre que temos um problema, é fácil pensar que ele é causado por nossas circunstâncias particulares e que, se mudássemos as circunstâncias, nossos problemas desapareceriam. Acusamos as outras pessoas, os nossos amigos, a nossa comida, o governo, a nossa época, o tempo, a sociedade, a história e assim por diante. No entanto, circunstâncias exteriores como essas não são as principais causas dos nossos problemas. Precisamos reconhecer que todo sofrimento físico e dor mental que experienciamos são a consequência de termos tido um renascimento contaminado pelo veneno interior das delusões. Seres humanos têm que experienciar diversos tipos de sofrimento humano porque tiveram um renascimento contaminado humano; os animais têm que experienciar sofrimento animal porque tiveram um renascimento contaminado animal; e fantasmas famintos e seres-do-inferno têm que experienciar seus próprios sofrimentos porque tiveram um renascimento contaminado como fantasmas famintos ou seres-do-inferno. Mesmo os deuses não estão livres do sofrimento porque eles também tiveram um renascimento contaminado. Assim como uma pessoa presa num violento incêndio desenvolve um medo intenso, devemos desenvolver um medo intenso dos sofrimentos insuportáveis do ciclo sem-fim de vida impura. Esse medo é a verdadeira renúncia e surge da nossa sabedoria. Em conclusão, tendo contemplado a explicação acima, devemos pensar:

> *Não há benefício algum em negar os sofrimentos das vidas futuras; quando eles realmente caírem sobre mim, será tarde demais para me proteger deles. Portanto, preciso, agora e definitivamente, preparar uma proteção para mim, enquanto tenho esta vida humana que me dá a oportunidade de me libertar permanentemente dos sofrimentos das minhas incontáveis vidas futuras. Se eu não aplicar esforço para realizar isso, mas permitir que a minha vida humana se torne vazia de sentido, não haverá maior engano e maior loucura. Preciso aplicar esforço agora para me libertar permanentemente dos sofrimentos das minhas incontáveis vidas futuras.*

Meditamos continuamente nessa determinação, até desenvolvermos o desejo espontâneo de libertar a nós mesmos, de modo permanente, dos sofrimentos das incontáveis vidas futuras. Essa é a verdadeira realização da renúncia. No momento em que desenvolvermos essa realização, ingressaremos no caminho da libertação. Neste contexto, libertação refere-se à suprema paz permanente da mente conhecida como "nirvana", que nos dá felicidade pura e duradoura.

O QUE DEVEMOS ABANDONAR

No *Sutra das Quatro Nobres Verdades*, Buda diz: "Deves abandonar as origens". Ao dizer isso, Buda está nos aconselhando a abandonar as origens caso desejemos nos libertar permanentemente dos sofrimentos das nossas incontáveis vidas futuras. "Origens" significam as nossas delusões, principalmente a delusão do agarramento ao em-si. O agarramento ao em-si é chamado de "origem" porque ele é a fonte de todo o nosso sofrimento e problemas, e também é conhecido como o "demônio interior". As delusões são percepções errôneas que atuam destruindo a nossa paz mental, a fonte de felicidade; elas não têm outra função que não seja nos prejudicar. As delusões, como o agarramento ao em-si, habitam em nosso coração e continuamente nos prejudicam dia e noite sem descanso, destruindo a nossa paz mental. No samsara, o ciclo de vida impura, ninguém tem a chance de experienciar verdadeira felicidade porque sua paz mental, a fonte de felicidade, está continuamente sendo destruída pelo demônio interior do agarramento ao em-si.

A nossa ignorância do agarramento ao em-si é uma mente que acredita equivocadamente que o nosso self, o nosso corpo e todas as outras coisas que normalmente vemos existem verdadeiramente. Por causa dessa ignorância, desenvolvemos apego pelas coisas de que gostamos e raiva pelas coisas de que não gostamos. Então, fazemos diversos tipos de ações não virtuosas e, como resultado dessas ações, experienciamos diversos tipos de sofrimento e problemas nesta vida e vida após vida.

A ignorância do agarramento ao em-si é um veneno interior que causa um prejuízo muito maior do que qualquer outro veneno. Por estar poluída por esse veneno interior, a nossa mente vê tudo de modo equivocado e, como resultado, experienciamos sofrimentos e problemas parecidos com alucinações. Na realidade, o nosso self, o nosso corpo e todas as outras coisas que normalmente vemos não existem. O agarramento ao em-si pode ser comparado a uma árvore venenosa, todas as outras delusões como os seus galhos e todo o nosso sofrimento e problemas como os seus frutos; ele é a verdadeira origem de todas as demais delusões e de todo o nosso sofrimento e problemas. Podemos entender por meio dessa explicação que, se abandonarmos permanentemente nosso agarramento ao em-si, todos os nossos sofrimentos e problemas desta vida e das incontáveis vidas futuras irão cessar permanentemente. O grande iogue Saraha disse: "Se a tua mente for libertada permanentemente do agarramento ao em-si, não há dúvida alguma de que serás liberto permanentemente do sofrimento". Compreendendo isso e tendo contemplado as explicações acima, devemos pensar:

> *Devo aplicar grande esforço em reconhecer, reduzir e finalmente abandonar minha ignorância do agarramento ao em--si completamente.*

Devemos meditar nessa determinação continuamente e colocar nossa determinação em prática.

O QUE DEVEMOS PRATICAR

No *Sutra das Quatro Nobres Verdades*, Buda diz: "Deves praticar o caminho". Neste contexto, "caminho" não significa um caminho exterior que conduz de um lugar a outro, mas um caminho interior, uma realização espiritual que nos conduz à felicidade pura da libertação e iluminação.

A prática das etapas do caminho à libertação pode ser condensada nos três treinos de disciplina moral superior, concentração superior e sabedoria superior. Esses treinos são chamados de "superiores" porque são motivados por renúncia. Eles são, portanto, o verdadeiro caminho à libertação que precisamos praticar.

A natureza da disciplina moral é a determinação virtuosa de abandonar ações inadequadas. Quando praticamos disciplina moral, nós abandonamos as ações inadequadas, mantemos um comportamento puro e fazemos toda ação corretamente, com uma motivação pura. A disciplina moral é muito importante para todos, porque ela evita problemas futuros para nós e para os outros. Ela nos torna puros porque torna nossas ações puras. Precisamos ser limpos e puros; ter um corpo limpo, apenas, não é suficiente, pois o nosso corpo não é o nosso self. Disciplina moral é como um vasto solo que sustenta e nutre o plantio das realizações espirituais. Sem praticar disciplina moral é muito difícil fazer progressos no treino espiritual. Treinar em disciplina moral superior é aprender a tornar-se profundamente familiarizado com a prática de disciplina moral motivada por renúncia.

O segundo treino superior é treinar em concentração superior. A natureza da concentração é ser uma mente virtuosa estritamente focada. Enquanto mantivermos essa mente, experienciaremos paz mental e, consequentemente, seremos felizes. Quando praticamos concentração, impedimos distrações e nos concentramos em objetos virtuosos. É muito importante treinar concentração, pois, com distrações, não conseguimos realizar nada. Treinar em concentração superior é, com a motivação de renúncia, aprender a nos tornarmos profundamente familiarizados com a habilidade de parar as distrações e de nos concentrarmos em objetos virtuosos. Com relação a qualquer prática de Dharma, se a nossa concentração for clara e forte será muito fácil fazer progressos. Normalmente, distração é o principal obstáculo a nossa prática de Dharma. A prática de disciplina moral impede as distrações densas e a concentração impede as distrações sutis; juntas, elas produzem resultados rápidos em nossa prática de Dharma.

O terceiro treino superior é treinar em sabedoria superior. A natureza da sabedoria é ser uma mente inteligente virtuosa que atua compreendendo objetos significativos, como a existência de vidas passadas e futuras, o carma e a vacuidade. Compreender esses objetos traz grande sentido para esta vida e para as incontáveis vidas futuras. Muitas pessoas são muito inteligentes em destruir seus inimigos, cuidar de suas famílias, encontrar aquilo de que necessitam e assim por diante, mas isso não é sabedoria. Até os animais têm uma inteligência assim. A inteligência mundana é enganosa, enquanto a sabedoria nunca nos desapontará. Ela é o nosso Guia Espiritual interior que nos conduz aos caminhos corretos, e é o olho divino através do qual podemos ver as vidas passadas e futuras e a conexão especial entre as nossas ações em vidas passadas e as nossas experiências nesta vida, conhecida como "carma". O carma é um assunto muito extenso e sutil e somente podemos compreendê-lo através de sabedoria. Treinar em sabedoria superior é aprender a desenvolver e aumentar nossa sabedoria que realiza a vacuidade por meio de contemplar e meditar sobre a vacuidade, com uma motivação de renúncia. Essa sabedoria é extremamente profunda. O seu objeto, a vacuidade, não é um nada, mas é a verdadeira natureza de todos os fenômenos. Uma explicação detalhada da vacuidade foi dada na Parte Um.

Os três treinos superiores são o método verdadeiro para obter a libertação permanente do sofrimento desta vida e das incontáveis vidas futuras. Isso pode ser compreendido com a seguinte analogia. Quando cortamos uma árvore usando uma serra, a serra sozinha não pode cortar a árvore sem que usemos nossas mãos, que por sua vez dependem do nosso corpo. Treinar em disciplina moral superior é como o nosso corpo, treinar em concentração superior é como nossas mãos e treinar em sabedoria superior é como a serra. Usando os três juntos, podemos cortar a árvore venenosa da nossa ignorância do agarramento ao em-si e, automaticamente, todas as outras delusões – seus galhos – e todos os nossos sofrimentos e problemas – seus frutos – cessarão por completo. Então, teremos obtido a cessação permanente do sofrimento desta vida e das vidas futuras – a suprema paz permanente da mente conhecida como "nirvana", ou libertação. Teremos solucionado todos os nossos problemas humanos e realizado o verdadeiro sentido da nossa vida.

Contemplando a explicação acima, devemos pensar:

Já que os três treinos superiores são o método verdadeiro para obter a libertação permanente do sofrimento desta vida e das incontáveis vidas futuras, eu preciso aplicar grande esforço em praticá-los.

Devemos meditar nessa determinação continuamente e colocar a nossa determinação em prática.

O QUE DEVEMOS ALCANÇAR

No *Sutra das Quatro Nobres Verdades*, Buda diz: "Deves alcançar as cessações". Neste contexto, "cessação" significa a cessação permanente do sofrimento e de sua raiz, a ignorância do agarramento ao em-si. Ao dizer isso, Buda nos aconselha a não ficarmos satisfeitos com uma libertação temporária de sofrimentos particulares, mas que tenhamos a intenção de realizar a meta máxima da vida humana, a suprema paz permanente da mente (nirvana) e a felicidade pura e eterna da iluminação.

Todo ser vivo, sem exceção, tem que experienciar o ciclo de sofrimentos da doença, envelhecimento, morte e renascimento, vida após vida, sem-fim. Seguindo o exemplo de Buda, devemos desenvolver forte renúncia por esse ciclo sem-fim. Quando vivia no palácio com sua família, Buda observou como o seu povo estava constantemente experienciando esses sofrimentos e tomou a forte determinação de obter a iluminação, a grande libertação, e conduzir cada ser vivo a esse estado.

Buda não nos estimula a abandonar as atividades diárias que proporcionam as condições necessárias para viver ou aquelas que evitam a pobreza, os problemas ambientais, doenças específicas e assim por diante. No entanto, não importa o quanto sejamos bem sucedidos nessas atividades, nunca alcançaremos a cessação permanente de problemas desse tipo. Teremos ainda que experienciá-los em nossas incontáveis vidas futuras e, mesmo nesta vida, embora trabalhemos arduamente para evitar esses problemas, os sofrimentos da pobreza, poluição ambiental e doença estão aumentando em todo o mundo. Além disso, por causa do poder da tecnologia moderna, muitos perigos graves estão a se desenvolver agora no mundo, perigos que nunca haviam sido experienciados anteriormente. Portanto, não devemos ficar satisfeitos com uma mera libertação temporária de problemas específicos, mas aplicar grande esforço em obter liberdade permanente enquanto temos essa oportunidade.

Devemos nos lembrar da preciosidade da nossa vida humana. Por exemplo, aqueles que tiveram um renascimento como animais, ocasionado pelas suas visões deludidas que negavam o valor da prática espiritual – o que constitui a única base para uma vida significativa –, não têm agora nenhuma chance de se envolverem numa prática espiritual. Já que para eles é impossível ouvir, entender, contemplar e meditar nas instruções espirituais, o seu renascimento atual como um animal é, em si mesmo, um obstáculo. Como foi mencionado anteriormente, somente os seres humanos estão livres de tais obstáculos e têm todas as condições necessárias para se comprometerem com caminhos espirituais, os únicos caminhos que conduzem à paz e felicidade duradouras. Essa combinação de liberdade e de posse de condições necessárias é a característica especial que torna a nossa vida humana tão preciosa.

Concluindo, devemos pensar:

> *Eu não devo ficar satisfeito com uma cessação temporária de sofrimentos específicos, que até mesmo os animais podem experienciar. Eu preciso alcançar a cessação permanente da ignorância do agarramento ao em-si – a raiz do sofrimento – praticando sinceramente os três treinos superiores.*

Devemos meditar nessa determinação todos os dias e colocar a nossa determinação em prática. Desse modo, guiaremos a nós mesmos ao caminho da libertação.

Je Phabongkhapa

O Caminho de uma Pessoa de Grande Escopo

Neste contexto, uma "pessoa de grande escopo" refere-se a alguém que tem uma grande capacidade para desenvolver compreensão e realizações espirituais.

Esse tema é extenso e profundo, abarcando tanto o Sutra quanto o Tantra e, por causa disso, uma explicação detalhada será oferecida nos próximos capítulos.

O Supremo Bom Coração – Bodhichitta

Dia e noite, devemos manter renúncia – o desejo sincero de obter libertação permanente. Ela é a porta para a libertação – a suprema paz permanente da mente – e a base de realizações mais avançadas. Entretanto, não devemos nos contentar em buscar apenas nossa própria libertação; precisamos, também, levar em consideração o bem-estar dos outros seres vivos. Existem incontáveis seres afogando-se no oceano do samsara, experienciando sofrimento insuportável. Enquanto cada um de nós é apenas uma só pessoa, os outros seres vivos são numericamente incontáveis; portanto, a felicidade e a liberdade dos outros são muito mais importantes do que as nossas. Por essa razão, devemos ingressar no caminho do Bodhisattva, que nos conduz ao estado da plena iluminação.

A porta de entrada pela qual ingressamos no caminho do Bodhisattva é a bodhichitta. "Bodhi" significa iluminação, e "chitta" significa mente. Bodhichitta é uma mente que espontaneamente deseja alcançar a iluminação para beneficiar diretamente todos e cada um dos seres vivos. No momento em que desenvolvermos essa preciosa mente da bodhichitta, iremos nos tornar um Bodhisattva – uma pessoa que deseja espontaneamente alcançar a iluminação para o benefício de todos os seres vivos – e iremos nos tornar um Filho, ou Filha, dos Budas Conquistadores.

Este supremo bom coração da bodhichitta não pode ser desenvolvido sem treino. Je Tsongkhapa disse:

Regando o solo do amor afetuoso com amor apreciativo
E, em seguida, plantando as sementes do grande amor e da compaixão,
A árvore medicinal da bodhichitta irá se desenvolver.

Isso implica que existem cinco estágios para treinar a bodhichitta:

1. Treinar amor afetuoso;
2. Treinar amor apreciativo;
3. Treinar grande amor;
4. Treinar compaixão universal;
5. Treinar a bodhichitta propriamente dita.

TREINAR AMOR AFETUOSO

Neste treino, aprendemos a desenvolver e a manter um coração caloroso e um sentimento de sermos próximos de todos os seres vivos, sem exceção. Esse amor afetuoso torna a nossa mente pura e equilibrada e prepara o fundamento para gerarmos amor apreciativo por todos os seres vivos. Normalmente, a nossa mente é desequilibrada: sentimo-nos muito próximos de alguns por apego ou muito distantes de outros por raiva. É impossível desenvolver o supremo bom coração da bodhichitta com tal mente desequilibrada. Essa mente desequilibrada é a fonte de todos os nossos problemas diários. Poderíamos pensar que algumas pessoas são nossas inimigas porque elas estão nos prejudicando; logo, como poderíamos desenvolver e manter um coração caloroso e um sentimento de sermos próximos de tais pessoas? Esse modo de pensar é incorreto. As pessoas que acreditamos serem nossas inimigas são, na realidade, nossas mães das vidas anteriores. As nossas mães das vidas anteriores e a nossa mãe desta vida atual são, todas, nossas mães e todas são igualmente bondosas para conosco.

É incorreto pensar que as nossas mães das vidas anteriores não são mais nossas mães apenas porque um longo tempo se passou desde que elas realmente cuidaram de nós. Se a nossa mãe atual falecesse hoje, deixaria ela de ser a nossa mãe? Não, nós ainda a reconheceríamos como a nossa mãe e rezaríamos pela sua felicidade. O mesmo é verdade para todas as nossas mães anteriores – elas morreram, mas ainda permanecem sendo nossas mães. É somente por causa das mudanças na nossa aparência exterior que não nos reconhecemos um ao outro.

Em nossa vida diária, vemos muitos seres vivos diferentes, tanto humanos quanto não-humanos. Consideramos alguns como amigos, outros como inimigos e a maioria como estranhos. Essas distinções são feitas por nossas mentes equivocadas: elas não são confirmadas por mentes válidas. Em vez de seguir tais mentes equivocadas, devemos considerar e acreditar que todos os seres vivos são nossas mães. Quem quer que encontremos, devemos pensar "essa pessoa é minha mãe". Desse modo, iremos gerar um coração caloroso e um sentimento de sermos igualmente próximos de todos os seres vivos. Nossa crença de que todos os seres vivos são as nossas mães é sabedoria porque compreende um objeto significativo, qual seja: que todos os seres vivos são as nossas mães. Por meio dessa compreensão, experienciaremos um grande significado nesta vida e nas incontáveis vidas futuras. Nunca devemos abandonar essa crença, ou visão, benéfica.

Devemos contemplar como segue:

Já que é impossível encontrar um início para o meu continuum mental, segue-se que eu tive incontáveis renascimentos no passado e, se eu tive incontáveis renascimentos, devo ter tido incontáveis mães. Onde estão todas essas mães agora? Elas são todos os seres vivos que vivem hoje.

Tendo contemplado repetidamente esse ponto, acreditamos intensamente que todos os seres vivos são as nossas mães e meditamos nessa crença.

A BONDADE DOS SERES VIVOS

Depois de nos termos convencido de que todos os seres vivos são nossas mães, contemplamos a imensa bondade que recebemos de cada um deles quando foram nossas mães, bem como a bondade que eles nos têm demonstrado em outros momentos.

Quando fomos concebidos, se a nossa mãe não nos desejasse em seu útero, ela poderia ter feito um aborto. Se ela o tivesse feito, não teríamos agora esta vida humana. Por meio da sua bondade, ela nos permitiu ficar em seu útero e, por isso, desfrutamos agora de uma vida humana e experienciamos todas as suas vantagens. Quando éramos um bebê, se não tivéssemos recebido seu constante cuidado e atenção, certamente teríamos tido um acidente e poderíamos agora estar inválidos ou cegos. Afortunadamente, a nossa mãe não descuidou de nós. Dia e noite, ela nos deu seu cuidado amoroso, considerando-nos mais importantes do que a si mesma. A cada dia, ela salvou a nossa vida muitas vezes. Durante a noite, permitia que seu sono fosse interrompido e durante o dia privava-se de seus prazeres habituais. Ela teve que deixar seu trabalho e, quando seus amigos saiam para se divertir, ficava para trás. Ela gastou todo o seu dinheiro conosco, dando-nos a melhor comida e as melhores roupas que podia proporcionar. Ela nos ensinou a como comer, como andar, como falar. Pensando em nosso bem-estar futuro, ela fez o melhor que pôde para garantir que recebêssemos uma boa educação. Por causa da sua bondade, agora somos capazes de estudar qualquer coisa que escolhermos. É principalmente pela bondade da nossa mãe que agora temos a oportunidade de praticar o Dharma e, por fim, alcançar a iluminação.

Já que não há ninguém que não tenha sido nossa mãe em algum momento de nossas vidas passadas e já que, quando fomos seus filhos, eles nos trataram com a mesma bondade com que a nossa mãe atual tem nos tratado nesta vida, todos os seres vivos são muito bondosos.

A bondade dos seres vivos não está limitada ao tempo em que foram nossas mães. A todo momento, nossas necessidades diárias são atendidas pela bondade dos outros. Não trouxemos nada da nossa vida anterior, mas assim que nascemos nos foi dado um lar, comida, roupas e tudo o de que precisávamos - tudo provido pela bondade dos outros. Tudo o que agora desfrutamos foi proporcionado pela bondade dos outros seres, passados ou presentes.

Podemos usar muitas coisas com muito pouco esforço de nossa parte. Se considerarmos recursos como estradas, carros, trens, aviões, navios, casas, restaurantes, hotéis, bibliotecas, hospitais, lojas, dinheiro e assim por diante, fica claro que muitas pessoas trabalharam arduamente para providenciar essas coisas. Mesmo que contribuamos pouco, ou nada, para o fornecimento desses recursos, eles estão todos a nossa disposição para que os utilizemos. Isso mostra a grande bondade dos outros.

Tanto a nossa educação geral como o nosso treino espiritual são, ambos, proporcionados pelos outros. Todas as nossas realizações de Dharma, desde os nossos primeiros *insights* até nossa conquista da libertação e da iluminação, serão obtidas na dependência da bondade dos outros. Como seres humanos, temos a oportunidade de conquistar a felicidade suprema da iluminação. Isto acontece porque temos a oportunidade de ingressar e prosseguir no caminho à iluminação, um caminho espiritual motivado pela compaixão por todos os seres vivos. A porta de entrada através da qual ingressamos no caminho à iluminação é, portanto, a compaixão por todos os seres vivos - compaixão universal - e somente desenvolvemos essa compaixão apoiando-nos em todos os seres vivos como objetos da nossa compaixão. Isso mostra que é através da grande bondade de todos os seres vivos, atuando como objetos da nossa compaixão, que temos a oportunidade de ingressar no caminho à iluminação e de alcançar a felicidade suprema da iluminação. Por isso, está claro que, para nós, todos os seres vivos são supremamente bondosos e preciosos.

Do fundo do nosso coração, devemos pensar:

Todos e cada um dos seres vivos são supremamente bondosos e preciosos para mim. Eles me proporcionam a oportunidade de obter a felicidade pura e duradoura da iluminação – a meta suprema da vida humana.

Compreendendo isso e pensando desse modo, geramos um coração caloroso e um sentimento de sermos igualmente próximos de todos os seres vivos, sem exceção. Fazemos com que nossa mente se transforme nesse sentimento e permanecemos estritamente focados nele pelo maior tempo possível. Contemplando e meditando continuamente desse modo, manteremos um coração caloroso e um sentimento de sermos próximos de todos os seres vivos o tempo todo, em qualquer situação. Tendo compreendido os oito benefícios de manter amor afetuoso, que estão listados abaixo na seção *Treinar Grande Amor*, devemos aplicar esforço contínuo nessa prática.

TREINAR AMOR APRECIATIVO

Este treino tem duas etapas:

1. Equalizar eu com outros;
2. Trocar eu por outros.

EQUALIZAR EU COM OUTROS

Essa prática é chamada "equalizar eu com outros" porque estamos aprendendo a acreditar que a nossa felicidade e liberdade e a de todos os outros seres vivos são igualmente importantes. Aprender a apreciar os outros é a melhor solução para os nossos problemas diários e é a fonte de toda a nossa felicidade futura e boa fortuna.

Existem dois níveis de apreciar os outros: (1) apreciar os outros do mesmo modo que apreciamos um amigo próximo ou um parente; (2) apreciar os outros do mesmo modo que apreciamos a nós mesmos. O segundo nível é mais profundo. Por meio de apreciar todos os seres vivos como apreciamos a nós mesmos, desenvolveremos a compaixão universal profunda que atua como o caminho rápido à iluminação. Esse é um dos pontos essenciais do Lamrim Kadam.

Para treinar em equalizar eu com outros, fazemos a seguinte contemplação, pensando:

Preciso acreditar que a felicidade e a liberdade, tanto as minhas como as de todos os seres vivos, são igualmente importantes porque:

(1) Todos os seres vivos têm me demonstrado grande bondade, tanto nesta como nas vidas passadas.

(2) Assim como eu desejo estar livre do sofrimento e experienciar somente felicidade, todos os outros seres também o desejam. A esse respeito, não sou diferente de qualquer outro ser vivo; somos todos iguais.

(3) Eu sou apenas um, enquanto os outros são incontáveis; logo, como eu posso estar preocupado apenas comigo enquanto descuido dos outros? Minha felicidade e sofrimento são insignificantes quando comparados com a felicidade e o sofrimento dos incontáveis seres vivos.

Tendo contemplado repetidamente esses pontos, acreditamos fortemente que a nossa felicidade e liberdade e as de todos os seres vivos são igualmente importantes. Então, permanecemos estritamente focados nessa crença pelo maior tempo possível. Devemos praticar continuamente essa contemplação e meditação até que acreditemos espontaneamente que a nossa felicidade e liberdade e as de todos os seres vivos são igualmente importantes. Isso é a realização de equalizar eu com outros.

TROCAR EU POR OUTROS

Este treino tem três etapas:

1. Contemplar as desvantagens do *autoapreço*;
2. Contemplar as vantagens de apreciar os outros;
3. O treino propriamente dito de trocar eu por outros.

CONTEMPLAR AS DESVANTAGENS DO AUTOAPREÇO

O que é, exatamente, o autoapreço? Autoapreço é a nossa mente que pensa "eu sou importante" enquanto negligencia os outros. Quando pensamos "eu" e "meu", percebemos um eu inerentemente existente e, então, o apreciamos e acreditamos que sua felicidade e liberdade são mais importantes que tudo. Isso é autoapreço. Cuidar de nós mesmos não é autoapreço. Precisamos cuidar de nós para sustentar esta vida humana, de modo que possamos aplicar esforço continuamente para realizar seu verdadeiro significado.

Autoapreço e agarramento ao em-si do próprio eu são aspectos diferentes de uma única mente. O agarramento ao em-si do próprio eu agarra-se a um "eu" inerentemente existente, e o autoapreço acredita que esse "eu" é precioso e que a sua felicidade e liberdade são supremamente importantes. O autoapreço é a nossa visão normal que acredita "eu sou importante" e "a minha felicidade e liberdade são importantes" e que negligencia a felicidade e a liberdade dos outros. Ele é parte da nossa ignorância porque, na realidade, não existe um eu inerentemente existente. A nossa mente de autoapreço, contudo, aprecia esse eu e acredita que ele é mais importante do que tudo. Ela é uma mente tola e enganosa que sempre interfere com a nossa paz interior e é um grande obstáculo para a nossa realização do verdadeiro sentido da nossa vida humana. Temos estado com essa mente de autoapreço vida após vida, desde tempos sem início, até mesmo quando dormimos e sonhamos.

No *Guia do Estilo de Vida do Bodhisattva*, Shantideva diz:

> ...todo o sofrimento que existe neste mundo
> Surge de desejar que nós mesmos sejamos felizes.

Sofrimentos não nos são dados como punições. Todos eles vêm da nossa mente de autoapreço, que deseja que nós mesmos sejamos felizes enquanto negligencia a felicidade dos outros. Existem dois modos de entender isso. Primeiro, a mente de autoapreço é a criadora de todo o nosso sofrimento e problemas; segundo, o autoapreço é a base para experienciar todo o nosso sofrimento e problemas.

Sofremos porque, em nossas vidas passadas, executamos ações motivadas por intenções egoístas - o nosso autoapreço - e que fizeram os outros experienciarem sofrimento. Como resultado dessas ações, experienciamos agora o nosso sofrimento e problemas atuais. Portanto, o verdadeiro criador de todo o nosso sofrimento e problemas é a nossa mente de autoapreço.

Nossa experiência atual de sofrimento e problemas específicos tem uma conexão especial com determinadas ações que fizemos em nossas vidas passadas. Isso é muito sutil. Não conseguimos enxergar essa conexão oculta com os nossos olhos, mas, como já foi explicado, podemos entendê-la usando a nossa sabedoria e, em particular, confiando nos ensinamentos de Buda sobre o carma. Em geral, todos sabem que, se executarem más ações, experienciarão maus resultados e, se executarem boas ações, experienciarão bons resultados.

A mente de autoapreço é também a base para experienciar todos os nossos sofrimentos e problemas. Quando são incapazes de satisfazer os seus desejos, muitas pessoas, por exemplo, experienciam depressão, desencorajamento, infelicidade e dor mental, e algumas delas até desejam se matar. O motivo disso é que o seu autoapreço acredita que os seus próprios desejos são muito importantes. Portanto, o seu autoapreço é o principal responsável por seus problemas. Sem o autoapreço, não haveria base para experienciar um sofrimento como esse.

Quando estamos seriamente doentes, achamos difícil suportar o nosso sofrimento, mas a doença somente nos prejudica porque apreciamos a nós mesmos. Se outra pessoa estiver experienciando uma doença semelhante, não consideraríamos isto um problema. Por quê? O motivo é que não a apreciamos. No entanto, se apreciássemos os outros tanto quanto apreciamos a nós mesmos, acharíamos difícil suportar seu sofrimento. Isso é compaixão. Como diz Shantideva:

O sofrimento que experiencio
Não prejudica os outros,
Mas acho difícil suportá-lo
Porque aprecio a mim mesmo.

Do mesmo modo, o sofrimento dos outros
Não me prejudica,
Mas, se eu apreciar os outros,
Acharei o seu sofrimento difícil de suportar.

Vida após vida, desde tempos sem início, temos tentado satisfazer os desejos da nossa mente de autoapreço, acreditando em sua visão como sendo verdadeira. Temos colocado grande esforço em buscar felicidade em fontes exteriores, mas até agora não temos nada para mostrar. Porque o autoapreço tem nos enganado, desperdiçamos incontáveis vidas. Ele tem nos levado a trabalhar em nosso próprio propósito, mas não obtivemos coisa alguma. Essa mente tola tornou todas as nossas vidas anteriores vazias – quando tivemos este renascimento humano, não trouxemos nada conosco exceto as delusões. Em todos os momentos de todos os dias, essa mente de autoapreço continua a nos enganar.

Tendo contemplado esses pontos, pensamos:

Nada me causa maior prejuízo que o demônio do meu autoapreço. Ele é a fonte de toda a minha negatividade, desgraça, problemas e sofrimento. Portanto, preciso abandonar o meu autoapreço.

Devemos meditar nessa determinação todos os dias e colocar nossa determinação em prática.

CONTEMPLAR AS VANTAGENS DE APRECIAR OS OUTROS

Quando consideramos profundamente que os outros são importantes e que a felicidade e liberdade deles são importantes, estamos apreciando os outros. Se apreciarmos os outros desse modo, sempre teremos bons relacionamentos e viveremos em harmonia com os outros e a nossa vida diária será pacífica e feliz. Podemos começar essa prática com a nossa família, amigos e com aqueles ao nosso redor e, então, gradualmente desenvolveremos e manteremos amor apreciativo por todos os seres vivos, sem exceção.

No *Guia do Estilo de Vida do Bodhisattva*, Shantideva diz:

> Toda a felicidade que existe neste mundo
> Surge de desejar que os outros sejam felizes.

Se pensarmos cuidadosamente sobre isso, realizaremos que toda a nossa felicidade presente e futura depende de apreciarmos os outros – depende do nosso desejo de que os outros sejam felizes. Em nossas vidas passadas, porque apreciávamos os outros, praticamos ações virtuosas como nos abster de matar ou prejudicar os outros e abandonamos as ações de roubá-los e enganá-los. Prestamos assistência material e proteção a eles e praticamos paciência. Como resultado dessas ações virtuosas, obtivemos agora esta preciosa vida humana com a oportunidade de experienciarmos prazeres humanos.

O efeito imediato de apreciar os outros será que muitos dos nossos problemas diários, como aqueles que surgem da raiva, inveja e comportamento egoísta, desaparecerão e a nossa mente irá se tornar calma e pacífica. Na medida em que agirmos com mais consideração, agradaremos os outros e não nos envolveremos em brigas ou disputas. Se apreciarmos os outros, ficaremos mais interessados em ajudá-los do que em prejudicá-los e, portanto, naturalmente evitaremos ações não virtuosas. Em vez disso, praticaremos ações virtuosas, como compaixão, amor, paciência e dar ajuda material e proteção e, deste modo, criaremos a causa para obter felicidade pura e duradoura no futuro.

Particularmente, se apreciarmos todos os seres vivos como apreciamos a nós mesmos, acharemos difícil suportar o seu sofrimento. Esse nosso sentimento, de que é difícil suportar o sofrimento de todos os outros seres vivos, é compaixão universal e esse sentimento nos conduzirá rapidamente à felicidade pura e duradoura da iluminação. Assim como todos os Budas anteriores, nasceremos desta mãe, a compaixão universal, como um Buda iluminado. Isso é o que irá acontecer porque o nosso apreço por todos os seres vivos nos habilitará a realizar a iluminação muito rapidamente.

Contemplando todos esses benefícios, pensamos:

A preciosa mente que aprecia todos os seres vivos protege a mim e aos outros do sofrimento, traz felicidade pura e duradoura e satisfaz os desejos, tanto os meus quanto os dos outros. Portanto, preciso sempre apreciar todos os seres vivos, sem exceção.

Devemos meditar nessa determinação todos os dias e, fora da meditação, colocar a nossa determinação em prática. Isso significa que devemos realmente apreciar todos e cada um dos seres vivos, incluindo os animais.

O TREINO PROPRIAMENTE DITO DE TROCAR EU POR OUTROS

Trocar eu por outros significa que mudamos o objeto do nosso apreço, de nós mesmos para todos os outros seres vivos. Isto é impossível sem treino. Como treinamos trocar eu por outros? Compreendendo as grandes desvantagens de apreciar a nós mesmos e as grandes vantagens de apreciar todos os seres vivos, como foi explicado acima, e lembrando que tomamos a determinação de abandonar o nosso autoapreço e de sempre apreciar todos os seres vivos, sem exceção, pensamos do fundo do nosso coração:

Eu preciso parar de apreciar a mim mesmo e, em vez disso, apreciar todos os seres vivos, sem exceção.

Meditamos, então, nessa determinação. Devemos praticar continuamente essa meditação até acreditarmos espontaneamente que a felicidade e a liberdade de todos os seres vivos são muito mais importantes do que a nossa própria felicidade e liberdade. Essa crença é a realização de trocar eu por outros.

TREINAR GRANDE AMOR

Compreendendo e acreditando que a felicidade e a liberdade de todos e de cada ser vivo são muito mais importantes do que a nossa própria felicidade e liberdade, geramos grande amor por todos os seres vivos, pensando:

> *Que maravilhoso seria se todos os seres vivos alcançassem a felicidade pura e duradoura da iluminação! Que eles possam alcançar essa felicidade. Eu mesmo trabalharei para esse objetivo.*

Permanecemos estritamente focados nessa mente preciosa de grande amor por todos os seres vivos pelo maior tempo possível. Repetimos essa meditação muitas vezes, até desejarmos espontaneamente que todos e cada um dos seres vivos possam experienciar a felicidade da iluminação. Esse desejo espontâneo é a verdadeira realização do grande amor.

O grande amor é também chamado de "amor incomensurável" porque, por meramente meditar em grande amor, recebemos incomensuráveis benefícios nesta vida e em incontáveis vidas futuras. Com base nos ensinamentos de Buda, o grande erudito Nagarjuna enumerou oito benefícios do amor afetuoso e do grande amor: (1) meditando em amor afetuoso e em grande amor por apenas um instante, acumulamos mais mérito do que se déssemos comida, três vezes todos os dias, para todos os que estão com fome no mundo.

Quando damos comida para os que estão com fome, não estamos dando felicidade verdadeira a eles. O motivo é que a felicidade que vem de comer não é verdadeira felicidade, mas apenas uma redução temporária do sofrimento da fome. No entanto, meditar em amor afetuoso e em grande amor conduz a nós e a todos os seres vivos à felicidade pura e duradoura da iluminação.

Os sete benefícios restantes de meditar em amor afetuoso e em grande amor são que, no futuro: (2) receberemos grande bondade amorosa de humanos e não-humanos; (3) seremos protegidos de diversas maneiras por humanos e não-humanos; (4) seremos mentalmente felizes o tempo todo; (5) seremos fisicamente saudáveis o tempo todo; (6) não seremos feridos por armas, prejudicados por veneno e outras condições danosas; (7) obteremos todas as condições necessárias sem esforço; e (8) nasceremos no paraíso superior de uma Terra Búdica.

Tendo contemplado esses benefícios, devemos aplicar esforço em meditar em grande amor muitas vezes, todos os dias.

TREINAR COMPAIXÃO UNIVERSAL

Compaixão universal é uma mente que sinceramente deseja libertar, de modo permanente, todos os seres vivos do sofrimento. Se, com base no apreço por todos os seres vivos, contemplarmos o fato de que eles estão experienciando o ciclo de sofrimento físico e dor mental, vida após vida, sem-fim – sua inabilidade para se libertarem, a si próprios, do sofrimento; sua carência de liberdade; e o modo como criam as causas de sofrimento futuro ao se envolverem em ações negativas – desenvolveremos profunda compaixão por eles. Precisamos ter empatia por eles e sentir suas dores de modo tão intenso como se fossem nossas próprias dores.

Ninguém quer sofrer, mas, devido à ignorância, os seres vivos criam sofrimento ao executarem ações não virtuosas. Portanto, devemos sentir compaixão por todos os seres vivos igualmente, sem exceção. Não existe um único ser vivo que não seja um objeto adequado de nossa compaixão.

Todos os seres vivos sofrem porque tiveram renascimentos contaminados. Os seres humanos não têm escolha a não ser experienciar imensos sofrimentos humanos porque tiveram um renascimento humano, que é contaminado pelo veneno interior das delusões, ou aflições mentais. De modo semelhante, os animais têm que experienciar sofrimento animal e fantasmas famintos e seres-do-inferno têm que experienciar todos os sofrimentos dos seus respectivos reinos. Se os seres vivos tivessem que experienciar todo esse sofrimento por apenas uma única vida, isso não seria tão mau, mas o ciclo de sofrimento continua vida após vida, sem-fim.

Para desenvolver renúncia contemplamos, anteriormente, como em nossas incontáveis vidas futuras teremos que experienciar o insuportável sofrimento dos animais, fantasmas famintos, seres-do-inferno, humanos, semideuses e deuses. Agora, para desenvolver compaixão por todos os seres vivos, que são as nossas mães, contemplamos como, em suas incontáveis vidas futuras, eles terão que experienciar os insuportáveis sofrimentos dos animais, fantasmas famintos, seres-do-inferno, humanos, semideuses e deuses.

Tendo contemplado isso, devemos pensar:

> *Eu não posso suportar o sofrimento desses incontáveis seres-mães. Afogando-se no vasto e profundo oceano do samsara, o ciclo de renascimento contaminado, eles têm que experienciar insuportável sofrimento físico e dor mental nesta vida e nas incontáveis vidas futuras. Preciso libertar permanentemente todos os seres vivos dos seus sofrimentos.*

Devemos meditar continuamente nessa determinação, que é a compaixão universal, e aplicar grande esforço em satisfazer seu objetivo.

TREINAR A BODHICHITTA PROPRIAMENTE DITA

No momento em que desenvolvemos a bodhichitta, tornamo-nos um Bodhisattva, uma pessoa que espontaneamente deseja alcançar a iluminação para o benefício de todos os seres vivos. Inicialmente, seremos um Bodhisattva no Caminho da Acumulação. Então, prosseguindo no caminho da iluminação com o veículo da bodhichitta, podemos progredir avançando de um Bodhisattva no Caminho da Acumulação para um Bodhisattva no Caminho da Preparação, para um Bodhisattva no Caminho da Visão e, então, para um Bodhisattva no Caminho da Meditação. Desse ponto, alcançamos o Caminho do Não-Mais-Aprender, que é o estado da iluminação propriamente dito. Como já foi mencionado, a iluminação é a luz interior de sabedoria que é permanentemente livre de todas as aparências equivocadas e que atua concedendo paz mental para todos e cada um dos seres vivos, todos os dias. Quando obtivermos a iluminação de um Buda, seremos capazes de beneficiar todos os seres vivos diretamente, concedendo-lhes bênçãos e por meio de nossas incontáveis emanações.

Nos ensinamentos de Sutra, Buda diz:

> Nesta vida impura do samsara
> Ninguém experiencia verdadeira felicidade;
> As ações que eles executam
> Sempre serão causas de sofrimento.

A felicidade que normalmente experienciamos por termos boas condições, como uma boa reputação, uma boa posição social ou econômica, um bom trabalho, um bom relacionamento, por vermos formas atraentes, por ouvirmos boas notícias ou uma música bonita, comer, beber e pelo sexo, não é felicidade verdadeira, mas sofrimento de mudança – uma redução do nosso sofrimento anterior. Por causa da nossa ignorância, contudo, acreditamos que somente essas coisas trazem felicidade e, por isso, nunca desejamos obter verdadeira felicidade, a felicidade pura e duradoura da libertação e da iluminação, nem sequer em nosso próprio benefício. Estamos sempre buscando felicidade nesta vida impura do samsara, como o ladrão que procurava por ouro na caverna vazia de Milarepa e que nada encontrava. O grande iogue Milarepa ouviu o ladrão vasculhando sua caverna uma noite e desafiou-o, exclamando: "Como esperas encontrar algo valioso aqui, à noite, quando eu não consigo encontrar nada de valor aqui durante o dia?".

Quando, por meio de treino, desenvolvemos a preciosa mente de iluminação, a bodhichitta, espontaneamente pensamos:

Que maravilhoso seria se eu e todos os seres vivos alcançássemos felicidade verdadeira, a felicidade pura e duradoura da iluminação! Que nós possamos alcançar essa felicidade. Eu mesmo vou trabalhar para esse objetivo.

Precisamos ter essa preciosa mente de bodhichitta em nosso coração. Ela é o nosso Guia Espiritual interior, que nos conduz diretamente ao estado da suprema felicidade da iluminação; e ela é a verdadeira joia-que-satisfaz-os-desejos, por meio da qual podemos satisfazer nossos próprios desejos e os dos outros. Não existe intenção mais benéfica do que a dessa mente preciosa.

Tendo contemplado a explicação acima, pensamos do fundo do nosso coração:

Eu sou uma única pessoa, mas os outros seres vivos são incontáveis e eles são minhas bondosas mães. Esses incontáveis seres-mães têm que experienciar sofrimento físico e dor mental insuportáveis, nesta vida e em suas incontáveis vidas futuras. O meu próprio sofrimento é insignificante quando comparado com o sofrimento desses incontáveis seres vivos. Eu preciso libertar todos os seres vivos permanentemente do sofrimento e, para esse propósito, preciso realizar a iluminação de um Buda.

Meditamos nessa determinação, que é a bodhichitta, com concentração focada. Devemos praticar essa contemplação e meditação continuamente, até desenvolvermos o desejo espontâneo de alcançar a iluminação para beneficiar todos os seres vivos diretamente e, então, aplicar grande esforço para satisfazer o desejo da nossa bodhichitta.

Kyabje Trijang Rinpoche

Treinar o Caminho da Bodhichitta

Existem três estágios para treinar o caminho da bodhichitta:

1. Treinar as seis perfeições;
2. Treinar o tomar associado à prática das seis perfeições;
3. Treinar o dar associado à prática das seis perfeições.

TREINAR AS SEIS PERFEIÇÕES

As seis perfeições são o verdadeiro caminho à iluminação, e elas também são o caminho da bodhichitta e o caminho do Bodhisattva. Percorrendo esse caminho com o veículo da bodhichitta, com toda a certeza alcançaremos o estado da iluminação. O desejo da nossa bodhichitta é alcançar a iluminação para beneficiar diretamente todos e cada um dos seres vivos. Para satisfazer esse desejo, devemos prometer, em frente ao nosso Guia Espiritual ou diante de uma imagem de Buda percebida como um Buda vivo, ingressar no caminho, ou treino, do Bodhisattva, enquanto recitamos três vezes a seguinte prece ritual. Essa promessa é o voto do Bodhisattva.

Assim como todos os anteriores Sugatas, os Budas,
Geraram a bodhichitta, a mente de iluminação,
E concluíram todas as etapas
Do treino do Bodhisattva,

Também eu, para o benefício de todos os seres,
Vou gerar a mente de iluminação
E concluir todas as etapas
Do treino de um Bodhisattva.

Quando tomamos o voto do Bodhisattva estamos nos comprometendo a ingressar e a nos empenhar no caminho à iluminação, ou seja, o treino de um Bodhisattva, que é a prática das seis perfeições. Normalmente, quando começamos num emprego, comprometemo-nos em satisfazer os desejos do nosso empregador; caso contrário, rapidamente perderemos o nosso emprego. Do mesmo modo, tendo gerado a bodhichitta – a determinação de realizar a iluminação para beneficiar diretamente todos e cada um dos seres vivos – precisamos nos comprometer a praticar as seis perfeições. Se não assumirmos esse compromisso, tomando o voto do Bodhisattva, perderemos nossa oportunidade de realizar a iluminação. Contemplando isso, devemos nos encorajar a tomar o voto do Bodhisattva e praticar sinceramente as seis perfeições.

As seis perfeições são as práticas de dar, disciplina moral, paciência, esforço, concentração e sabedoria, motivadas por bodhichitta. Devemos reconhecer que as seis perfeições são a nossa prática diária.

Praticando o dar, devemos: (1) dar ajuda material aos que estão na pobreza, incluindo dar comida aos animais; (2) dar ajuda prática aos doentes ou fisicamente debilitados; (3) dar proteção, sempre tentando salvar a vida dos outros, incluindo os insetos; (4) dar amor, aprendendo a apreciar todos os seres vivos, acreditando sempre que a felicidade e a liberdade deles são importantes; (5) dar Dharma, ajudando os outros a solucionarem seus problemas de raiva, apego e ignorância com ensinamentos de Dharma ou conselhos significativos.

Na prática de disciplina moral devemos abandonar quaisquer ações inadequadas, incluindo as que causam sofrimento aos outros. Devemos abandonar, especialmente, a quebra dos nossos compromissos do voto do Bodhisattva. Esse é o fundamento básico sobre o qual podemos fazer progressos no caminho do

Bodhisattva. Fazendo isso, as nossas ações de corpo, fala e mente serão puras e iremos nos tornar um ser puro.

Na prática de paciência, nunca devemos permitir que fiquemos com raiva ou desencorajados, mas devemos aceitar temporariamente quaisquer dificuldades ou prejuízos vindos dos outros. Quando praticamos paciência, estamos vestindo a suprema armadura interior que nos protege diretamente de sofrimentos físicos, dor mental e outros problemas. A raiva destrói nosso mérito, ou boa fortuna, fazendo-nos experienciar continuamente muitos obstáculos, e, devido à carência de boa fortuna, será difícil satisfazer nossos desejos, em especial as nossas metas espirituais. Não existe maior mal do que a raiva. Com a prática da paciência, podemos alcançar qualquer meta espiritual; não existe virtude maior do que a paciência.

Na prática de esforço, devemos confiar em esforço irreversível para acumular as grandes coleções de mérito e sabedoria, que são as principais causas para se obter o Corpo-Forma (*Rupakaya*) e o Corpo-Verdade (*Dharmakaya*) de um Buda. Devemos enfatizar, especialmente, a contemplação e a meditação na vacuidade, o modo como as coisas realmente são. Fazendo isso, podemos facilmente fazer progressos no caminho à iluminação. Com esforço, podemos conquistar qualquer meta, enquanto que, com preguiça, não conseguimos obter resultado algum.

Na prática de concentração devemos enfatizar, nesta etapa, a aquisição da concentração do tranquilo-permanecer que observa a vacuidade. Uma explicação sobre isso é dada no livro *Budismo Moderno*, na seção *Um Treino Simples em Bodhichitta Última.* Quando, pelo poder dessa concentração, experienciarmos uma sabedoria especial denominada "visão superior", que realiza a vacuidade de todos os fenômenos muito claramente, teremos progredido passando de um Bodhisattva do Caminho da Acumulação para sermos um Bodhisattva do Caminho da Preparação.

Na prática da sabedoria precisamos enfatizar, nesta etapa, o aumento do poder da nossa sabedoria da visão superior, meditando continuamente na vacuidade de todos os fenômenos com a motivação de bodhichitta. Por meio disso, quando a nossa visão superior se transformar no Caminho da Visão, que é a realização direta da vacuidade de todos os fenômenos, teremos progredido passando de um Bodhisattva do Caminho da Preparação para sermos um Bodhisattva do Caminho da Visão. No momento em que alcançarmos o Caminho da Visão, seremos um Bodhisattva superior e não mais experienciaremos os sofrimentos do samsara. Como foi mencionado anteriormente, mesmo se alguém cortasse nosso corpo pedaço por pedaço com uma faca, não sentiríamos dor devido à realização direta do modo como as coisas realmente existem.

Tendo completado o Caminho da Visão, para continuarmos fazendo progressos precisamos nos empenhar continuamente na meditação sobre a vacuidade de todos os fenômenos, com a motivação de bodhichitta. Essa meditação é denominada "Caminho da Meditação". Quando alcançarmos essa etapa, teremos progredido passando de um Bodhisattva do Caminho da Visão para sermos um Bodhisattva do Caminho da Meditação.

Quando, tendo completado o Caminho da Meditação, a nossa sabedoria do Caminho da Meditação houver se transformado na sabedoria onisciente que é permanentemente livre de todas as aparências equivocadas, essa sabedoria onisciente é denominada "Caminho do Não-Mais-Aprender". Essa sabedoria é a iluminação propriamente dita. Quando alcançarmos essa etapa, teremos progredido passando de um Bodhisattva do Caminho da Meditação para sermos um ser iluminado, um Buda. Teremos completado o objetivo supremo de todos os seres vivos.

O treino inicial de um Bodhisattva para acumular mérito ou sabedoria é o Caminho da Acumulação do Bodhisattva; o treino de um Bodhisattva em acumular mérito ou sabedoria, que é a preparação para alcançar o Caminho da Visão, é o Caminho da Preparação do Bodhisattva; o treino do Bodhisattva que é a realização direta inicial da vacuidade é o Caminho da Visão do Bodhisattva. Após completar o Caminho da Visão, o treino do Bodhisattva para meditar continuamente na vacuidade é o Caminho da Meditação do Bodhisattva; e a sabedoria onisciente de Buda, que é conquistada pela conclusão de todos os treinos de Sutra e de Tantra, é o Caminho do Não-Mais-Aprender, o estado da iluminação.

TREINAR O TOMAR ASSOCIADO À PRÁTICA DAS SEIS PERFEIÇÕES

Existem quatro benefícios principais das meditações em tomar e dar: elas são métodos poderosos para (1) purificar as potencialidades das ações não virtuosas que são a causa de experienciarmos doenças incuráveis, como o câncer; (2) acumular uma grande coleção de mérito; (3) amadurecer nosso potencial de sermos capazes de beneficiar todos os seres vivos; (4) purificar nossa mente.

Existiu, certa vez, um praticante de Lamrim chamado Kharak Gomchen, que estava gravemente afligido pela lepra. Os tratamentos prescritos pelos seus médicos não surtiram efeito e sua condição piorava a cada ano. Finalmente, os médicos disseram-lhe que não havia mais nada que eles pudessem fazer para curar sua doença. Acreditando que morreria em breve, Gomchen deixou seu lar e foi para um cemitério, a fim de se preparar para morrer. Enquanto permaneceu no cemitério, ele se concentrou dia e noite em praticar as meditações em tomar e dar com forte compaixão por todos os seres vivos. Por meio dessa prática, ele ficou completamente curado e retornou saudável ao lar, com uma mente feliz. Existem muitos outros exemplos semelhantes.

No momento atual, somos incapazes de beneficiar todos os seres vivos, mas temos o potencial para essa habilidade, pois ela é parte da nossa natureza búdica. Praticando as meditações em tomar e dar com forte compaixão por todos os seres vivos, esse potencial de sermos capazes de beneficiar todos os seres vivos amadurecerá, e quando isso acontecer, vamos nos tornar um ser iluminado, um Buda. Quando purificarmos a nossa mente por meio das práticas de tomar e dar, todas as realizações espirituais irão crescer facilmente em nossa mente. Contemplando os quatro principais benefícios de meditar em tomar e dar, devemos nos encorajar a praticar essas meditações sinceramente.

"Tomar", neste contexto, significa tomar os sofrimentos dos outros sobre nós através de meditação. Quando meditamos em tomar, nossa motivação deve ser a de compaixão, pensando:

Preciso libertar permanentemente todos os seres vivos dos seus sofrimentos e medos desta vida e das incontáveis vidas futuras.

Desse modo, ao dar proteção estamos praticando a perfeição de dar; ao abandonar o autoapreço, estamos praticando a perfeição de disciplina moral; ao aceitar de boa vontade quaisquer condições adversas que obstruem nossa prática de tomar, estamos praticando a perfeição de paciência; ao aplicar esforço em praticar essa meditação continuamente, livres de preguiça, estamos praticando a perfeição de esforço; por nos concentrarmos de modo focado na meditação em tomar, livres de distrações, estamos praticando a perfeição de concentração; e ao realizar que tudo o que existe - nós mesmos, todos os seres vivos e seus sofrimentos - existe como mero nome e não existe inerentemente, estamos praticando a perfeição de sabedoria. Esse é o modo como devemos treinar a meditação em tomar associada com a prática das seis perfeições. Este é um método muito profundo de praticar as seis perfeições. Devemos aplicar esse mesmo método a todas as outras meditações, como a meditação sobre a morte, de modo que possamos fazer rapidamente progressos ao longo do caminho à iluminação.

Há duas etapas na meditação em tomar:

1. Meditar em tomar focando todos os seres vivos;
2. Meditar em tomar focando seres vivos específicos.

MEDITAR EM TOMAR FOCANDO TODOS OS SERES VIVOS

Nessa primeira etapa, focamos a assembleia de todos os seres vivos, sem exceção, e pensamos do fundo do nosso coração:

Em suas incontáveis vidas futuras, esses seres vivos experienciarão continuamente, sem escolha alguma, os sofrimentos de humanos, animais, fantasmas famintos, seres-do-inferno, semideuses e deuses. Que maravilhoso seria se todos esses seres vivos fossem libertados permanentemente do sofrimento e dos medos desta vida e das incontáveis vidas futuras! Que eles conquistem isso. Eu mesmo vou trabalhar para que eles conquistem isso. Preciso fazer isso.

Pensando desse modo, imaginamos que os sofrimentos de todos os seres vivos se reúnem sob o aspecto de uma fumaça preta. Ela se dissolve na nossa ignorância do agarramento ao em-si e do autoapreço, em nosso coração. Então, acreditamos fortemente que todos os seres vivos ficaram permanentemente livres de todo sofrimento e que a nossa ignorância do agarramento ao em-si e do autoapreço foi completamente destruída. Meditamos de modo focado nessa crença pelo maior tempo possível.

Devemos praticar essa meditação continuamente, com compaixão por todos os seres vivos, até experienciarmos os sinais que indicam que a nossa mente foi purificada. Esses sinais podem incluir a cura de qualquer doença que possamos ter, a redução das nossas delusões (ou aflições mentais), a obtenção de uma mente mais serena e feliz, o aumento da nossa fé, intenção correta e visão correta e, em especial, o fortalecimento da nossa experiência de compaixão universal.

MEDITAR EM TOMAR FOCANDO SERES VIVOS ESPECÍFICOS

Nessa meditação podemos focar, por exemplo, a assembleia de todos os seres vivos que experienciam o sofrimento da doença. Então, pensamos:

Esses seres vivos experienciam, interminavelmente, o sofrimento da doença, nesta vida e em suas incontáveis vidas futuras.

Que maravilhoso seria se esses seres vivos fossem libertados permanentemente da doença! Que eles conquistem isso. Eu mesmo trabalharei para que eles conquistem isso. Eu preciso fazer isso.

Pensando desse modo, imaginamos que o sofrimento da doença de todos esses seres vivos se reúne sob o aspecto de uma fumaça preta. Ela se dissolve na nossa ignorância do agarramento ao em-si e do autoapreço, em nosso coração. Então, acreditamos fortemente que todos esses seres vivos foram permanentemente libertados da doença e que a nossa ignorância do agarramento ao em-si e do autoapreço foi completamente destruída. Meditamos com concentração focada nessa crença pelo maior tempo possível.

Do mesmo modo, podemos praticar a meditação em tomar enquanto focamos um indivíduo ou um grupo particular de seres vivos que estão experienciando outros sofrimentos, como pobreza, guerra ou fome.

Devemos aplicar esforço, em especial, para desenvolver familiaridade com a meditação em tomar, focando todos os seres vivos. Essa meditação torna a nossa mente pura, o que, por sua vez, torna nossas ações puras, de modo que nos tornamos um ser puro. Se morrermos com forte compaixão por todos os seres vivos, definitivamente nasceremos na Terra Pura de um Buda. O motivo é que a compaixão que manifestarmos quando estivermos morrendo atuará diretamente no amadurecimento de nosso potencial para renascer na Terra Pura de um Buda. Esse é o bom resultado de um bom coração. O resultado de manter o bom coração de desejar sinceramente a libertação permanente de todos os seres vivos do sofrimento é que nós mesmos experienciaremos libertação permanente do sofrimento renascendo na Terra Pura de um Buda.

Por exemplo, quando Geshe Chekhawa estava morrendo, ele desenvolveu o desejo sincero de renascer no inferno, a fim de poder ajudar os seres-do-inferno diretamente, mas ele recebeu visões claras de que renasceria em Sukhavati, a Terra Pura de Buda Amitabha.

Ele disse ao seu assistente: "Infelizmente, meu desejo não será satisfeito". O assistente perguntou-lhe: "Qual é o seu desejo?", e Geshe Chekhawa respondeu: "Meu desejo é renascer no inferno para que eu possa ajudar os seres-do-inferno diretamente, mas eu vi sinais claros de que nascerei na Terra Pura de Buda Amitabha". Embora Geshe Chekhawa quisesse renascer no inferno, sua compaixão por todos os seres vivos impediu-o de ter um renascimento inferior; ele não tinha escolha a não ser ir para a Terra Pura de um Buda, onde experienciaria libertação permanente do sofrimento. No entanto, embora Geshe Chekhawa tenha renascido numa Terra Pura, ele era capaz de ajudar os seres-do-inferno por meio de suas emanações.

Podemos pensar que a nossa crença de que os seres vivos alcançaram a libertação permanente do sofrimento através da nossa meditação seja incorreta, porque os seres vivos não a obtiveram realmente. Embora seja verdade que os seres vivos não tenham alcançado de fato a libertação permanente, a nossa crença, ainda assim, é correta, porque ela surge da nossa compaixão e sabedoria. Meditando nessa crença, faremos com que amadureça, rapidamente, nossa potencialidade de sermos capazes de libertar, de modo permanente, todos os seres vivos do sofrimento, e assim alcançarmos com rapidez a iluminação. Portanto, nunca devemos abandonar essa crença benéfica, que tem a natureza da sabedoria. Meditar em tomar é o caminho rápido à iluminação e possui função similar à prática tântrica. É dito que as realizações tântricas podem ser conquistadas simplesmente por confiar em crença correta e imaginação. Essa prática é muito simples; tudo o que precisamos fazer é, aplicando esforço contínuo, adquirir profunda familiaridade com a meditação em crença e imaginação corretas, como apresentada no Tantra.

TREINAR O DAR ASSOCIADO À PRÁTICA DAS SEIS PERFEIÇÕES

"Dar", neste contexto, significa dar a nossa própria felicidade para os outros por meio de meditação. Em geral, no ciclo de vida impura, samsara, não existe verdadeira felicidade de modo algum.

Como mencionado anteriormente, a felicidade que normalmente experienciamos através de comer, beber, sexo e assim por diante não é verdadeira felicidade, mas meramente uma redução de um problema ou insatisfação prévios. Por exemplo, se a felicidade que experienciamos com o sexo fosse felicidade verdadeira, então seguir-se-ia que o sexo, por si só, seria uma causa verdadeira de felicidade. Se isso fosse verdade, então, quanto mais sexo tivéssemos, mais a nossa felicidade aumentaria, mas na verdade é o oposto que acontece; em vez de a nossa felicidade aumentar, o nosso sofrimento cresce. Em *Quatrocentas Estrofes*, o mestre budista Aryadeva diz:

> A experiência do sofrimento nunca será transformada pela mesma causa,
> Mas podemos ver que a experiência de felicidade será mudada pela mesma causa.

Isso significa que, por exemplo, o sofrimento causado por fogo nunca será transformado em felicidade pelo fogo, mas podemos observar que a felicidade causada, por exemplo, por comer será transformada em sofrimento simplesmente pelo ato de comer.

Como meditamos no dar? No *Guia do Estilo de Vida do Bodhisattva*, Shantideva diz:

> ... para realizar o bem-estar de todos os seres vivos
> Transformarei meu corpo numa joia-iluminada-que-satisfaz-os-desejos.

Devemos considerar nosso corpo residente-contínuo, ou nosso corpo muito sutil, como sendo a verdadeira joia-que-satisfaz-os-desejos; ele é a nossa natureza búdica, por meio da qual os nossos desejos e os desejos de todos os outros seres vivos serão satisfeitos. Então, pensamos:

> *Todos os seres vivos desejam ser felizes o tempo todo, mas eles não sabem como fazer isso. Eles nunca experienciaram*

felicidade verdadeira, porque, devido à ignorância, eles destroem sua própria felicidade desenvolvendo delusões, como a raiva, e executando ações não virtuosas. Que maravilhoso seria se todos esses seres vivos experienciassem a felicidade pura e duradoura da iluminação! Que eles experienciem essa felicidade. Eu darei, agora, a minha própria felicidade futura da iluminação para todos os seres vivos.

Pensando dessa maneira, imaginamos que do nosso corpo residente-contínuo em nosso coração emanamos infinitos raios de luz, que são da natureza da nossa felicidade futura da iluminação. Eles tocam todos os seres vivos dos seis reinos, e acreditamos fortemente que cada ser vivo experiencia a felicidade pura e duradoura da iluminação. Meditamos nessa crença com concentração focada pelo maior tempo possível. Devemos praticar continuamente essa meditação até acreditarmos de modo espontâneo que todos os seres vivos receberam, agora e efetivamente, a nossa felicidade futura da iluminação. Ao fazer essa prática, somos como um Bodhisattva que pratica a bodhichitta pastor. Assim como um pastor deseja proteger e providenciar as condições necessárias ao seu rebanho antes que ele próprio possa descansar, um Bodhisattva que pratica a bodhichitta pastor deseja preparar proteção e felicidade supremas para todos os seres, antes que ele mesmo as obtenha para si.

Essa meditação possui quatro benefícios principais: (1) aumenta nosso grande amor por todos os seres vivos; (2) amadurece nosso potencial de beneficiar todos os seres vivos; (3) acumula uma grande coleção de mérito, ou boa fortuna; (4) faz com que as nossas aparências e concepções comuns cessem.

Nossa felicidade futura da iluminação é o resultado de gerarmos compaixão por todos os seres vivos. A meditação no dar traz esse resultado futuro para o caminho e, por essa razão, ela é um caminho rápido à iluminação e possui uma função similar à prática tântrica. Devemos aplicar grande esforço em praticar essa meditação, para que possamos fazer rapidamente progressos no caminho à iluminação.

Quando meditamos no dar, nossa motivação deve ser grande amor. Ao dar amor desse modo, estamos praticando a perfeição de dar; ao abandonar o autoapreço, estamos praticando a perfeição de disciplina moral; ao aceitar de boa vontade quaisquer condições adversas que obstruem nossa prática de dar, estamos praticando a perfeição de paciência; ao aplicar esforço em praticar essa meditação continuamente, livres de preguiça, estamos praticando a perfeição de esforço; por nos concentrarmos de modo focado na meditação no dar, livres de distrações, estamos praticando a perfeição de concentração; e ao realizar que tudo o que existe – nós mesmos, todos os seres vivos e sua felicidade – existe como mero nome e não existe inerentemente, estamos praticando a perfeição de sabedoria. Esse é o modo como devemos treinar a meditação no dar associada com a prática das seis perfeições.

Treinar o dar é uma meditação especial em grande amor, que deseja sinceramente que todos os seres vivos obtenham felicidade verdadeira – a felicidade pura e duradoura da libertação e da iluminação. Como mencionado acima, a meditação em grande amor é também chamada de "incomensurável amor" porque, apenas por meditar em grande amor, recebemos incomensuráveis benefícios nesta vida e nas incontáveis vidas futuras.

Em *Conselhos do Coração de Atisha*, Atisha diz:

> Amigos, até que alcancem a iluminação, o professor espiritual é indispensável; portanto, confiem no sagrado Guia Espiritual.

Precisamos confiar em nosso Guia Espiritual até obtermos a iluminação. A razão para isso é muito simples. A meta suprema da vida humana é alcançar a iluminação e isso depende de recebermos continuamente as bênçãos especiais de Buda através do nosso Guia Espiritual. Buda alcançou a iluminação com a única intenção de conduzir, por meio de suas emanações, todos os seres vivos pelas etapas do caminho à iluminação. Quem é a sua emanação que está nos conduzindo pelas etapas do caminho à iluminação? Está claro que é o nosso Professor Espiritual atual que, sincera e corretamente, está nos conduzindo pelos caminhos da renúncia, bodhichitta e visão correta da vacuidade, dando esses ensinamentos e mostrando um exemplo prático de alguém que os está praticando sinceramente. Com essa compreensão, devemos acreditar fortemente que nosso Guia Espiritual é uma emanação de Buda e desenvolver e manter profunda fé nele ou nela.

Atisha também disse:

> Até que realizem a verdade última, ouvir é indispensável;
> portanto, ouçam as instruções do Guia Espiritual.

Mesmo se estivéssemos vendo equivocadamente duas luas no céu, essa aparência equivocada nos faria lembrar que, na verdade, não existem duas luas, mas somente uma. De modo semelhante, se ao ver coisas inerentemente existentes nos lembrarmos de que não existem coisas inerentemente existentes, isso indica que a nossa compreensão da vacuidade, a verdade última, está correta. Até que a nossa compreensão da vacuidade seja perfeita, e nos impeça de cair em um dos dois extremos – o extremo da existência e o extremo da não-existência – devemos ouvir com atenção, ler e contemplar as instruções do nosso Guia Espiritual. Uma explicação mais detalhada sobre confiar em nosso Guia Espiritual pode ser encontrada em *Caminho Alegre da Boa Fortuna.*

Todas as contemplações e meditações apresentadas neste livro devem ser praticadas em conjunto com as práticas preliminares para meditação apresentadas no Apêndice III: *Preces para Meditação.* Essas práticas preliminares irão nos dar condições para purificar a nossa mente, acumular mérito e receber as bênçãos dos seres iluminados, assegurando assim que a nossa prática de meditação seja bem-sucedida.

Geshe Kelsang Gyatso Rinpoche

Dedicatória

Pelas virtudes acumuladas ao escrever este livro,
Que todo o sofrimento rapidamente cesse,
Que toda a felicidade e alegria aconteçam
E que o sagrado Dharma floresça para sempre.

Apêndice I

O Texto Raiz: *Sutra Essência da Sabedoria* (o *Sutra Coração*)

O Texto Raiz: *Sutra Essência da Sabedoria* (o *Sutra Coração*)

Em sânscrito: Bhagavatiprajnaparamitahrdaya
Em tibetano: Chom den de ma she rab kyi pa rol tu jin pai nying po
Em inglês: Essence of the perfection of wisdom, the Blessed Mother
Em português: Essência da perfeição de sabedoria, a Mãe Abençoada

Homenagem à perfeição de sabedoria, a Mãe Abençoada.

Assim eu escutei. Naquela época, O Abençoado vivia em Rajagriha, na Montanha do Bando de Abutres, juntamente com uma grande assembleia de monges e monjas, e uma grande assembleia de Bodhisattvas. Naquela ocasião, O Abençoado estava absorto na concentração dos incontáveis aspectos dos fenômenos, chamada "Profunda Iluminação".

Nessa mesma ocasião, o Superior Avalokiteshvara, o Bodhisattva, o Grande Ser, observava perfeitamente a prática da profunda perfeição de sabedoria, observando também perfeitamente que os cinco agregados são vazios de existência inerente.

Então, pelo poder de Buda, o Venerável Shariputra disse ao Superior Avalokiteshvara, o Bodhisattva, o Grande Ser: "Como deve treinar um Filho da linhagem que deseja se empenhar na prática da profunda perfeição de sabedoria?".

Assim ele falou, e o Superior Avalokiteshvara, o Bodhisattva, o Grande Ser, respondeu ao Venerável Shariputra como segue:

"Shariputra, qualquer Filho, ou Filha, da linhagem que deseja se empenhar na prática da profunda perfeição de sabedoria deve observar perfeitamente desse modo: observar subsequentemente, de maneira perfeita e correta, que os cinco agregados também são vazios de existência inerente.

"Forma é vazia; vacuidade é forma. Vacuidade não é algo além de forma; forma também não é algo que não vacuidade. Do mesmo modo, sensação, discriminação, fatores de composição e consciência são vazios.

"Shariputra, desse modo todos os fenômenos são vacuidade, não têm características. Eles não são produzidos e não cessam. Não têm mácula nem estão separados de mácula. Não têm diminuição nem aumento.

"Portanto, Shariputra, na vacuidade não há forma, nem sensação, nem discriminação, nem fatores de composição, nem consciência. Não há visão, nem audição, nem olfato, nem paladar, nem tato, nem mentalidade; não há forma, nem som, nem cheiro, nem sabor, nem objeto tátil, nem fenômeno. Não há o elemento visão e assim por diante, até não há o elemento mentalidade e tampouco o elemento da consciência mental. Não há ignorância nem extinção da ignorância e assim por diante, até não há envelhecimento e morte nem extinção de envelhecimento e morte. Do mesmo modo, não há sofrimento, origem, cessação ou caminho; não há excelsa percepção, nem aquisição e tampouco não-aquisição.

"Portanto, Shariputra, porque não há aquisição, os Bodhisattvas confiam e permanecem na perfeição de sabedoria; suas mentes não têm obstruções nem medo. Passando totalmente além da perversidade, eles alcançam o nirvana final. Igualmente, todos os Budas que residem perfeitamente nos três tempos, tendo confiado na perfeição de sabedoria, tornaram-se Budas manifestos e plenos no estado de insuperável, perfeita e completa iluminação.

"Portanto, o mantra da perfeição de sabedoria, o mantra do grande conhecimento, o mantra insuperável, o mantra igual-ao--inigualável, o mantra que pacifica por completo todo sofrimento, visto que não é falso, deve ser conhecido como a verdade. O mantra da perfeição de sabedoria é proclamado:

TAYATHA OM GATE GATE PARAGATE PARASAMGATE BODHI SÖHA

"Shariputra, um Bodhisattva, um Grande Ser, deve treinar a profunda perfeição de sabedoria desse modo."

Então, o Abençoado saiu daquela concentração e disse ao Superior Avalokiteshvara, o Bodhisattva, o Grande Ser, que ele havia falado bem: "Bom, bom, ó Filho da linhagem. Isso é assim. Visto que é assim, exatamente como revelaste, é desse modo que a profunda perfeição de sabedoria deve ser praticada, e os Tathagatas também irão se regozijar".

Quando o Abençoado assim falou, o Venerável Shariputra, o Superior Avalokiteshvara, o Bodhisattva, o Grande Ser, e todo o círculo de discípulos, assim como os seres mundanos – deuses, humanos, semideuses e espíritos – ficaram deleitados e louvaram grandemente o que fora proferido pelo Abençoado.

Apêndice II

O Sentido Condensado do Comentário

O Sentido Condensado do Comentário

O comentário ao *Sutra Coração* tem duas partes:

1. Explicação do significado direto do Sutra;
2. Explicação do significado oculto do Sutra.

Parte Um: *Explicação do significado direto do Sutra* tem três partes:

1. O significado do título;
2. A homenagem dos tradutores;
3. Explicação do corpo principal do Sutra.

A *explicação do corpo principal do Sutra* tem três partes:

1. Explicação comum do contexto do Sutra;
2. Explicação incomum do contexto do Sutra;
3. Explicação do Sutra propriamente dito.

A *explicação comum do contexto do Sutra* tem quatro partes:

1. O orador do Sutra;
2. A época em que o Sutra foi transmitido;
3. O lugar em que o Sutra foi transmitido;
4. Para quem o Sutra foi proferido.

A *explicação do Sutra propriamente dito* tem quatro partes:

1. A pergunta de Shariputra;
2. As respostas de Avalokiteshvara;
3. A aprovação das respostas por Buda;
4. Os seguidores ficam felizes e adotam com sinceridade os ensinamentos.

As respostas de Avalokiteshvara tem seis partes:

1. Breve explicação sobre como treinar a perfeição de sabedoria nos caminhos da acumulação e da preparação;
2. Explicação extensa sobre como treinar a perfeição de sabedoria nos caminhos da acumulação e da preparação;
3. Explicação sobre como treinar a perfeição de sabedoria no caminho da visão;
4. Explicação sobre como treinar a perfeição de sabedoria no caminho da meditação;
5. Explicação sobre como alcançar o Caminho do Não-Mais-Aprender;
6. Conclusão.

A *explicação extensa sobre como treinar a perfeição de sabedoria nos caminhos da acumulação e da preparação* tem duas partes:

1. Explicação das quatro profundidades do agregado forma;
2. Explicação das quatro profundidades dos agregados sensação e assim por diante.

A *explicação das quatro profundidades do agregado forma* tem quatro partes:

1. Explicação da profundidade do último do agregado forma;
2. Explicação da profundidade do convencional do agregado forma;

3. Explicação da profundidade da união das duas verdades do agregado forma;
4. Explicação da profundidade da distinção nominal das duas verdades do agregado forma.

A *explicação sobre como treinar a perfeição de sabedoria no caminho da meditação* tem cinco partes:

1. Reconhecer o samsara;
2. Quem experiencia sofrimento;
3. Como experienciamos sofrimento;
4. Como vagamos pelo samsara;
5. A aquisição da libertação, ou nirvana.

Parte Dois: *Explicação do significado oculto do Sutra* tem quatro partes:

1. Explicação Preliminar;
2. O Protetor Nagarjuna;
3. Arya Asanga;
4. As etapas do caminho vasto: o significado oculto do *Sutra Coração*.

As etapas do caminho vasto: o significado oculto do Sutra Coração tem três partes:

1. O caminho de uma pessoa de escopo inicial;
2. O caminho de uma pessoa de escopo mediano;
3. O caminho de uma pessoa de grande escopo.

O caminho de uma pessoa de escopo inicial tem cinco partes:

1. A preciosidade da nossa vida humana;
2. O que a nossa morte significa?;
3. Os perigos de um renascimento inferior;

4. Buscar refúgio;
5. O que é carma?

O caminho de uma pessoa de escopo mediano tem quatro partes:

1. O que devemos conhecer;
2. O que devemos abandonar;
3. O que devemos praticar;
4. O que devemos alcançar.

O caminho de uma pessoa de grande escopo tem duas partes:

1. O supremo bom coração – bodhichitta;
2. Treinar o caminho da bodhichitta.

O supremo bom coração – bodhichitta tem cinco partes:

1. Treinar amor afetuoso;
2. Treinar amor apreciativo;
3. Treinar grande amor;
4. Treinar compaixão universal;
5. Treinar a bodhichitta propriamente dita.

Treinar amor apreciativo tem duas partes:

1. Equalizar eu com outros;
2. Trocar eu por outros.

Trocar eu por outros tem três partes:

1. Contemplar as desvantagens do autoapreço;
2. Contemplar as vantagens de apreciar os outros;
3. O treino propriamente dito de trocar eu por outros.

Treinar o caminho da bodhichitta tem três partes:

1. Treinar as seis perfeições;
2. Treinar o tomar associado à prática das seis perfeições;
3. Treinar o dar associado à prática das seis perfeições.

Treinar o tomar associado à prática das seis perfeições tem duas partes:

1. Meditar em tomar focando todos os seres vivos;
2. Meditar em tomar focando seres vivos específicos.

Apêndice III

Prece Libertadora
e
Preces para Meditação

Prece Libertadora

Louvor a Buda Shakyamuni

Ó Abençoado, Shakyamuni Buda,
Precioso tesouro de compaixão,
Concessor de suprema paz interior,

Tu, que amas todos os seres sem exceção,
És a fonte de bondade e felicidade,
E nos guias ao caminho libertador.

Teu corpo é uma joia-que-satisfaz-os-desejos,
Tua fala é um néctar purificador e supremo
E tua mente, refúgio para todos os seres vivos.

Com as mãos postas, me volto para ti,
Amigo supremo e imutável,
E peço do fundo do meu coração:

Por favor, concede-me a luz de tua sabedoria
Para dissipar a escuridão da minha mente
E curar o meu continuum mental.

Por favor, me nutre com tua bondade,
Para que eu possa, por minha vez, nutrir todos os seres
Com um incessante banquete de deleite.

Por meio de tua compassiva intenção,
De tuas bênçãos e feitos virtuosos
E por meu forte desejo de confiar em ti,

Que todo o sofrimento rapidamente cesse,
Que toda a felicidade e alegria aconteçam
E que o sagrado Dharma floresça para sempre.

Cólofon: Esta prece foi escrita pelo Venerável Geshe Kelsang Gyatso Rinpoche e é recitada regularmente no início de ensinamentos, meditações e preces nos Centros Budistas Kadampa em todo o mundo.

Preces para Meditação

PRECES PREPARATÓRIAS CURTAS PARA MEDITAÇÃO

Introdução

Todos nós temos o potencial para obter as realizações de todas as etapas do caminho à iluminação. Esses potenciais são como sementes no campo da nossa mente e a nossa prática de meditação é como cultivar essas sementes. Porém, nossa prática de meditação só será bem-sucedida se, antes, fizermos boas preparações.

Se quisermos cultivar uma plantação exterior, começamos fazendo cuidadosos preparativos. Primeiro, removemos do solo tudo que possa obstruir o desenvolvimento das plantas, como pedras e ervas daninhas. Em segundo lugar, enriquecemos o solo com adubo para fortalecê-lo e sustentar o crescimento da plantação. Em terceiro lugar, providenciamos calor e umidade, as condições necessárias para que as sementes germinem e as plantas cresçam. Do mesmo modo, para cultivar nossas plantações interiores das realizações de Dharma precisamos, também, começar fazendo cuidadosos preparativos.

Primeiro, precisamos purificar nossa mente para eliminar o carma negativo que acumulamos no passado, pois, se não purificarmos esse carma, ele obstruirá o desenvolvimento das realizações de Dharma. Em segundo lugar, precisamos acumular mérito para dar a nossa mente vigor para sustentar o crescimento das realizações de Dharma. Em terceiro lugar, precisamos receber as bênçãos dos seres sagrados para ativar e sustentar o desenvolvimento das realizações de Dharma.

As preces curtas a seguir contêm a essência dessas três preparações. Para mais informações sobre elas, consultar *Novo Manual de Meditação* ou *Caminho Alegre da Boa Fortuna*.

Geshe Kelsang Gyatso
1987

Preces para Meditação

Buscar refúgio

Eu e todos os seres sencientes, até alcançarmos a iluminação,
Nos refugiamos em Buda, Dharma e Sangha.
(3x, 7x, 100x etc.)

Gerar bodhichitta

Pelas virtudes que coleto, praticando o dar e as outras perfeições,
Que eu me torne um Buda para o benefício de todos. (3x)

Gerar as quatro incomensuráveis

Que cada um seja feliz,
Que cada um se liberte da dor,
Que ninguém jamais seja separado de sua felicidade,
Que todos tenham equanimidade, livres do ódio e do apego.

Visualizar o Campo de Mérito

No espaço a minha frente está Buda Shakyamuni vivo, rodeado por todos os Budas e Bodhisattvas, como a lua cheia rodeada pelas estrelas.

Prece dos sete membros

Com meu corpo, fala e mente, humildemente me prostro
E faço oferendas, efetivas e imaginadas.
Confesso meus erros em todos os tempos
E regozijo-me nas virtudes de todos.
Peço, permanece até o cessar do samsara
E gira a Roda do Dharma para nós.
Dedico todas as virtudes à grande iluminação.

Oferecimento do mandala

O chão espargido com perfume e salpicado de flores,
A Grande Montanha, quatro continentes, sol e lua,
Percebidos como Terra de Buda e assim oferecidos.
Que todos os seres desfrutem dessas Terras Puras.

Ofereço, sem nenhum sentimento de perda,
Os objetos que fazem surgir meu apego, ódio e confusão,
Meus amigos, inimigos e estranhos, nossos corpos e prazeres.
Peço, aceita-os e abençoa-me, livrando-me diretamente dos três venenos.

IDAM GURU RATNA MANDALAKAM NIRYATAYAMI

Preces das etapas do caminho

O caminho começa com firme confiança
No meu bondoso mestre, fonte de todo bem;
Ó, abençoa-me com essa compreensão
Para segui-lo com grande devoção.

Esta vida humana, com todas as suas liberdades,
Extremamente rara, com tanta significação;
Ó, abençoa-me com essa compreensão
Dia e noite para captar a sua essência.

Meu corpo, qual bolha-d'água,
Decai e morre tão rapidamente;
Após a morte vêm os resultados do carma,
Qual sombra de um corpo.

Com esse firme conhecimento e lembrança,
Abençoa-me, para ser extremamente cauteloso,
Evitando sempre ações nocivas
E reunindo abundante virtude.

Os prazeres do samsara são enganosos,
Não trazem contentamento, apenas tormentos;
Abençoa-me para ter o esforço sincero
Para obter o êxtase da liberdade perfeita.

Ó, abençoa-me para que desse pensamento puro
Resulte contínua-lembrança e imensa cautela,
A fim de manter como minha prática essencial
A raiz da doutrina, o Pratimoksha.

Assim como eu, todas as minhas bondosas mães
Estão se afogando no oceano do samsara;
Para que logo eu possa libertá-las,
Abençoa-me para treinar a bodhichitta.

Mas não posso tornar-me um Buda
Apenas com isso, sem as três éticas;
Assim, abençoa-me com a força de praticar
Os votos do Bodhisattva.

Por pacificar minhas distrações
E analisar perfeitos sentidos,
Abençoa-me para logo alcançar a união
Da visão superior com o tranquilo-permanecer.

Quando me tornar um puro recipiente
Pelos caminhos comuns, abençoa-me para ingressar
Na essência da prática da boa fortuna,
O supremo veículo, Vajrayana.

As duas conquistas dependem, ambas,
De meus sagrados votos e compromissos;
Abençoa-me para entender isso claramente
E conservá-los à custa da minha vida.

Por sempre praticar em quatro sessões
A via explicada pelos santos mestres,
Ó, abençoa-me para obter ambos os estágios
Que são a essência dos Tantras.

Que os que me guiam no bom caminho
E meus companheiros tenham longas vidas;
Abençoa-me para pacificar inteiramente
Todos os obstáculos internos e externos.

Que eu sempre encontre perfeitos mestres
E deleite-me no sagrado Dharma,
Conquiste todos os solos e caminhos velozmente
E obtenha o estado de Vajradhara.

Receber bênçãos e purificar

Do coração de todos os seres sagrados, fluem correntes de luz e néctar, concedendo bênçãos e purificando.

Neste ponto, fazemos a contemplação e a meditação. Após a meditação, dedicamos nosso mérito enquanto recitamos as seguintes preces:

Preces dedicatórias

Pelas virtudes que coletei
Praticando as etapas do caminho,
Que todos os seres vivos tenham a oportunidade
De praticar da mesma forma.

Que cada um experiencie
A felicidade de humanos e deuses
E rapidamente alcance a iluminação,
Para que o samsara seja finalmente extinto.

Preces pela Tradição Virtuosa

Para que a tradição de Je Tsongkhapa,
O Rei do Dharma, floresça,
Que todos os obstáculos sejam pacificados
E todas as condições favoráveis sejam abundantes.

Pelas duas coleções, minhas e dos outros,
Reunidas ao longo dos três tempos,
Que a doutrina do Conquistador Losang Dragpa
Floresça para sempre.

Prece *Migtsema* de nove versos

Tsongkhapa, ornamento-coroa dos eruditos da Terra das Neves,
Tu és Buda Shakyamuni e Vajradhara, a fonte de todas as conquistas,
Avalokiteshvara, o tesouro de inobservável compaixão,
Manjushri, a suprema sabedoria imaculada,
E Vajrapani, o destruidor das hostes de maras.
Ó Venerável Guru Buda, síntese das Três Joias,
Com meu corpo, fala e mente, respeitosamente faço pedidos.
Peço, concede tuas bênçãos para amadurecer e libertar a mim e aos outros,
E confere-nos as aquisições comuns e supremas. (3x)

Cólofon: Esta sadhana (ou prece ritual para aquisições espirituais) foi compilada por Venerável Geshe Kelsang Gyatso a partir de fontes tradicionais.

Apêndice IV

Explicação das Doze Fontes, dos Dezoito Elementos e dos Doze Elos Dependente-Relacionados

Explicação das Doze Fontes, dos Dezoito Elementos e dos Doze Elos Dependente-Relacionados

AS DOZE FONTES

Todos os fenômenos estão incluídos nas doze fontes, que são:

(1) Fonte visão;
(2) Fonte audição;
(3) Fonte olfato;
(4) Fonte paladar;
(5) Fonte tato;
(6) Fonte mentalidade;
(7) Fonte forma;
(8) Fonte som;
(9) Fonte cheiro;
(10) Fonte sabor;
(11) Fonte objeto tátil;
(12) Fonte fenômenos.

"Fonte visão" refere-se à fonte da consciência visual. "Visão", "faculdade sensorial da visão" e "fonte visão" são sinônimos. Normalmente, apontamos para o nosso globo ocular e dizemos "isto é a minha visão"; mas, se o globo ocular fosse, ele próprio, a visão, seguir-se-ia que uma pessoa cega que tivesse globos oculares possuiria visão e, portanto, poderia ver. Nossa visão – nossa fonte visão ou faculdade sensorial da visão – não é uma forma física, mas uma faculdade potencial interior, localizada bem no centro do globo ocular, cuja atuação principal é gerar diretamente uma consciência visual. Ela é um objeto muito oculto. A fonte visão, a fonte audição, a fonte olfato, a fonte paladar e a fonte tato possuem forma, mas elas não são uma forma física, do mesmo modo que uma pessoa chamada João, por exemplo, possui forma mas não é uma forma física. Elas são faculdades potenciais interiores, localizadas, respectivamente, bem no centro dos órgãos da visão, audição, olfato, paladar e por todo o corpo, e que atuam principalmente na geração direta das consciências visual, auditiva, olfativa, gustativa e tátil, respectivamente.

Não podemos compreender essas cinco fontes, ou faculdades sensoriais, por meio de raciocínios lógicos ou percebedores diretos porque elas são objetos muito ocultos. Podemos compreendê-las somente pelo estudo dos ensinamentos de Buda. As cinco fontes, ou cinco faculdades sensoriais, são extremamente importantes para nossa experiência diária. Por exemplo, sem a faculdade sensorial da visão, não podemos gerar a consciência visual, com a qual vemos formas; sem a faculdade sensorial da audição, não podemos gerar a consciência auditiva, com a qual ouvimos sons; sem a faculdade sensorial do olfato e a faculdade sensorial do paladar, não podemos gerar as consciências olfativa e gustativa, com as quais percebemos cheiros e experienciamos sabores; e sem a faculdade sensorial do tato, não podemos gerar a consciência tátil, com a qual experienciamos objetos táteis. "Fonte mentalidade" é sinônimo de "faculdade mental" e é uma faculdade potencial mental cuja atuação principal é gerar diretamente a consciência mental, com a qual podemos compreender vários tipos de fenômenos. Ela é também um objeto muito oculto.

As últimas seis fontes são: fonte forma – o objeto da fonte visão; fonte som – o objeto da fonte audição; fonte cheiro – o objeto da fonte olfato; fonte sabor – o objeto da fonte paladar; fonte objeto tátil – o objeto da fonte tato; e fonte fenômenos – o objeto da fonte mentalidade. Elas são chamadas "fontes" porque são a fonte do processo para gerar as consciências.

OS DEZOITO ELEMENTOS

De um outro ponto de vista, todos os fenômenos estão incluídos nos dezoito elementos, que são:

(1) Elemento visão;
(2) Elemento audição;
(3) Elemento olfato;
(4) Elemento paladar;
(5) Elemento tato;
(6) Elemento mentalidade;
(7) Elemento forma;
(8) Elemento som;
(9) Elemento cheiro;
(10) Elemento sabor;
(11) Elemento objeto tátil;
(12) Elemento fenômenos;
(13) Elemento da consciência visual;
(14) Elemento da consciência auditiva;
(15) Elemento da consciência olfativa;
(16) Elemento da consciência gustativa;
(17) Elemento da consciência tátil;
(18) Elemento da consciência mental.

Como foi mencionado anteriormente na Parte Um, Buda explicou os dezoito elementos para mostrar como os seres vivos experienciam sofrimento. Eles são chamados "elementos" porque são inseparáveis de sua própria natureza, como indicado pela palavra tibetana para elemento (*kham*). "Elemento visão" é sinônimo de "fonte visão" e "faculdade sensorial da visão"; e, do mesmo modo, os elementos audição, olfato, paladar e tato são sinônimos das suas respectivas fontes e faculdades sensoriais. "Elemento mentalidade" e "faculdade mental" são sinônimos.

Formas, sons, cheiros, sabores, objetos táteis e fenômenos são objetos dos primeiros seis elementos e dos últimos seis elementos, respectivamente.

Os seres vivos experienciam sofrimento do seguinte modo. Devido a nossa faculdade sensorial da visão, faculdade sensorial da audição e assim por diante se encontrarem com seus objetos – formas, sons e assim por diante – desenvolvemos a consciência visual, a consciência auditiva e assim por diante, que percebem coisas inerentemente existentes. Para nós, isso faz surgir automaticamente uma mente que acredita que essas coisas são inerentemente existentes. Essa é a nossa mente da ignorância do agarramento ao em-si. Devido a essa ignorância, experienciamos vários tipos de sofrimentos e problemas, que são aparências equivocadas (ou alucinações), do mesmo modo como experienciamos coisas nos sonhos.

OS DOZE ELOS DEPENDENTE-RELACIONADOS

Os doze elos dependente-relacionados são:

(1) Ignorância dependente-relacionada;
(2) Ações de composição dependente-relacionadas;
(3) Consciência dependente-relacionada;
(4) Nome e forma dependente-relacionados;
(5) Seis fontes dependente-relacionadas;
(6) Contato dependente-relacionado;
(7) Sensação dependente-relacionada;
(8) Anseio dependente-relacionado;
(9) Avidez dependente-relacionada;
(10) Existência dependente-relacionada;
(11) Nascimento dependente-relacionado;
(12) Envelhecimento e morte dependente-relacionados.

A ignorância dependente-relacionada, que é o primeiro elo, é uma mente de agarramento ao em-si que motiva uma pessoa a criar uma ação que é causa de renascimento no samsara. Essa mente é denominada "ignorância" porque, por ignorar a verdadeira natureza dos fenômenos, ela se agarra aos fenômenos como sendo inerentemente existentes.

O segundo elo, ações de composição dependente-relacionadas, é uma ação, ou carma, que é a causa projetora de renascer no samsara. Já que seu efeito é nos projetar, ou arremessar, num renascimento no samsara, essa ação é também denominada "carma arremessador". Embora uma ação de composição seja motivada pelo primeiro elo, a ignorância dependente-relacionada, ela pode ser virtuosa ou não virtuosa, na dependência da intenção que a acompanha. Uma ação de composição virtuosa conduz a um renascimento cíclico em um dos três reinos superiores, enquanto que uma ação de composição não virtuosa conduz a um renascimento cíclico em um dos três reinos inferiores.

O terceiro elo, consciência dependente-relacionada, não se refere à consciência em geral, mas somente à consciência mental raiz que recebe a marca da ação de composição dependente-relacionada. Cada ação de composição, como a ação não virtuosa de matar, deixa uma marca em nossa consciência raiz. Essa marca permanece em nosso continuum da consciência como um potencial, semelhante a uma semente, até que as circunstâncias que a ativam surjam e produzam o efeito de um renascimento no samsara.

O quarto elo é nome e forma dependente-relacionados. Esse elo são os cinco agregados de uma pessoa no momento do renascimento – *forma* diz respeito ao agregado forma e *nome* diz respeito aos demais quatro agregados. Podemos tomar nosso próprio nascimento como um exemplo. Tivemos nosso renascimento atual como um ser humano quando nossa consciência ingressou no óvulo fertilizado no útero de nossa mãe. Naquele momento, possuíamos cinco agregados rudimentares. Nosso agregado forma era a forma física do óvulo fertilizado, e os demais agregados (sensação e assim por diante) também estavam presentes. Nossos cinco agregados, naquele momento, são um exemplo do quarto elo, nome e forma dependente-relacionados. Os últimos quatro agregados são chamados "nome" porque servem como base para nomear, ou identificar, uma pessoa, mesmo no caso de uma pessoa do reino da sem-forma, que carece do agregado forma.

As seis fontes dependente-relacionadas, que são o quinto elo, são as cinco faculdades sensoriais e a faculdade mental quando começam a se desenvolver após o renascimento. No caso do nosso renascimento atual como um ser humano, tivemos a faculdade mental e a faculdade sensorial tátil a partir do momento da concepção, mas as demais quatro faculdades sensoriais da visão, audição, olfato e paladar foram geradas gradualmente, à medida que nos desenvolvíamos no útero.

O sexto elo é o contato dependente-relacionado. Contato é um fator mental que acompanha cada momento da consciência. Ele surge a partir do encontro de um objeto, uma faculdade sensorial e uma consciência. O contato atua percebendo um objeto como agradável, desagradável ou neutro.

Na dependência do contato, desenvolvemos o sétimo elo, sensação dependente-relacionada. Enquanto o contato percebe um objeto como agradável, desagradável ou neutro, a sensação é o fator mental que experiencia o objeto como agradável, desagradável ou neutro. Sempre que percebemos um objeto, geramos uma sensação agradável, desagradável ou neutra.

Anseio dependente-relacionado, o oitavo elo, é uma forma particular de apego que alimenta, ou ativa, a potencialidade para tomarmos nosso próximo renascimento e que foi deixada em nossa consciência por uma ação de composição dependente-relacionada anterior. Esse tipo de apego ocorre no momento da nossa morte. Normalmente, desenvolvemos nesse momento um forte apego pelo que nos agarramos (ou nos aferramos) como "eu" e um forte apego por nosso corpo, amigos, posses e assim por diante. Esse anseio ativa o potencial para tomarmos nosso próximo renascimento.

O nono elo é a avidez dependente-relacionada. Ela é também um tipo de apego, mas é muito mais intensa que o anseio. O anseio pode ser comparado com o forte desejo de fumar um cigarro, que é desenvolvido por alguém que recentemente deixou de fumar. A avidez é semelhante a um desejo que se torna tão intenso que obriga a pessoa a sair de casa em busca de um cigarro. A avidez dependente-relacionada é a avidez que se desenvolve após o anseio dependente-relacionado, e ela ativa, de modo mais poderoso, o potencial para tomarmos nosso próximo renascimento.

O décimo elo, existência dependente-relacionada, é o fator mental intenção que é induzido pelos elos anteriores – anseio e avidez. Ele é denominado "existência" porque é a causa imediata de tomarmos um novo renascimento na existência cíclica, o samsara. Ele é um exemplo do nome de um efeito sendo dado a sua causa. Em geral, intenção é uma ação mental, e a natureza da intenção determina se a mente é virtuosa ou não. Se o fator mental intenção é virtuoso, a mente que o acompanha é necessariamente virtuosa. Reciprocamente, se a intenção é não virtuosa, a mente que a acompanha também é não virtuosa.

Embora o anseio e a avidez sejam delusões, eles podem induzir uma mente virtuosa no momento da morte. Por exemplo, eles podem induzir uma mente que busca refúgio e reza aos seres sagrados. Nesse caso, o décimo elo, existência dependente-relacionada, será uma ação virtuosa e é certo que uma marca deixada por uma ação de composição virtuosa será ativada. A pessoa, então, terá um renascimento afortunado como um humano ou um deus. Por outro lado, se o anseio e a avidez induzirem uma mente não virtuosa, como a raiva, então, o décimo elo será uma ação não virtuosa e um potencial para um renascimento nos três reinos inferiores será ativado.

O décimo-primeiro elo é o nascimento dependente-relacionado. Ele se refere ao momento em que a consciência toma uma nova existência. No caso de renascer como um ser humano, o nascimento dependente-relacionado refere-se ao ingresso da consciência no óvulo fertilizado, no útero da mãe.

A partir do segundo momento de um novo renascimento, começa o processo de envelhecimento, processo esse que continua até a morte. O elo final, envelhecimento e morte dependente-relacionados, é o próprio processo de envelhecimento e morte.

Esses doze elos dependente-relacionados revelam o processo pelo qual permanecemos acorrentados ao ciclo de renascimento e morte descontrolados, com seus sofrimentos associados. A causa fundamental desse processo descontrolado é o primeiro elo, a ignorância, que é uma mente que se agarra à existência inerente. Sob o controle da ignorância, executamos as ações virtuosas ou não virtuosas que são as causas para renascermos nos reinos superiores ou inferiores do samsara. Essas ações são ações de composição, o segundo elo. Uma ação de composição deixa uma marca em nossa mente, e a consciência que recebe essa marca é o terceiro elo. Esses primeiros três elos são, algumas vezes, denominados "causas projetoras" porque atuam como as causas que nos projetam para um futuro renascimento descontrolado. As três causas projetoras são também denominadas "causas distantes" do renascimento porque, embora sejam as causas de um renascimento futuro, é possível que muitas vidas decorram antes que um renascimento específico se concretize.

Os próximos quatro elos são denominados "efeitos projetados" e explicam nosso desenvolvimento após termos sido projetados, ou arremessados, em um novo renascimento. O quarto elo indica que a base de imputação da nossa nova identidade são os nossos novos agregados, nome e forma. Na dependência dos nossos agregados, o quinto elo (ou seja, as seis fontes) é formado. As seis fontes são as seis faculdades e, como resultado delas, surge o sexto elo – contato. Na dependência do contato, desenvolvemos sensações agradáveis, desagradáveis ou neutras, o sétimo elo.

Os próximos três elos indicam como o poder potencial para tomarmos nosso próximo renascimento é efetivado, e, por essa razão, eles são denominados "causas concretizantes". Esses três elos são também denominados "causas próximas" do renascimento porque eles são as causas que precedem imediatamente um renascimento. Na dependência de sensações precedentes, o oitavo e nono elos – anseio e avidez – surgem à medida que a morte se aproxima. Eles ativam o potencial para tomarmos nosso próximo renascimento, conduzindo ao desenvolvimento do décimo elo – existência – que é a ação mental que nos transporta ao nosso próximo renascimento.

Os últimos dois elos são denominados "efeitos concretizados" pois são os efeitos das causas concretizantes. As três causas concretizantes ativam um potencial específico para renascermos, fazendo surgir o décimo-primeiro elo, nascimento. Como resultado de renascer no samsara, ocorre o último elo, envelhecimento e morte. Os últimos dois elos também implicam em todos os demais sofrimentos do samsara, como doenças, que ocorrem entre o nascimento e a morte.

Se contemplarmos os doze elos nessa sequência, desde a ignorância até envelhecimento e morte, podemos compreender passo a passo o desenvolvimento do renascimento cíclico e os sofrimentos associados a ele. Se contemplarmos os doze elos dependente-relacionados em ordem reversa, podemos traçar de trás para frente as causas do nosso sofrimento. O último elo é uma associação de dois sofrimentos densos que experienciamos (envelhecimento e morte), mas todos os nossos demais sofrimentos estão também incluídos. A causa desses sofrimentos é o renascimento descontrolado, o décimo-primeiro elo. O nascimento resulta do décimo elo, existência, que é causado pela avidez e pelo anseio, o nono e oitavo elos. Essas duas formas de apego resultam de sensações precedentes, o sétimo elo. Sensações surgem na dependência do contato, o sexto elo, que, por sua vez, depende das seis fontes, o quinto elo. As seis fontes desenvolvem-se na dependência dos cinco agregados no momento do nascimento, que são o quarto elo: nome e forma. A causa de tomarmos esses agregados é uma marca transportada pela consciência. A consciência que recebeu essa marca é o terceiro elo. A marca na consciência é deixada por uma ação de composição, o segundo elo. A força-raiz motivadora das ações de composição é a ignorância, a mente que se agarra à existência inerente. Desse modo, podemos traçar de trás para a frente a causa de todos os sofrimentos: a ignorância, o primeiro dos doze elos.

Assim, por contemplar os doze elos em ordem reversa, podemos compreender que experienciamos sofrimentos muitas e muitas vezes porque temos tido um renascimento cíclico, e que a causa fundamental desse processo infeliz é a ignorância. Compreender que a causa de todo o sofrimento é o renascimento cíclico irá nos levar a desenvolver a mente que deseja decididamente sair do samsara. Essa mente é chamada "renúncia". Ao realizar que a ignorância é a causa raiz do renascimento cíclico, compreenderemos que o método para alcançar a libertação do samsara é eliminar nossa ignorância. O antídoto direto à ignorância é a sabedoria que realiza a vacuidade. Com esforço persistente e utilizando métodos corretos, podemos desenvolver essa sabedoria. Se, então, continuarmos a meditar na vacuidade com a motivação de renúncia e bodhichitta, nossa ignorância dependente-relacionada, o primeiro dos doze elos, diminuirá gradualmente e, por fim, cessará.

A cessação completa da ignorância dependente-relacionada é o esgotamento dependente-relacionado da ignorância. Se alcançarmos esse esgotamento da ignorância, nossas ações não mais serão controladas pelas delusões, ou aflições mentais, e, assim, alcançaremos o esgotamento dependente-relacionado das ações de composição. Isso conduzirá ao esgotamento dependente-relacionado da consciência e assim por diante, até o esgotamento dependente-relacionado do envelhecimento e morte. Assim, por alcançar o esgotamento da ignorância, superamos o renascimento cíclico e cortamos o continuum do sofrimento. A cessação do continuum do sofrimento é a libertação, o estado além da dor, ou nirvana. Existe, portanto, um segundo conjunto de doze elos dependente-relacionados, desde o esgotamento da ignorância até o esgotamento de envelhecimento e morte. O primeiro conjunto de doze elos, desde a ignorância até envelhecimento e morte, é denominado "os doze elos dependente-relacionados do lado da delusão"; e os doze elos, desde o esgotamento da ignorância até o esgotamento de envelhecimento e morte são denominados "os doze elos dependente-relacionados do lado perfeitamente purificado". O primeiro conjunto explica o desenvolvimento do renascimento e sofrimento cíclicos, e o último explica sua cessação e a conquista da libertação.

Os doze elos do lado perfeitamente purificado são a mera cessação dos doze elos do lado da delusão. Por exemplo, o esgotamento dependente-relacionado da consciência não é a cessação da consciência em geral, mas a cessação completa da consciência que recebe as marcas das ações de composição. De modo semelhante, o esgotamento dependente-relacionado da sensação é meramente a cessação das sensações que estão contaminadas pelas delusões. Se alcançarmos a libertação, ainda teremos sensações, mas essas sensações não serão contaminadas e não conduzirão ao anseio e à avidez no momento da morte.

Tendo alcançado a libertação, não mais seremos projetados, ou arremessados, para um renascimento sob o controle das delusões, mas experienciaremos renascimento incontaminado. Um renascimento incontaminado não tem a natureza do sofrimento e não faz surgir sofrimento no futuro. Muitos hinayana Destruidores de Inimigos tomam renascimento incontaminado numa Terra Pura e permanecem num estado de tranquilidade inerte e de paz por um período muito longo. Por outro lado, elevados Bodhisattvas continuam a renascer entre os seres que estão no samsara a fim de beneficiá-los. Um renascimento como esse não é contaminado, pois surge pela força da compaixão e não pela força das delusões. Se um elevado Bodhisattva renascer como um ser humano, ele, ou ela, aparecerá para os outros como um ser humano comum, mas um Bodhisattva como esse está completamente livre dos sofrimentos do samsara e trabalha alegremente para o benefício dos outros.

Por contemplar os doze elos dependente-relacionados do lado perfeitamente purificado, nossa mente irá se elevar porque compreenderemos que podemos abandonar por completo o sofrimento e suas causas por meio de superar nossa ignorância que se agarra à existência inerente dos fenômenos.

Essa explicação das doze fontes, dos dezoito elementos e dos doze elos dependente-relacionados está apresentada de uma maneira simples e fácil de ser compreendida e está fundamentada nos ensinamentos de Buda.

Geshe Kelsang Gyatso
Setembro de 2011

Apêndice V

A Grande Mãe:

UM MÉTODO PARA SUPERAR IMPEDIMENTOS
E OBSTÁCULOS PELA RECITAÇÃO DO
SUTRA ESSÊNCIA DA SABEDORIA
(O *SUTRA CORAÇÃO*)

A Grande Mãe:

UM MÉTODO PARA SUPERAR IMPEDIMENTOS E OBSTÁCULOS PELA RECITAÇÃO DO *SUTRA ESSÊNCIA DA SABEDORIA* (O *SUTRA CORAÇÃO*)

INTRODUÇÃO

TODOS OS SERES vivos desejam ser felizes, mas, muitas e muitas vezes, deparam-se com obstáculos ou impedimentos, tanto exteriores como interiores, que frustram sua aquisição de felicidade. Impedimentos exteriores podem surgir de objetos animados (como seres humanos malevolentes ou animais selvagens) ou de objetos inanimados, como os quatro elementos exteriores (terra, água, fogo e vento), dos quais podem surgir terremotos, enchentes, incêndios destrutivos e furacões. Impedimentos interiores surgem de causas que estão em nosso corpo e mente. Se nossos quatro elementos interiores estão em um estado de equilíbrio harmonioso, nosso corpo é saudável, mas quando estão desequilibrados, nosso corpo experiencia uma variedade de problemas e doenças. Se nossa mente está repleta de pensamentos negativos e delusões (como apego desejoso, raiva e ignorância) experienciamos grande dano e sofrimentos como resultado. Eles nos impedem de manter uma mente pacífica e também destroem qualquer felicidade que possamos ter obtido.

Os principais obstáculos que impedem nosso progresso à libertação e à iluminação podem ser resumidos como sendo os quatro maras – "mara" é uma palavra que, em sânscrito, significa "demônio". Os quatro maras são: o mara das delusões, o mara dos agregados, o mara Senhor da Morte e o mara Devaputra. Qualquer um que conquiste completamente esses quatro maras é um Buda, ou "Conquistador".

Todo sofrimento que experienciamos surge como resultado das nossas delusões (ou aflições mentais) e das ações que criamos sob sua influência. Assim como as delusões interrompem nossa felicidade e paz temporárias, elas também obstruem nosso progresso à felicidade suprema da libertação e da iluminação.

Nossos agregados contaminados são a natureza verdadeira do samsara e a base de todo o nosso sofrimento. Seremos incapazes de alcançar a libertação enquanto tivermos esses agregados.

O mara Senhor da Morte refere-se à morte descontrolada, comum, que nos priva da oportunidade de concluir nossa prática espiritual. A menos que tenhamos purificado totalmente nossas ações negativas e obtido firme controle sobre nosso corpo, fala e mente, não podemos estar confiantes de que, após a morte, não cairemos em reinos inferiores, onde a prática espiritual é impossível e escapar é muito difícil.

Os maras Devaputra são seres reais, como Ishvara Negro, que interferem em nosso progresso espiritual à libertação e à iluminação. Por exemplo, quando Buda Shakyamuni estava próximo de demonstrar a aquisição da iluminação sob a Árvore Bodhi, foram os maras Devaputra que tentaram perturbá-lo. Buda superou essas interferências por meio da força de sua concentração meditativa em amor.

Se quisermos alcançar felicidade temporária enquanto permanecemos no samsara, e se quisermos progredir sem obstáculos em direção à felicidade suprema da libertação e da iluminação, precisamos de um método especial para afastar e superar impedimentos, em geral, e os quatro maras, em particular. A prática a seguir envolve a recitação e a contemplação do *Sutra Essência da Sabedoria*, ou *Sutra Coração*, e pode ser utilizada para superar ambas as obstruções, exteriores e interiores, tanto para o nosso benefício quanto para o benefício dos outros. Uma explicação de como fazer essa prática pode ser encontrada no Apêndice VI.

A medida do quanto seremos bem-sucedidos em superar obstáculos por meio dessa prática depende da força da nossa fé. Podemos aumentar nossa fé contemplando exemplos dessa prática, como quando o deus Indra superou a raiva e a inveja dos semideuses que o estavam atacando ou quando lama Ukarwa impediu a ameaça assassina de um praticante de magia negra. Relatos sobre isso podem ser encontrados no breve comentário à prática de *A Grande Mãe*, no Apêndice VI.

A Grande Mãe

Buscar refúgio

Eu e todos os seres sencientes, até alcançarmos a iluminação,
Nos refugiamos em Buda, Dharma e Sangha. (3x)

Gerar bodhichitta

Pelas virtudes que coleto, praticando o dar e as outras perfeições,
Que eu me torne um Buda para o benefício de todos. (3x)

Preliminares

NAMO Guru, Mestre, O Abençoado, e a Grande Mãe
Prajnaparamita,
Rodeados por vossos Filhos – os Budas das dez direções e
todos os Bodhisattvas;
Prostro-me a essa assembleia, faço oferendas e busco refúgio,
Por favor, concede-me o poder de tuas bênçãos. (3x)

Recitar o *Sutra Essência da Sabedoria*

Homenagem à perfeição de sabedoria, a Mãe Abençoada.

Assim eu escutei. Naquela época, O Abençoado vivia em Rajagriha, na Montanha do Bando de Abutres, juntamente com uma grande assembleia de monges e monjas, e uma grande assembleia de Bodhisattvas. Naquela ocasião, O Abençoado estava absorto na concentração dos incontáveis aspectos dos fenômenos, chamada "Profunda Iluminação".

Nessa mesma ocasião, o Superior Avalokiteshvara, o Bodhisattva, o Grande Ser, observava perfeitamente a prática da profunda perfeição de sabedoria, observando também perfeitamente que os cinco agregados são vazios de existência inerente.

Então, pelo poder de Buda, o Venerável Shariputra disse ao Superior Avalokiteshvara, o Bodhisattva, o Grande Ser: "Como deve treinar um Filho da linhagem que deseja se empenhar na prática da profunda perfeição de sabedoria?".

Assim ele falou, e o Superior Avalokiteshvara, o Bodhisattva, o Grande Ser, respondeu ao Venerável Shariputra como segue:

"Shariputra, qualquer Filho, ou Filha, da linhagem que deseja se empenhar na prática da profunda perfeição de sabedoria deve observar perfeitamente desse modo: observar subsequentemente, de maneira perfeita e correta, que os cinco agregados também são vazios de existência inerente.

"Forma é vazia; vacuidade é forma. Vacuidade não é algo além de forma; forma também não é algo que não vacuidade. Do mesmo modo, sensação, discriminação, fatores de composição e consciência são vazios.

"Shariputra, desse modo todos os fenômenos são vacuidade, não têm características. Eles não são produzidos e não cessam. Não têm mácula nem estão separados de mácula. Não têm diminuição nem aumento.

"Portanto, Shariputra, na vacuidade não há forma, nem sensação, nem discriminação, nem fatores de composição, nem consciência. Não há visão, nem audição, nem olfato, nem paladar, nem tato, nem mentalidade; não há forma, nem som, nem cheiro, nem sabor, nem objeto tátil, nem fenômeno. Não há o elemento visão e assim por diante, até não há o elemento mentalidade e tampouco o elemento da consciência mental. Não há ignorância nem extinção da ignorância e assim por diante, até não há envelhecimento e morte nem extinção de envelhecimento e morte. Do mesmo modo, não há sofrimento, origem, cessação ou caminho; não há excelsa percepção, nem aquisição e tampouco não-aquisição.

"Portanto, Shariputra, porque não há aquisição, os Bodhisattvas confiam e permanecem na perfeição de sabedoria; suas mentes não têm obstruções nem medo. Passando totalmente além da perversidade, eles alcançam o nirvana final. Igualmente, todos os Budas que residem perfeitamente nos três tempos, tendo confiado na perfeição de sabedoria, tornaram-se Budas manifestos e plenos no estado de insuperável, perfeita e completa iluminação.

"Portanto, o mantra da perfeição de sabedoria, o mantra do grande conhecimento, o mantra insuperável, o mantra igual-ao--inigualável, o mantra que pacifica por completo todo sofrimento, visto que não é falso, deve ser conhecido como a verdade. O mantra da perfeição de sabedoria é proclamado:

TAYATHA OM GATE GATE PARAGATE PARASAMGATE BODHI SÖHA

"Shariputra, um Bodhisattva, um Grande Ser, deve treinar a profunda perfeição de sabedoria desse modo."

Então, o Abençoado saiu daquela concentração e disse ao Superior Avalokiteshvara, o Bodhisattva, o Grande Ser, que ele havia falado bem: "Bom, bom, ó Filho da linhagem. Isso é assim. Visto que é assim, exatamente como revelaste, é desse modo que a profunda perfeição de sabedoria deve ser praticada, e os Tathagatas também irão se regozijar".

Quando o Abençoado assim falou, o Venerável Shariputra, o Superior Avalokiteshvara, o Bodhisattva, o Grande Ser, e todo o círculo de discípulos, assim como os seres mundanos – deuses, humanos, semideuses e espíritos – ficaram deleitados e louvaram grandemente o que fora proferido pelo Abençoado.

Recitar o mantra

TAYATHA OM GATE GATE PARAGATE PARASAMGATE BODHI SÖHA (3x, 7x etc.)

Pedidos para superar impedimentos

Grande Mãe Prajnaparamita e todos os Budas e Bodhisattvas das dez direções, que, pelo poder de vossas bênçãos, estas minhas palavras verdadeiras se realizem. Assim como Indra, anteriormente, superou todo o dano de maras, não-humanos e assim por diante, ao contemplar o profundo sentido da perfeição de sabedoria e de recitar suas palavras; do mesmo modo, pela minha contemplação do profundo sentido da perfeição de sabedoria e de recitar suas palavras,

Que todo o dano de maras, não-humanos
e assim por diante seja superado. (palmas)
Que se torne inexistente. (palmas)
Que seja pacificado. (palmas)
Que seja completamente pacificado. (palmas)

Dedicatória e prece

Que todos os tipos de interferências, doenças e espíritos
possuidores sejam pacificados.
Que eu seja afastado de condições desfavoráveis
E alcance condições favoráveis e tudo de excelente.
Por essa fortuna, que a felicidade da iluminação se realize.

Preces pela Tradição Virtuosa

Para que a tradição de Je Tsongkhapa,
O Rei do Dharma, floresça,
Que todos os obstáculos sejam pacificados
E todas as condições favoráveis sejam abundantes.

Pelas duas coleções, minhas e dos outros,
Reunidas ao longo dos três tempos,
Que a doutrina do Conquistador Losang Dragpa
Floresça para sempre.

Prece *Migtsema* de nove versos

Tsongkhapa, ornamento-coroa dos eruditos da Terra das Neves,
Tu és Buda Shakyamuni e Vajradhara, a fonte de todas as conquistas,
Avalokiteshvara, o tesouro de inobservável compaixão,
Manjushri, a suprema sabedoria imaculada,
E Vajrapani, o destruidor das hostes de maras.
Ó Venerável Guru Buda, síntese das Três Joias,
Com meu corpo, fala e mente, respeitosamente faço pedidos.
Peço, concede tuas bênçãos para amadurecer e libertar a mim e
aos outros,
E confere-nos as aquisições comuns e supremas. (3x)

Cólofon: Esta sadhana (ou prece ritual para aquisições espirituais) da Grande Mãe Prajnaparamita foi compilada por Venerável Geshe Kelsang Gytaso a partir de fontes tradicionais.

Apêndice VI

Breve Comentário à Prática de *A Grande Mãe*

Breve Comentário à Prática de *A Grande Mãe*

EXPLICAÇÃO PRELIMINAR

A PRÁTICA DE *A Grande Mãe* é um método poderoso para afastar e superar todos os nossos impedimentos e obstáculos tanto a nossa felicidade mundana quanto à aquisição da libertação.

Em nossa vida, experienciamos inumeráveis impedimentos e obstáculos à satisfação dos nossos desejos. Devido ao nosso forte apego pela satisfação dos nossos próprios desejos, sempre que nossos desejos – em especial aqueles que consideramos importantes – não são satisfeitos, experienciamos dor mental, desencorajamento e muitos outros problemas. Assim como nossos desejos são incontáveis, nossos impedimentos e obstáculos também o são. Experienciamos desapontamento atrás de desapontamento nesta vida e vida após vida. Algumas vezes, podemos satisfazer nossos desejos de aquisições mundanas (como reputação, posição social elevada, relacionamentos, riqueza e assim por diante), mas essas aquisições são enganosas; elas fazem surgir continuamente problemas indesejáveis. E, se morrermos amanhã, nossa reputação, posição social, relacionamentos e riqueza em nada irão contribuir para o nosso benefício futuro. Aquisições mundanas são ocas. A única aquisição não enganosa é a suprema paz mental permanente, por meio da qual experienciamos felicidade pura por toda a nossa vida e vida após vida. Essa aquisição é chamada "nirvana".

O mantra da perfeição de sabedoria:
TAYATHA OM GATE GATE PARAGATE PARASAMGATE BODHI SÖHA

Embora existam incontáveis impedimentos e obstáculos para alcançarmos o nirvana, ou libertação, podemos superá-los todos recebendo as bênçãos de Buda e aumentando nossa sabedoria. O método supremo para receber as bênçãos de Buda e para aumentar nossa sabedoria é recitar o *Sutra Essência da Sabedoria* com forte fé em Buda, enquanto nos concentramos em seu significado. Devemos praticar esse método todos os dias.

Não existe remédio mais poderoso para superar impedimentos e interferências do que a prática da perfeição de sabedoria como foi revelada no *Sutra Essência da Sabedoria*. Há muitos exemplos de praticantes sinceros da perfeição de sabedoria que utilizam esse Sutra para afastar danos e impedimentos.

Houve um tempo em que o deus Indra estava em perigo de perder sua vida devido a um ataque realizado pelas poderosas forças dos invejosos semideuses. Indra havia recebido, previamente, ensinamentos de Buda e sabia que matar os semideuses seria uma séria transgressão a esses ensinamentos. Por essa razão, desejando superar seus agressores por meio de um método pacífico, Indra contemplou o profundo sentido do *Sutra Essência da Sabedoria*, enquanto recitava suas palavras. Pelo poder de sua contemplação e recitação, os semideuses cessaram seu ataque. A raiva deles diminuiu e suas mentes tornaram-se pacíficas e felizes.

Há relatos de eventos semelhantes ocorridos no Tibete. Por exemplo, certa vez, havia um praticante muito poderoso de magia negra, chamado Kulo, que trouxe grande prejuízo e até mesmo morte para um grande número de pessoas na região do Tibete em que vivia. Afortunadamente, nessa ocasião, vivia nas redondezas um puro praticante de Dharma chamado lama Ukarwa. Esse lama não podia mais tolerar que o sofrimento infligido pelo perverso Kulo continuasse sem oposição alguma. Assim, um dia, ele confrontou o feiticeiro na presença de uma grande multidão de pessoas e disse-lhe: "É verdade que és um homem muito poderoso, mas se continuares com tuas ações maldosas, com toda a certeza, renascerás em um dos reinos inferiores e, ali, terás de experienciar grande sofrimento. Portanto, seria muito melhor para ti, em teu futuro, se abandonasses essas ações prejudiciais". Mas Kulo, longe de aceitar esse conselho, ficou ainda mais raivoso e descontrolado. "Tu serás a próxima pessoa que matarei", gritou. "Antes que esta semana termine, estarás morto como resultado de minha magia".

Ele declarou isso perante a multidão apavorada e, então, saiu enfurecido, com a mente consumida pelo ódio. Todas as pessoas ficaram muito tristes com isso. Elas estavam bastante confiantes de que lama Ukarwa estaria morto em uma semana, já que ninguém podia resistir à magia de Kulo. No entanto, Ukarwa retornou calmamente a sua casa e começou a praticar uma técnica ensinada por um mestre kadampa para afastar danos ou malefícios. Essa técnica envolvia a recitação e a contemplação do *Sutra Essência da Sabedoria*, o que ele fez com grande fé e concentração durante os dias seguintes. Então, no último dia da semana, assim como Kulo havia predito, houve uma morte súbita – mas foi o próprio feiticeiro quem morreu, e não Ukarwa!

As pessoas ficaram maravilhadas com essa reviravolta inesperada dos acontecimentos e pensaram que o lama, talvez, também tivesse praticado magia negra. Elas foram até ele e perguntaram-lhe se isso era verdade. Ukarwa respondeu que não havia feito nada para matar ou, tampouco, prejudicar o feiticeiro, explicando que não tinha tal poder e, com toda a certeza, nem tal intenção. Contou-lhes que havia praticado uma técnica para afastar impedimentos e, como resultado, a magia de Kulo havia sido neutralizada. Ele supôs que os próprios poderes malignos de Kulo talvez houvessem se voltado contra ele e causado sua morte. Ukarwa enfatizou que ele não tivera a intenção de matar o feiticeiro.

Inspirados por esses acontecimentos, as pessoas solicitaram ensinamentos sobre o *Sutra Essência da Sabedoria* e receberam, também, instruções sobre como afastar perigos utilizando o Sutra. Muitas delas receberam sinais indicando que sua prática era poderosa e, assim, obtiveram proteção contra vários impedimentos.

Como resultado de fatos como esse, as práticas para afastar impedimentos utilizando esse Sutra tornaram-se muito populares no Tibete. Há muitas pessoas que possuem uma experiência pessoal do quão eficazes essas práticas podem ser. Em 1954, por exemplo, a cidade de Shigatse – a segunda maior do Tibete – corria grande perigo de ser inundada. Após muitas casas terem sido destruídas, a população local pediu aos monges do monastério vizinho, Tashi Lhunpo, para que ajudassem a impedir o desastre. Os monges deixaram o monastério e reuniram-se, observando a aproximação da enchente. Primeiro, recitaram o *Sutra Essência da Sabedoria* e, então, repetiram muitas vezes o mantra da perfeição de sabedoria, batendo palmas como é indicado nessa prática. Ao fazerem isso, as águas retrocederam e o perigo foi afastado, para grande alívio das pessoas da cidade.

Muitos tibetanos têm experiência dos grandes benefícios dessas práticas. É muito frequente que, quando alguém da família fica doente, um lama seja convidado à casa dessa família para recitar o Sutra e executar outros rituais. Eu mesmo participei de práticas como essa e vi, pessoalmente, quão efetivas elas podem ser.

Como foi mencionado acima, batemos palmas, num momento específico durante a prática, para afastar impedimentos. O propósito disso é nos lembrarmos da vacuidade. Em muitos textos, está dito que é muito mais fácil desenvolver uma compreensão sobre a vacuidade pela contemplação do som do que pela contemplação de outros objetos exteriores, como uma forma visual. Quando batemos palmas, podemos pensar: "Onde está o som? Está ele na mão direita? Ou na mão esquerda? Estará em algum lugar entre as mãos? Ou, talvez, em algum outro lugar?". Se verificarmos desse modo, não conseguiremos encontrar o som. Compreender que não conseguimos encontrar o som nos conduz a uma compreensão da vacuidade.

Um exemplo de ensinar a vacuidade utilizando o som como base pode ser encontrado nos últimos capítulos do *Sutra Perfeição de Sabedoria em Oito Mil Versos*. Ali é contada uma história sobre o grande professor Dharmodgata, que revelou a visão profunda da vacuidade ao Bodhisattva Sadaprarudita, utilizando-se do som de um alaúde como exemplo. Pode ser muito proveitoso fornecer um breve resumo dessa história.

Sadaprarudita recebeu esse nome, que significa "aquele que está sempre chorando", porque estava repleto de desgosto por ter sido malsucedido em sua busca por um professor qualificado que pudesse lhe revelar a perfeição de sabedoria. No entanto, ele não queria desistir de sua busca, e perguntava a todos que encontrasse: "Onde há um professor que possa me revelar a profunda perfeição de sabedoria?".

Um dia, pelo poder de ter purificado as manchas de suas ações não virtuosas anteriores, uma visão de Buda apareceu-lhe no espaço a sua frente. A visão falou a ele que deveria viajar para o leste, até uma cidade chamada Gandhavati. Ali, ele encontraria o grande Bodhisattva Dharmodgata, que lhe daria ensinamentos sobre a perfeição de sabedoria. Então, a visão desvaneceu-se. Ao ouvir essas palavras, Sadaprarudita ficou tão feliz que experienciou um sentimento de êxtase semelhante à maleabilidade extasiante experienciada por iogues em meditação profunda.

Sadaprarudita, então, refletiu que gostaria de levar um presente para Dharmodgata, para expressar seu respeito e reverência por ele. No entanto, Sadaprarudita era pobre e incapaz de comprar até mesmo o menor dos presentes. Por fim, pensou: "Neste momento, estou dotado com este corpo humano de carne e ossos. Se não fizer uso dele agora, quando serei capaz de usá-lo? Se eu vender porções deste corpo aos outros, serei capaz de comprar oferendas valiosas para meu professor, Dharmodgata". Tomado por uma forte determinação de vender seu próprio corpo para satisfazer seu desejo de fazer oferendas, Sadaprarudita viajou a uma cidade próxima e ficou no mercado, anunciando: "Há alguém aqui que gostaria de comprar meu corpo?". Apesar de sua voz chorosa, ninguém parecia ouvi-lo. Muito desapontado, Sadaprarudita retirou-se para um canto e chorou.

Nesse momento, Indra, o chefe dos deuses, ao ver o que havia acontecido, decidiu testar a determinação de Sadaprarudita. Sob o disfarce de um brâmane de casta elevada, aproximou-se de Sadaprarudita e disse: "Normalmente, não faço uso de carne humana; porém, hoje há uma cerimônia especial para a qual eu necessito da carne, sangue e tutano de um homem. Pagarei se você der isso a mim".

Ouvindo isso, Sadaprarudita se encheu de alegria. Imediatamente, cortou um pouco de carne de sua coxa direita e afastou-a para quebrar seu osso. A filha de um comerciante local que vivia nas proximidades testemunhou essa espantosa cena. Depressa, dirigiu-se a Sadaprarudita e perguntou por que infligia tal tratamento a si mesmo. O Bodhisattva explicou que estava vendendo sua carne para comprar oferendas, de modo que pudesse honrar o grande Bodhisattva Dharmodgata. A filha do comerciante perguntou por que ele desejava honrar Dharmodgata e que benefícios esperava receber. Sadaprarudita respondeu: "Dharmodgata irá explicar-me a perfeição de sabedoria e de meios habilidosos. Por treinar nisso, alcançarei a grande iluminação e compartilharei o precioso Dharma com todos os seres vivos". Quando ele explicou as excelentes qualidades da Budeidade, a jovem moça desenvolveu grande respeito pelas Três Joias. Ela implorou a Sadaprarudita para que não continuasse a se prejudicar e declarou: "Darei a ti tudo o que precisares para honrar Dharmodgata e irei contigo para vê-lo".

Então, Indra removeu seu disfarce e pôs-se à frente de Sadaprarudita, em sua forma normal. Ele proclamou ao Bodhisattva: "Todos os Budas do passado alcançaram a iluminação por terem tal desejo pelo Dharma, assim como o tens. Não tenho necessidade de tua carne. Vim aqui apenas para te testar. Escolhe, agora, o que quiseres e eu darei a ti".

Sadaprarudita respondeu: "Dê-me as supremas qualidades de um Buda!". Indra explicou que não tinha poder para conceder isso, pois satisfazer um pedido como esse é um atributo exclusivo dos Budas. Sadaprarudita disse a Indra que não precisava de nenhum outro desejo a ser concedido, e explicou que era capaz de curar seu corpo mutilado por meio de seus poderes especiais de declarar a verdade. Por esse modo, seu corpo foi totalmente restituído a seu estado anterior.

A história continua com um relato sobre como Sadaprarudita finalmente encontrou-se com Dharmodgata e fez oferendas a ele.

Uma das primeiras perguntas que Sadaprarudita fez dizia respeito à visão de Buda que havia aparecido e falado com ele. Sadaprarudita perguntou a Dharmodgata: "De onde veio esse Buda e para onde ele foi?".

Dharmogdata respondeu: "Os Budas não vêm de lugar algum, nem vão para lugar algum. Já que os Budas carecem de existência inerente, eles são completamente vazios". Foi quando Dharmodgata utilizou o exemplo do som de um alaúde para ilustrar esse ponto. Ele perguntou a Sadaprarudita: "De onde o som do alaúde vem e para onde ele vai? Ele vem das cordas; do interior do alaúde; dos dedos de quem o toca; de seu esforço de tocar ou de algum outro lugar? E quando o som termina, para onde ele vai?".

Desse modo, Dharmodgata explicou que, embora os Budas sejam vazios de existência inerente, eles aparecem na dependência de muitas causas e condições e, quando essas causas e condições cessam, os Budas não mais aparecem. A esse respeito, os Budas são como o som de um alaúde. Se tentarmos encontrar o som nas cordas do alaúde ou nos dedos de quem o toca e assim por diante, seremos incapazes de encontrá-lo. O motivo é que o som é vazio de existência inerente. Contudo, quando todas as causas e condições apropriadas estiverem reunidas, o som do alaúde será produzido, e, quando essas causas e condições cessarem, o som acaba.

Após a explicação de Dharmodgata sobre o não-vir e o não-ir dos Budas, utilizando o exemplo do som de um alaúde, a terra inteira tremeu e muitos milhares de seres obtiveram profundas realizações da vacuidade. Por fim, por meio dos ensinamentos de Dharmodgata sobre a perfeição de sabedoria, Sadaprarudita alcançou concentrações extraordinárias sobre a vacuidade e muitos poderes miraculosos.

A razão para recontar essa história aqui é para ilustrar que o som pode ser uma base muito proveitosa para compreender a vacuidade. Assim, durante a prática de afastar impedimentos que é explicada a seguir, batemos palmas quatro vezes para fortalecer nossa lembrança sobre a vacuidade. A história de Sadaprarudita também ilustra que, no passado, praticantes sinceros estavam preparados para fazer esforços específicos e suportar grandes adversidades para receber ensinamentos sobre a perfeição de sabedoria. Eles ficavam felizes ao fazerem isso porque compreendiam os grandes benefícios de realizar e concluir a perfeição de sabedoria.

A PRÁTICA PROPRIAMENTE DITA PARA SUPERAR OBSTÁCULOS

Irei explicar agora a prática *A Grande Mãe* apresentada no Apêndice V, que inclui a recitação e contemplação do *Sutra Essência da Sabedoria* e que pode ser utilizada para afastar ou superar impedimentos e obstáculos. Essa prática pode ser utilizada para superar tanto os impedimentos que afligem a nós mesmos quanto os que afligem os outros, e pode também ser direcionada para superar tantos os obstáculos interiores quanto os exteriores. A extensão de quão bem-sucedidos seremos em superar obstáculos por meio dessa prática depende, no entanto, da força de nossa fé.

Começamos essa prática visualizando os objetos de refúgio. No espaço a nossa frente, visualizamos um amplo trono adornado com joias e sustentado por oito leões das neves. No centro desse trono, está uma flor de lótus, sobre a qual está um assento de lua (uma almofada circular de luz branca) e um assento de sol (uma almofada circular de luz amarela). Sentado sobre o assento de sol está o fundador dos ensinamentos, Buda Shakyamuni, em sua postura habitual – sua mão esquerda descansa em seu colo, segurando uma vasilha, e sua mão direita está no mudra de tocar a terra; suas pernas estão cruzadas em postura vajra. Seu corpo tem a natureza de luz dourada e ele usa as vestes de um monge plenamente ordenado.

No coração de Buda Shakyamuni, visualizamos outro lótus e assento de lua e sol. Sobre esse lótus e assento de lua e sol, está sentada a Grande Mãe Prajnaparamita, a corporificação do Corpo-Verdade-Sabedoria de todos os Budas. Ela tem um corpo de luz dourada, com uma face e quatro braços. Sua primeira mão direita segura um vajra dourado com nove hastes, ou dentes, em cada extremidade, e sua primeira mão esquerda segura o *Sutra Perfeição de Sabedoria*. As outras duas mãos descansam em seu colo, no mudra do equilíbrio meditativo. Ela está sentada em postura vajra, adornada com joias e ornamentos preciosos e veste belas vestimentas de tecido fino e celestial. Visualizamos Buda Shakyamuni e a Grande Mãe como vivos e reais.

Acima do amplo trono, rodeando os dois principais objetos de refúgio, estão todos os Budas e Bodhisattvas das dez direções. Desse modo, visualizamos uma vasta assembleia de objetos de refúgio no espaço a nossa frente. Sem nos esquecermos dessa visualização, começamos recitando a prática.

Primeiro, recitamos três vezes as estrofes de buscar refúgio e de gerar bodhichitta. Enquanto recitamos a primeira estrofe, relembramos os medos com os quais nós e os outros nos confrontamos e, com grande fé, buscamos refúgio nas Três Joias. Enquanto recitamos a segunda estrofe, geramos bodhichitta, a mente que deseja alcançar a Budeidade para o benefício de todos os seres vivos.

Então, recitamos três vezes a terceira estrofe. Durante essa recitação, focamos nossa mente nos objetos de refúgio visualizados e nos prostramos a eles, fazemos oferendas e buscamos refúgio. Por fim, pedimos suas bênçãos. Neste ponto, quando fazemos prostrações, é suficiente colocar nossas mãos juntas, na altura do coração, e gerar uma mente de respeito e fé. Podemos fazer oferendas efetivas de água fresca, flores e assim por diante, ou apenas visualizar belas oferendas sendo feitas.

Tendo concluído essas preliminares, recitamos o texto do *Sutra Essência da Sabedoria*. Durante essa recitação, devemos manter nossa fé e devoção à assembleia dos objetos de refúgio e, também, contemplar o sentido do Sutra.

Quando tivermos terminado de recitar o Sutra, voltamos nossa atenção para o coração de Prajnaparamita. Ali, de pé no centro de uma almofada branca de lua, está uma letra HUM azul marcada com uma letra AH. Podemos visualizar isso na forma de letras tibetanas (ver página 244) ou sânscritas, ou na forma de letras e sílabas ocidentais. Rodeando a letra HUM, ao redor da borda da almofada de lua, encontram-se, em pé e em sentido horário, as letras do mantra da perfeição de sabedoria. As letras do mantra são feitas de luz dourada, mas têm a natureza da sabedoria da própria Prajnaparamita. Conforme nos concentramos nessas letras, recordamos o profundo sentido da vacuidade e recitamos o mantra. Enquanto recitamos o mantra da perfeição de sabedoria, contemplamos que nós e todos os que nos ofendem e prejudicam são vazios de existência inerente. Recitamos o mantra quantas vezes for confortável.

Após a recitação do mantra, fazemos pedidos para afastar impedimentos. Enquanto recitamos os versos de pedidos, pensamos sobre os danos e impedimentos que desejamos superar. Quando alcançarmos o ponto em que recitamos:

Que todo o dano de maras, não-humanos e assim por diante seja superado

batemos palmas e imaginamos que os danos e impedimentos reúnem-se na vacuidade. Então, quando recitamos:

Que se torne inexistente

novamente batemos palmas e imaginamos que os danos e impedimentos se dissolvem na vacuidade. Quando recitamos:

Que seja pacificado

batemos palmas e imaginamos que os danos e impedimentos cessaram por completo na vacuidade. Por fim, quando recitamos:

Que seja completamente pacificado

batemos palmas pela quarta vez e pensamos que nenhum dos danos e impedimentos podem jamais surgir novamente.

Como foi explicado anteriormente, batemos palmas a cada momento para nos lembrarmos da vacuidade. Existem outras práticas semelhantes nas quais batemos palmas três ou nove vezes. Cada sistema tem sua própria importância e especificidade.

Meditamos, então, na vacuidade de nós mesmos e dos outros. Podemos pensar que nós, que todos os que nos prejudicam e que o próprio dano são, todos, vazios de existência inerente. Tentamos gerar essa compreensão e mantê-la tanto quanto possível. Após a meditação sobre a vacuidade, recitamos a estrofe dedicatória.

Se desejarmos utilizar essa prática para superar os quatro maras que afligem a nós e aos outros, existe uma visualização específica que podemos fazer durante o trecho da prática no qual fazemos pedidos para afastar impedimentos. Relembramos que o mal e o sofrimento experienciados por todos os seres vivos são o resultado do mara das delusões e dos demais maras e, usando isso como base, geramos a mente de grande compaixão e um forte desejo de libertar todos os seres vivos dos quatro maras.

Para o propósito dessa prática, visualizamos os quatro maras com uma forma física. Visualizamos o mara das delusões como uma hoste de seres humanos amarelos, cavalgando cavalos amarelos. Cada cavaleiro segura uma espada de metal em sua mão direita e um laço na esquerda. É importante lembrar que, em essência, esses cavaleiros são as delusões, ou aflições mentais – as delusões estão meramente aparecendo nesse aspecto. Porque as delusões, que afligem os seres vivos, são imensuráveis, visualizamos esses cavaleiros preenchendo todo o espaço.

As visualizações dos outros três maras são muito semelhantes, diferindo apenas na cor dos cavalos e dos cavaleiros e quanto às armas que carregam. No caso do mara dos agregados, os cavalos e cavaleiros são vermelhos e cada cavaleiro carrega uma lança e um laço. O mara Senhor da Morte aparece como cavaleiros negros cavalgando cavalos negros, cada cavaleiro segurando uma espada de madeira e um laço. Por último, visualizamos os maras Devaputra como cavaleiros brancos sobre cavalos brancos, sendo que cada cavaleiro segura uma flor branca e um laço.

Quando batemos palmas pela primeira vez, imaginamos que todos os cavaleiros amarelos (que, em essência, são as delusões), reúnem-se e dissolvem-se na vacuidade, tornando-se inexistentes para nunca mais surgirem novamente, como um arco-íris dissolvendo-se no céu sem deixar nenhum vestígio. Então, pensamos que realizamos nosso desejo de libertar todos os seres vivos das delusões. Depois, quando batemos palmas pela segunda vez, imaginamos que os cavaleiros vermelhos (que, em essência, são os agregados contaminados de todos os seres vivos), reúnem-se e dissolvem-se na vacuidade, tornando-se inexistentes para nunca mais surgirem novamente. De modo semelhante, quando batemos palmas pela terceira vez, destruímos os cavaleiros negros (que, em essência, são o mara Senhor da Morte) e, quando batemos palmas pela quarta vez, destruímos os cavaleiros brancos (que, em essência, são os maras Devaputra). Quando tivermos concluído essa prática, pensamos "Agora, libertei todos os seres vivos dos quatro maras!" e geramos um sentimento de grande alegria.

Essa prática é um excelente método para desenvolver grande compaixão e bodhichitta, assim como para também desenvolver a sabedoria que realiza a vacuidade. Quando, por fim, alcançarmos a Budeidade por meio de concluir os caminhos espirituais do método e da sabedoria, teremos efetivamente a habilidade de ajudar os outros a superarem os quatro maras. A prática descrita aqui toma o resultado futuro, a Budeidade, e a utiliza agora no caminho presente. Por imaginar que já possuímos as habilidades que desejamos obter no futuro, criamos a causa para alcançá-las mais rapidamente.

Por fim, deve-se mencionar que essas práticas para afastar impedimentos podem ser feitas tanto de maneira pacífica quanto irada. O método descrito aqui é o método pacífico. Aqueles que receberam uma iniciação do Tantra Ioga Supremo podem fazer essas práticas de uma maneira irada e poderosa. No entanto, independente do modo como façamos essas práticas, devemos estar atentos ao sentido fundamental do que estamos fazendo. Simplesmente bater palmas não tem grande significado. Para alcançar a verdadeira liberdade de obstáculos e realizar o pleno despertar da Budeidade é necessário ganharmos experiência da perfeição de sabedoria propriamente dita.

Cólofon: Essa explicação da sadhana (ou prece ritual para aquisições espirituais) da Grande Mãe Prajnaparamita foi escrita por Venerável Geshe Kelsang Gytaso a partir de fontes tradicionais.

Apêndice VII

O Ioga da Grande Mãe Prajnaparamita: Sadhana de Autogeração

O Ioga da Grande Mãe Prajnaparamita: Sadhana de Autogeração

INTRODUÇÃO

Quando recebemos a iniciação abençoada da Grande Mãe Prajnaparamita, recebemos as instruções sobre como treinar nos caminhos comuns e como treinar nos caminhos incomuns, e recebemos bênçãos especiais. Para tornar essas instruções efetivas, precisamos nos empenhar na prática da sadhana do ioga de autogeração da Grande Mãe Prajnaparamita.

A Grande Mãe Prajnaparamita é um Buda feminino e a manifestação da perfeição de sabedoria de Buda. Sua atuação, ou função, é superar os maras – os demônios obstrutores exteriores e interiores – e conceder a realização da perfeição de sabedoria superior. A perfeição de sabedoria de Buda aparece como o ser-de-sabedoria Prajnaparamita. Ela tem um corpo de luz dourada, com uma face e quatro braços. Seus quatro braços indicam que ela é a síntese de todos os Budas das quatro direções. Ela segura um vajra e uma escritura do *Sutra Perfeição de Sabedoria*, indicando que nos concede a aquisição da união de grande êxtase e vacuidade, que é a perfeição de sabedoria superior. Suas outras duas mãos descansam em seu colo, no mudra do equilíbrio meditativo. Esse mudra nos ensina que, por treinar a meditação na perfeição de sabedoria, podemos realizar a perfeição de sabedoria superior, a união de grande êxtase e vacuidade, pela qual podemos alcançar a iluminação muito rapidamente.

Sabedoria é uma mente inteligente virtuosa que atua dissipando a escuridão interior da ignorância. Com sabedoria, podemos compreender como as coisas realmente são. Normalmente, não compreendemos a natureza real das coisas. Isso é ignorância. Além disso, não compreendemos que o sofrimento vem de ações não virtuosas e que a felicidade vem de ações virtuosas. Isso também é ignorância. Devido a essa ignorância, mesmo que não queiramos sofrer, criamos nosso próprio sofrimento ao executar ações não virtuosas. E, embora queiramos ser felizes o tempo todo, destruímos nossa própria felicidade ao desenvolver raiva, visões negativas e intenções errôneas. Devemos saber que essa é a nossa situação normal.

Todo o nosso sofrimento e problemas vêm da nossa ignorância. Devido à ignorância, temos experienciado sofrimento e problemas vida após vida, desde tempos sem início até agora. Agora é a hora de abandonar de modo permanente a ignorância, pois temos uma preciosa vida humana e encontramos o Budadharma. O único método para abandonar nossa ignorância e conquistar a felicidade suprema da iluminação é realizar a perfeição de sabedoria, em geral, e a perfeição de sabedoria superior, em especial.

A sabedoria que é motivada pelo supremo bom coração, a bodhichitta, é a perfeição de sabedoria; e a sabedoria que é a união de grande êxtase e vacuidade, o caminho rápido à iluminação, é a perfeição de sabedoria superior. Através da prática sincera do ioga da Grande Mãe Prajnaparamita, podemos realizar essas sabedorias e possuir a habilidade de obter a vitória sobre os maras – os demônios obstrutores exteriores e interiores – e nos tornarmos um ser iluminado como Buda Shakyamuni. Que maravilhoso!

Em resumo, enquanto temos esta vida humana e por termos encontrado o Budadharma, devemos aplicar grande esforço para ingressar no caminho profundo da perfeição de sabedoria e fazer progressos ao longo desse caminho, desde o caminho da acumulação até o Caminho do Não-Mais-Aprender.

Geshe Kelsang Gyatso
2008

Grande Mãe Prajnaparamita

O Ioga da Grande Mãe Prajnaparamita

REALIZAR A AUTOGERAÇÃO

PRELIMINARES

Buscar refúgio e prometer realizar a iluminação de um Buda para beneficiar todos os seres-mães

Nesta prática, devemos pensar:

Eu somente posso proteger e libertar permanentemente a mim mesmo e aos outros do sofrimento se colocar o Dharma em prática, receber as bênçãos de Buda e receber ajuda e apoio da Sangha – os supremos amigos espirituais. Portanto, farei a promessa de confiar sinceramente nas Três Joias – Buda, Dharma e Sangha – por toda minha vida e de realizar a iluminação de um Buda.

Pensando desse modo, tomamos os votos de refúgio e os votos bodhisattva, recitando três vezes a seguinte prece ritual:

Busco refúgio nas Três Joias – Buda, Dharma e Sangha,
E confesso todas e cada uma das minhas ações negativas.
Regozijo-me nas virtudes de todos os seres
E prometo realizar a iluminação de um Buda. (3x)

Guru-Ioga

Visualização

No espaço a minha frente, está Guru Buda Shakyamuni, rodeado por todos os Budas e Bodhisattvas, como a lua cheia rodeada pelas estrelas. Em seu coração, está a Grande Mãe Prajnaparamita, a manifestação da perfeição de sabedoria de Buda.

Prostrar-se, Oferecer, Confessar, Regozijar-se, Rogar, Pedir e Dedicar

Sejam quantos forem os Leões – os Budas Conquistadores – que existam
Nos mundos das dez direções e dos três tempos,
A todos eles, sem exceção,
Eu me prostro com meu corpo, fala e mente.

Pelo poder de minha excelente visão pura,
Todos os Budas Conquistadores claramente aparecem a minha mente;
Curvando-me com corpos tão numerosos quanto os átomos do mundo,
Eu me prostro a todos esses Budas Conquistadores.

Sobre cada átomo estão Budas, numerosos como átomos,
Rodeados por todos os Bodhisattvas;
Desse modo, visualizo os Budas Conquistadores
Cobrindo o solo e todo o espaço.

Com um inesgotável coro de louvor
E o som de infinita prece,
Proclamo as boas qualidades de todos os Budas
E louvo todos Aqueles-que-ao-Êxtase-Foram.

Para todos os Budas visualizo
Um vasto arranjo de insuperáveis oferendas.
Pelo poder de minha fé em seus excelentes feitos,
Eu me prostro e faço oferendas a todos eles.

Todas as ações negativas que tenho cometido,
Com meu corpo, fala e mente,
Quer por apego, ódio ou confusão,
Confesso cada uma delas.

Regozijo-me com todos os méritos
Dos Budas das dez direções,
Bodhisattvas, Conquistadores Solitários, Ouvintes Aprendizes,
Ouvintes Não-Mais-Aprendizes e todos os seres vivos.

Vós, que sois luzes para os mundos das dez direções,
Protetores de todos os seres vivos,
Que conquistastes o estado supremo da Budeidade,
Rogo a vós, girai a insuperável Roda do Dharma.

Com as palmas das mãos unidas, faço este pedido
A todos vós que desejais mostrar como se morre:
Por favor, permanecei por tantos éons quantos sejam os átomos no mundo,
Para trazer benefício e felicidade a todos os seres vivos.

Todo o mérito que acumulei
Ao fazer prostrações, oferendas, confessar-me,
Praticar regozijo, rogar e pedir,
Eu dedico à grande iluminação.

OFERECER O MANDALA

O chão espargido com perfume e salpicado de flores,
A Grande Montanha, quatro continentes, sol e lua,
Percebidos como Terra de Buda e assim oferecidos,
Que todos os seres desfrutem dessas Terras Puras.

Ofereço, sem nenhum sentimento de perda,
Os objetos que fazem surgir meu apego, ódio e confusão,
Meus amigos, inimigos e estranhos, nossos corpos e prazeres;
Peço, aceita-os e abençoa-me, livrando-me diretamente dos três venenos.

IDAM GURU RATNA MANDALAKAM NIRYATAYAMI

Fazer Pedidos

Ó Abençoado Shakyamuni Buda,
Grande Mãe Prajnaparamita,
E todos os Budas das dez direções,
A vós eu me prostro, faço oferendas e busco refúgio.
Por favor, abençoai meu continuum mental. (3x)

Receber Bênçãos e Purificar

Por fazer sinceros pedidos dessa maneira, infinitos raios de luz-sabedoria azul, amarela, branca, vermelha e verde se irradiam do corpo de Buda Shakyamuni, preenchendo meu corpo por inteiro, da coroa de minha cabeça até a sola de meus pés. Todos os meus obstáculos exteriores e interiores, especialmente minha aparência comum de corpo, fala e mente, são purificados.

A AUTOGERAÇÃO PROPRIAMENTE DITA

Com deleite, todos os seres sagrados dissolvem-se em Buda Shakyamuni. Ele se dissolve na Grande Mãe Prajnaparamita, que está em seu coração, e ela, por sua vez, dissolve-se em mim. Meu corpo transforma-se em luz amarela, ficando menor e menor a partir de cima e de baixo até, por fim, dissolver-se na vacuidade de todos os fenômenos, a mera ausência de todas as coisas que normalmente vejo.

No vasto espaço da vacuidade de todos os fenômenos, aparece a Terra Pura de Akanishta, onde apareço como a Grande Mãe Prajnaparamita. Eu tenho um corpo dourado de luz-sabedoria, com uma face e quatro braços. Minha primeira mão direita segura um vajra dourado, e minha primeira mão esquerda segura uma escritura do *Sutra Perfeição de Sabedoria*. Minhas outras duas mãos descansam em meu colo, no mudra do equilíbrio meditativo. Sento-me em postura vajra, adornada com preciosos ornamentos de joias e visto belas vestimentas de seda celestial. Embora eu tenha essa aparência, ela não é algo além da vacuidade de todos os fenômenos.

Neste ponto, devemos enfatizar a meditação em nós mesmos como a Grande Mãe Prajnaparamita, em nossa Terra Pura de Akanishta, enquanto realizamos que essa aparência não é algo além da vacuidade de todos os fenômenos. Essa meditação é chamada "o ioga da profundidade e clareza não duais" e é muito profunda.

Recitar o mantra

Enquanto mantemos o reconhecimento de que o ser-de-sabedoria Prajnaparamita está em nosso coração, recitamos os seguintes mantras, pedindo a ela que nos conceda a realização da perfeição de sabedoria superior e nos auxilie a superar os maras.

OM AH PRAJNAPARAMITA HUM HUM PHAT (21x, 100x, etc.)

TAYATHA OM GATE GATE PARAGATE PARASAMGATE BODHI SÖHA (7x, 21x, etc.)

O significado do mantra OM AH PRAJNAPARAMITA HUM HUM PHAT é: OM simboliza os corpos de todos os Budas, AH simboliza a fala de todos os Budas, o primeiro HUM simboliza a mente de todos os Budas, PRAJNAPARAMITA significa que estamos chamando por ela, o segundo HUM pede a Prajnaparamita que nos conceda as aquisições da perfeição de sabedoria superior, e PHAT pede a ela que pacifique obstáculos. O significado do conjunto do mantra é: "Ó Grande Mãe Prajnaparamita, síntese do corpo, fala e mente de todos os Budas, por favor, concede aquisições e pacifica obstáculos".

O significado do mantra TAYATHA OM GATE GATE PARAGATE PARASAMGATE BODHI SÖHA é: ao recitar OM estamos chamando a Grande Mãe Prajnaparamita, SÖHA pede a ela que conceda as cinco aquisições, que são (1) a perfeição de sabedoria da realização inicial, revelada pelo primeiro GATE, (2) a perfeição de sabedoria da visão superior, revelada pelo segundo GATE, (3) a perfeição de sabedoria do caminho da visão, revelada por PARAGATE, (4) a perfeição de sabedoria do caminho da meditação, revelada por PARASAMGATE, e (5) a perfeição de sabedoria da iluminação, revelada por BODHI.

No Sutra Coração, *essas cinco sabedorias também são chamadas, respectivamente: o mantra da perfeição de sabedoria, o mantra do grande conhecimento, o mantra insuperável, o mantra igual-ao-inigualável, e o mantra que pacifica por completo todo sofrimento.*

"Mantra" significa "proteção interior". Um mantra propriamente dito é uma realização de sabedoria que protege diretamente os seres vivos do sofrimento, e os mantras que são recitados verbalmente são métodos para realizar o mantra efetivo.

Dedicatória

Por minhas virtudes de me empenhar
Na profunda prática de Prajnaparamita,
Que eu realize a iluminação de um Buda
Para libertar todos os seres vivos-mães.

Que os maras – os demônios obstrutores exteriores e interiores –
Sejam rápida e completamente pacificados
E que todos os seres vivos rapidamente se tornem
Budas Conquistadores, como Buda Shakyamuni.

Que o Budadharma, o único remédio para todo sofrimento
E a fonte de toda felicidade,
Seja materialmente apoiado e assistido
E permaneça por muito tempo.

Preces pela Tradição Virtuosa

Para que a tradição de Je Tsongkhapa,
O Rei do Dharma, floresça,
Que todos os obstáculos sejam pacificados
E todas as condições favoráveis sejam abundantes.

Pelas duas coleções, minhas e dos outros,
Reunidas ao longo dos três tempos,
Que a doutrina do Conquistador Losang Dragpa
Floresça para sempre.

Prece *Migtsema* de nove versos

Tsongkhapa, ornamento-coroa dos eruditos da Terra das Neves,
Tu és Buda Shakyamuni e Vajradhara, a fonte de todas as conquistas,
Avalokiteshvara, o tesouro de inobservável compaixão,
Manjushri, a suprema sabedoria imaculada,
E Vajrapani, o destruidor das hostes de maras.
Ó Venerável Guru Buda, síntese das Três Joias,
Com meu corpo, fala e mente, respeitosamente faço pedidos.
Peço, concede tuas bênçãos para amadurecer e libertar a mim e
aos outros,
E confere-nos as aquisições comuns e supremas. (3x)

Cólofon: Esta sadhana (ou prece ritual para aquisições espirituais) da Grande Mãe Prajnaparamita foi compilada por Venerável Geshe Kelsang Gyatso a partir de fontes tradicionais. Janeiro de 2008.

Apêndice VIII

Breve Comentário ao *Ioga da Grande Mãe Prajnaparamita:* Sadhana de Autogeração

Breve Comentário ao *Ioga da Grande Mãe Prajnaparamita:* Sadhana de Autogeração

Este comentário foi preparado para aqueles que receberam a iniciação da Grande Mãe Prajnaparamita. Ele está fundamentado na sadhana, ou "prece ritual para aquisições espirituais", denominada *O Ioga da Grande Mãe Prajnaparamita*, que pode ser encontrada no Apêndice VII. Neste contexto, "ioga" significa "treinar em caminhos espirituais". Esse ioga é um treino em caminhos espirituais que nos conduzem à realização da Grande Mãe Prajnaparamita. Por meio desse treino, podemos controlar os demônios obstrutores interiores, que são as nossas delusões (ou aflições mentais), em especial nosso agarramento ao em-si e autoapreço – e, assim, manter uma mente pacífica o tempo todo e sempre sermos felizes. Desenvolveremos, também, níveis cada vez mais elevados de sabedoria, alcançando, por fim, a iluminação, quando então seremos capazes de beneficiar todos e cada um dos seres vivos diretamente, todos os dias. Compreendendo esses benefícios, devemos nos incentivar a nos empenharmos, com sinceridade, na prática desse ioga.

Essa prática tem duas etapas: treinar as práticas preliminares e treinar a prática de autogeração propriamente dita.

TREINAR AS PRÁTICAS PRELIMINARES

Nesse ioga, envolvemo-nos em três práticas preliminares: buscar refúgio, gerar o supremo bom coração da bodhichitta (prometendo realizar a iluminação de um Buda para beneficiar todos os seres-mães) e Guru-Ioga.

Como está indicado na sadhana, começamos as práticas de buscar refúgio e gerar a bodhichitta pensando que somente podemos proteger e libertar, de modo permanente, a nós mesmos e aos outros do sofrimento se colocarmos o Dharma em prática, recebermos as bênçãos de Buda e recebermos ajuda e apoio da Sangha – os supremos amigos espirituais, incluindo nosso professor espiritual. Como resultado, fazemos a promessa de confiar sinceramente nas Três Joias – Buda, Dharma e Sangha – por toda nossa vida e de realizarmos a iluminação de um Buda. Pensando desse modo, tomamos os votos de refúgio e os votos bodhisattva, recitando três vezes, do fundo do nosso coração, a prece ritual de quatro versos que está na sadhana, enquanto contemplamos seu significado.

Essa prece de quatro versos foi extraída das escrituras tântricas compostas por Buda Vajradhara e utilizadas por praticantes tântricos para tomar os votos bodhisattva. Embora tenha apenas quatro versos, ela é muito especial e possui profundo significado. Ela pode ser interpretada de diversas maneiras, de acordo com diferentes níveis de compreensão. Explicarei agora seu significado definitivo, de acordo com a intenção principal de Vajradhara.

Quando recitamos, mental ou verbalmente, o primeiro verso, "Busco refúgio nas Três Joias – Buda, Dharma e Sangha", estamos prometendo buscar refúgio em Buda, Dharma e Sangha por toda a nossa vida. Essa promessa é o voto de refúgio e é o fundamento básico para treinar o estilo de vida do Bodhisattva. Com o segundo verso, "E confesso todas e cada uma das minhas ações negativas", estamos prometendo treinar a disciplina moral do Bodhisattva de abster-se de não-virtude, ou disciplina moral de restrição. Estamos prometendo, também, aplicar esforço para purificar todas as nossas não-virtudes e quedas, juntamente com suas causas – as delusões, ou aflições mentais, que são os principais obstáculos à prática dos votos bodhisattva. Com o terceiro verso, "Regozijo-me nas virtudes de todos os seres", estamos prometendo treinar a disciplina moral do Bodhisattva de reunir ações virtuosas, ou Dharmas. Regozijar-se com as virtudes dos outros é a melhor maneira de nos envolvermos com virtude. As palavras "[n]as virtudes de todos os seres" podem também referir-se às seis perfeições: "todos os seres", nesse contexto, refere-se a "todos os Bodhisattvas", e "Regozijo-me nas" significa "Vou me empenhar nas". Porque todo ser vivo precisa alcançar a libertação permanente do sofrimento e a iluminação, é necessário que os seres vivos sigam o caminho à iluminação (o caminho do Bodhisattva), que é a prática das seis perfeições. Portanto, o terceiro verso refere-se a nossa determinação de nos empenhar no caminho do Bodhisattva pela prática das seis perfeições. Com o quarto verso, estamos prometendo treinar a disciplina moral do Bodhisattva de beneficiar os seres vivos. Quando dizemos "Prometo realizar a iluminação de um Buda", estamos prometendo beneficiar todos os seres vivos por meio de alcançar a iluminação. Essa promessa é o voto bodhisattva propriamente dito; ao fazer essa promessa, estamos gerando a bodhichitta propriamente dita.

"Guru" é uma palavra em sânscrito e significa "Guia Espiritual". Nosso Guia Espiritual é qualquer pessoa que nos conduz com sinceridade aos caminhos espirituais corretos – treinos espirituais que nos conduzem ao estado da felicidade pura – dando ensinamentos e mostrando um bom exemplo. O Guru-Ioga é uma maneira especial de treinar em confiar em nosso Guia Espiritual.

Começamos essa prática de Guru-Ioga visualizando, no espaço a nossa frente, nosso Guia Espiritual no aspecto de Buda Shakyamuni, rodeado por todos os Budas e Bodhisattvas, como a lua cheia rodeada pelas estrelas. No coração de Buda Shakyamuni, está a Grande Mãe Prajnaparamita, a manifestação da perfeição de sabedoria de Buda. Buda Shakyamuni e Prajnaparamita não são dois seres diferentes, distintos; é o próprio coração de Buda que aparece como Prajnaparamita. Meditamos sem distração nessa visualização ao menos por um breve espaço de tempo.

O propósito de visualizar nosso Guia Espiritual no aspecto de Buda Shakyamuni é impedir que o vejamos como uma pessoa comum. Enquanto meditamos nessa visualização, devemos relembrar que estamos visualizando Guru Buda Shakyamuni – Buda Shakyamuni e nosso Guia Espiritual como sendo uma única e mesma pessoa, inseparáveis – e desenvolvemos profunda fé.

Enquanto sustentamos essa visualização, devemos enfatizar três coisas. A primeira é relembrar o sentido das palavras de Buda, quando ele disse: "No futuro, em tempos degenerados, aparecerei como professores espirituais comuns. Deves saber que eu sou esses professores". Devemos acreditar fortemente que nosso Guia Espiritual, que nos conduz sinceramente aos caminhos espirituais corretos, é uma emanação de Buda Shakyamuni, e, continuamente, meditar de modo estritamente focado nessa crença, até que a mantenhamos espontaneamente. Essa crença é a raiz das realizações de Dharma, o caminho espiritual efetivo à libertação e à iluminação.

A segunda é que, ao mesmo tempo em que mantemos a crença de que nosso Guia Espiritual é uma emanação de Buda Shakyamuni, nos ocupamos com as práticas dos sete membros, com ênfase e sinceridade – as práticas de prostrar-se, oferecer, confessar (ou purificar), regozijar-se, rogar, pedir e dedicar – e de oferecimento do *mandala*; fazemos isso todos os dias, com forte fé em Guru Buda Shakyamuni, ao mesmo tempo que recitamos os versos da sadhana. Esses são métodos poderosos para acumular mérito, virtude (ou boa fortuna), purificar negatividades e receber bênçãos. Mais detalhes sobre essas práticas podem ser encontradas no livro *Caminho Alegre da Boa Fortuna*.

A terceira é enfatizar continuamente o brilho do sol da nossa fé sobre a montanha nevada do nosso Guia Espiritual, Guru Buda Shakyamuni, e fazer fortes e sinceros pedidos para que nos conceda bênçãos para alcançarmos as realizações dos caminhos espirituais comum e incomum, enquanto recitamos três vezes a prece de pedidos que está na sadhana. Em resposta aos nossos pedidos, as águas de bênçãos de todos os Budas das dez direções fluem para a nossa mente. Imaginamos que infinitos raios de luz-sabedoria azul, amarela, branca, vermelha e verde se irradiam do corpo de Guru Buda Shakyamuni e preenchem nosso corpo por inteiro, da coroa de nossa cabeça até a sola de nossos pés. Todos os nossos obstáculos exteriores e interiores – especialmente nossa aparência comum de corpo, fala e mente – são purificados e nosso corpo muito sutil recebe um poder especial para transformar-se no corpo-ilusório divino, que é o corpo imortal, e a nossa mente muito sutil recebe um poder especial para transformar-se na perfeição de sabedoria superior, a união de grande êxtase e vacuidade.

Se enfatizarmos essas três coisas, podemos alcançar a plena iluminação muito rapidamente. No entanto, a efetividade da nossa prática de Guru-Ioga depende da intensidade da nossa crença no carma. Se ela for fraca, negligenciaremos nosso empenho nas práticas para acumular mérito, purificar nossas negatividades e receber bênçãos de Buda, e, então, nossa prática de Guru-Ioga serão apenas palavras vazias.

TREINAR A PRÁTICA DA AUTOGERAÇÃO PROPRIAMENTE DITA

Autogeração significa gerar a si mesmo como um ser iluminado e o nosso mundo como um mundo iluminado. Nessa prática, nos geramos como a Grande Mãe Prajnaparamita e ao nosso mundo como a Terra Pura de Akanishta. Treinar a autogeração é um método rápido para nos transformarmos em um ser iluminado, um ser completamente puro. A efetividade desse treino depende da compreensão de que nosso self que normalmente vemos não existe. Se ele existisse, seria impossível gerar a nós mesmos como um ser iluminado, porque é impossível para uma pessoa ser ambos – um ser deludido e um ser iluminado, que não possui delusões.

Portanto, para gerar a nós mesmos como um Buda iluminado – como a Grande Mãe Prajnaparamita – devemos, primeiro, saber claramente que o nosso self que normalmente vemos não existe. Normalmente, apontamos para o nosso corpo ou mente e dizemos "Isto sou eu", mas isso é errado. Nosso corpo não é nosso self – na realidade, nosso corpo veio, originalmente, de nossos pais – e a nossa mente não é o nosso self. Dizemos "meu corpo e minha mente", indicando que nosso corpo e mente são as posses do nosso self; e um possuidor não pode ser o mesmo que suas posses. No entanto, não existe "nosso self" que seja distinto, ou além, do nosso corpo e mente. Se imaginarmos nosso corpo e mente desaparecendo, não haverá nada que reste que possamos chamar de "nosso self". Ao procurar desse modo, compreenderemos que nosso self que normalmente vemos não existe e perceberemos a mera ausência do nosso self que normalmente vemos, a vacuidade do nosso self. Então, meditamos de modo estritamente focado nessa vacuidade pelo maior tempo possível. Do mesmo modo, meditamos na vacuidade de todos os fenômenos. Gradualmente, nossa aparência equivocada que percebe um self e um mundo inerentemente existentes irá cessar e não teremos problema em transformar nós mesmos em um ser iluminado e nosso mundo numa Terra Pura. Devemos relembrar os ensinamentos sobre a vacuidade explicados anteriormente neste livro e integrar nossa compreensão desses ensinamentos em nossa prática de autogeração.

Devemos treinar, diariamente, em ambas as meditações: a meditação na vacuidade de todos os fenômenos e a autogeração, utilizando a prática da sadhana. Com uma experiência profunda da meditação na vacuidade, nossa prática de autogeração será muito efetiva e irá nos trazer, rapidamente, resultados bem-sucedidos.

Seguindo a sadhana, começamos nosso treino em autogeração imaginando que todos os seres sagrados (os Budas e Bodhisattvas) ao redor de Guru Buda Shakyamuni dissolvem-se nele. Guru Buda Shakyamuni dissolve-se na Grande Mãe Prajnaparamita, que está em seu coração, e ela, por sua vez, dissolve-se em nós. Nosso corpo transforma-se em luz amarela-dourada, que se torna menor e menor a partir de cima e de baixo até, por fim, dissolver-se na vacuidade de todos os fenômenos, a mera ausência de todas as coisas que normalmente vemos. Neste ponto, percebemos somente vacuidade e meditamos de modo estritamente focado nessa vacuidade ao menos por um breve espaço de tempo.

Então, do estado de vacuidade, geramos a nós mesmos como um novo ser, um ser puro e iluminado, a Grande Mãe Prajnaparamita, na Terra Pura de Akanishta. Meditamos, então, na aparência do nosso corpo, o corpo da Grande Mãe Prajnaparamita, enquanto compreendemos que essa aparência não é algo além da vacuidade de todos os fenômenos.

Temos um corpo de luz amarela, que é da natureza da sabedoria. Temos uma face e quatro braços. Nossos quatro braços indicam que, como Prajnaparamita autogerada, somos a síntese de todos os Budas das quatro direções. Nossa primeira mão direita segura um vajra dourado com nove hastes, ou dentes, que simbolizam nossos cinco agregados purificados (a base para nos imputarmos como Prajnaparamita) e nossos quatro elementos purificados: os elementos terra, água, fogo e vento. Nossa primeira mão esquerda segura uma escritura, o *Sutra Perfeição de Sabedoria*, indicando que, como a Grande Mãe Prajnaparamita, podemos conceder a aquisição da união de grande êxtase e vacuidade a todos os seres e que, para alcançar essa realização da perfeição de sabedoria superior, todos os seres vivos devem ouvir com atenção, compreender e praticar a perfeição de sabedoria que Buda explicou no *Sutra Perfeição de Sabedoria*. Nossas outras duas mãos descansam em nosso colo, no mudra do equilíbrio meditativo, indicando que, por meio de treinar a meditação na perfeição de sabedoria superior, todos os seres vivos podem alcançar a iluminação muito rapidamente. Estamos sentados em postura vajra, adornados com preciosos ornamentos de joias e estamos vestidos com belas vestimentas de seda celestial.

No começo, geramos a nós mesmos como o Buda iluminado Grande Mãe Prajnaparamita principalmente pelo poder de nossa concentração e crença correta, que são da natureza da sabedoria. Quando começamos a prática da autogeração, não precisamos pensar em detalhes sobre a nossa cor, formato e assim por diante; devemos simplesmente acreditar que no vasto espaço da vacuidade – a cessação do nosso agarramento às coisas que normalmente vemos – aparece a Terra Pura de Akanishta, na qual aparecemos como Prajnaparamita. Precisamos contemplar e meditar nessa autogeração muitas e muitas vezes, até acreditarmos espontaneamente que somos Prajnaparamita em nossa Terra Pura. Por fim, quando desenvolvermos profunda familiaridade com isso, a aparência comum do nosso corpo e de todas as outras coisas naturalmente cessará por completo, e a aparência de nós mesmos como a Grande Mãe Prajnaparamita em Akanishta surgirá espontaneamente. Quando isso acontecer, experienciaremos a suprema felicidade da iluminação.

É importante meditar na aparência dessa autogeração ao mesmo tempo que compreendemos que ela não é algo além da vacuidade de todos os fenômenos. Meditamos, com uma única mente de concentração, em duas coisas simultaneamente: a aparência autogerada de nós mesmos como Prajnaparamita e a compreensão de que essa aparência não é algo além da vacuidade de todos os fenômenos. Essa meditação é denominada "o ioga da profundidade e clareza não duais" – a união não dual de aparência e vacuidade. Ela é muito profunda e sutil e o verdadeiro caminho rápido à iluminação.

Nesse contexto, "clareza" significa a mera aparência de nós mesmos como Prajnaparamita e do nosso mundo como Akanishta, que é uma verdade convencional sutil. "Profundidade" refere-se à mera ausência de todas as coisas que normalmente vemos, que é uma verdade última. Essas duas verdades – mera aparência e vacuidade – são não duais, o que significa que são um único objeto, ou entidade, com nomes diferentes: um é denominado "aparência" e, o outro, "vacuidade". Nesse ponto, devemos integrar nossa compreensão das quatro profundidades, especialmente a profundidade da união das duas verdades e a profundidade da distinção nominal das duas verdades, explicadas anteriormente neste livro. Quando, por praticarmos continuamente a meditação na autogeração, realizarmos que a aparência de nós mesmos como Prajnaparamita na Terra Pura de Akanishta é vacuidade, teremos realizado a profundidade e clareza não duais. No começo, realizaremos a profundidade e clareza não duais com uma mente conceitual, mas, por fim, realizaremos isso diretamente com a mente não conceitual muito sutil de grande êxtase.

Essa concentração, ou meditação, na profundidade e clareza não duais acumula, ao mesmo tempo, uma grande coleção de mérito (a causa de alcançarmos o Corpo-Forma de Buda, ou Rupakaya) e uma grande coleção de sabedoria (a causa de alcançarmos o Corpo-Verdade de Buda, ou Dharmakaya). Com uma profunda experiência dessa meditação, não precisamos nos envolver em ações exteriores para acumular mérito. O que quer que façamos, dia e noite, até mesmo durante o sono, acumulará ambos – mérito e sabedoria.

Enquanto continuamos a meditar na profundidade e clareza não duais, geramos, com uma mente concentrada em crença correta, a nós mesmos como o ser iluminado Grande Mãe Prajnaparamita e o nosso mundo como a Terra Pura de Akanishta. Quando percebermos uma imagem mental (ou genérica), mesmo que vaga, de nós mesmos como Prajnaparamita e do nosso mundo como Akanishta, devemos mantê-la sem esquecimento e permanecer estritamente focados nessa geração. Devemos nos instruir e treinar continuamente nessa meditação muitas vezes, todos os dias.

Essa nova geração de nós mesmos como o ser iluminado Prajnaparamita e do nosso mundo como Akanishta – sem perceber qualquer outra aparência – é o objeto da nossa meditação. Devemos, primeiro, melhorar nossa concentração nesse objeto por apenas um ou dois minutos e, depois, aumentá-la gradualmente para cinco minutos. Esse é o primeiro nível de concentração, ou permanência mental. Então, por meio de contínuo aperfeiçoamento e de desenvolvermos maior familiaridade, poderemos progredir gradualmente pelos nove níveis de concentração, desenvolvendo uma concentração que é progressivamente mais pura, mais clara e de maior duração. Desse modo, melhoraremos nossa clareza, ou clara aparência, e orgulho divino pensando "eu sou Prajnaparamita". Desse modo, percebendo claramente Prajnaparamita, podemos melhorar nossa concentração, desde o nível inicial até o mais avançado, através dos nove níveis, como está explicado em livros como *Budismo Moderno*, *Caminho Alegre da Boa Fortuna* e *Contemplações Significativas*. Embora o objeto de meditação seja diferente nesses livros, o desenvolvimento da concentração é o mesmo. Após o nono nível, obteremos a concentração do tranquilo-permanecer que observa essa nova autogeração. Porque nossa motivação é a mente compassiva da bodhichitta, todas essas concentrações e sabedorias são caminhos do Bodhisattva.

Embora apareçamos, inicialmente, como Prajnaparamita e acreditemos "eu sou Prajnaparamita na Terra Pura de Akanishta", isso é algo imaginado, ou criado – é como um esboço, feito por um artista, antes de concluir a pintura propriamente dita. Embora seja criado por nossa concentração e crença correta, devemos sempre acreditar que o ser-de-sabedoria Prajnaparamita propriamente dito está em nosso coração.

Após meditarmos no ioga da profundidade e clareza não duais, praticamos a recitação do mantra. Ao mesmo tempo em que mantemos o reconhecimento de que o Ser-de-Sabedoria Prajnaparamita está em nosso coração, recitamos o seguinte mantra pedindo a ela que nos conceda a realização da perfeição de sabedoria superior e que nos ajude a superar os maras. Primeiro, recitamos OM AH PRAJNAPARAMITA HUM HUM PHAT 21 vezes ou mais e, então, recitamos TAYATHA OM GATE GATE PARAGATE PARASAMGATE BODHI SÖHA 21 vezes ou mais. Podemos, se desejarmos, fazer um retiro aproximador e coletar 10 mil, 100 mil ou mais desses mantras.

O significado do mantra OM AH PRAJNAPARAMITA HUM HUM PHAT é o seguinte. OM simboliza os corpos de todos os Budas, AH simboliza a fala de todos os Budas, o primeiro HUM simboliza a mente de todos os Budas, PRAJNAPARAMITA significa que estamos chamando por ela, o segundo HUM pede a Prajnaparamita que nos conceda as aquisições da perfeição de sabedoria superior, e PHAT pede a ela que pacifique obstáculos. O significado do conjunto do mantra é: "Ó Grande Mãe Prajnaparamita, síntese do corpo, fala e mente de todos os Budas, por favor, concede aquisições e pacifica obstáculos". Com esse pedido, recitamos esse mantra com profunda fé.

O sentido geral do mantra TAYATHA OM GATE GATE PARAGATE PARASAMGATE BODHI SÖHA já foi explicado na Parte Um.

Especificamente, neste contexto, com OM estamos chamando a Grande Mãe Prajnaparamita; SÖHA pede a ela que conceda as cinco aquisições, que são (1) a perfeição de sabedoria da realização inicial – que significa a perfeição de sabedoria que é o caminho da acumulação – revelada pelo primeiro GATE, (2) a perfeição de sabedoria da visão superior – que é a perfeição de sabedoria do caminho da preparação – revelada pelo segundo GATE, (3) a perfeição de sabedoria do caminho da visão, revelada por PARAGATE, (4) a perfeição de sabedoria do caminho da meditação, revelada por PARASAMGATE, e (5) a perfeição de sabedoria da iluminação, revelada por BODHI. Estamos, portanto, pedindo a Prajnaparamita: "Por favor, concede-me esses cinco diferentes níveis de sabedoria; eles são o que eu realmente preciso para tornar minha vida humana significativa". Devemos pedir isso do fundo de nosso coração.

Terminamos, então, cada sessão dedicando o mérito pura e sinceramente, ao mesmo tempo em que recitamos as preces da sadhana.

Essa é uma breve, porém, essencial explicação sobre como treinar a prática de autogeração da Grande Mãe Prajnaparamita. Podemos aperfeiçoar nossa compreensão do estágio de geração e do estágio de conclusão lendo livros como *Budismo Moderno*, *Mahamudra Tantra*, *Clara-Luz de Êxtase* e *Guia à Terra Dakini*.

Geshe Kelsang Gyatso
11 de Novembro de 2011

Glossário

Akanishta Uma Terra Pura onde Bodhisattvas alcançam a iluminação. Consultar *Clara-Luz de Êxtase.*

Amitabha A manifestação da fala e do agregado discriminação de todos os Budas. Ele tem um corpo vermelho. Consultar *Oito Passos para a Felicidade.*

Amitayus Buda que aumenta nosso tempo de vida, mérito e sabedoria. Ele é o Corpo-de-Deleite de Buda Amitabha.

Aryadeva Erudito budista indiano e mestre de meditação do século III, discípulo de Nagarjuna.

Atisha (982–1054) Famoso erudito budista indiano e mestre de meditação. Ele foi abade do grande monastério budista de Vikramashila durante o período em que o Budismo Mahayana florescia na Índia. Foi convidado a ir ao Tibete para reintroduzir o puro Budismo. Ele é o autor do primeiro texto sobre as etapas do caminho (Lamrim), *Luz para o Caminho.* Sua tradição ficou conhecida posteriormente como "a Tradição Kadampa". Consultar *Budismo Moderno* e *Caminho Alegre da Boa Fortuna.*

Bênção Transformação da nossa mente de um estado negativo para um estado positivo, de um estado infeliz para um estado feliz, de um estado de fraqueza para um estado de vigor, pela inspiração de seres sagrados, como nosso Guia Espiritual, Budas e Bodhisattvas.

Bodh Gaya Local onde Buda Shakyamuni demonstrou como conquistar a iluminação. É próximo à atual cidade de Gaya, no estado de Bihar, no norte da Índia.

Brahma Deus mundano que habita o primeiro reino da forma. Consultar *Oceano de Néctar*.

Chandrakirti (por volta do século VII) Grande erudito budista indiano e mestre de meditação que escreveu, dentre muitos outros livros, o famoso *Guia ao Caminho do Meio*, no qual elucida claramente a visão da escola Madhyamika-Prasangika de acordo com os ensinamentos de Buda dados nos *Sutras Perfeição de Sabedoria*. Consultar *Oceano de Néctar*.

Changkya Rolpai Dorje (1717-1786) Famoso lama *gelugpa* e tutor do imperador chinês, e que influenciou enormemente o desenvolvimento do Budismo na China, Mongólia e Tibete.

Coleção de mérito Ação virtuosa motivada por bodhichitta e que é a causa principal para se obter o Corpo-Forma de um Buda. Exemplos: fazer oferendas e prostrações aos seres sagrados com a motivação de bodhichitta e praticar as perfeições de dar, disciplina moral e paciência.

Coleção de sabedoria Ação mental virtuosa motivada por bodhichitta e que é a causa principal para se obter o Corpo-Verdade de um Buda. Exemplos: ouvir com atenção, contemplar e meditar sobre a vacuidade com a motivação de bodhichitta.

Conquistador Solitário Um dos dois tipos de praticante hinayana. Também conhecido como "Realizador Solitário". Ver também Ouvinte.

Corpo-de-Deleite "*Sambhogakaya*" em sânscrito. O Corpo-Forma sutil de Buda, que pode ser percebido somente por mahayanas superiores. Ver também Corpos de Buda.

Corpo-Emanação "*Nirmanakaya*" em sânscrito. O Corpo-Forma denso de um Buda, que pode ser visto por seres comuns. Ver também Corpos de Buda.

Corpo-Forma O Corpo-de-Deleite e o Corpo-Emanação de um Buda. Ver também Corpos de Buda.

Corpo-Verdade Ver Corpos de Buda.

Corpo-Verdade-Sabedoria Ver Corpos de Buda.

Corpos de Buda Um Buda possui quatro corpos: o Corpo-Verdade-Sabedoria, o Corpo-Natureza, o Corpo-de-Deleite e o Corpo-Emanação. O Corpo-Verdade-Sabedoria é a mente onisciente de Buda. O Corpo-Natureza é a vacuidade, ou natureza última, de sua mente. O Corpo-de-Deleite é seu Corpo-Forma sutil. O Corpo-Emanação, a partir do qual cada Buda manifesta um número incontável de corpos, são Corpos-Forma densos visíveis aos seres comuns. O Corpo-Verdade-Sabedoria e o Corpo-Natureza estão, ambos, incluídos no Corpo-Verdade, e o Corpo-de-Deleite e o Corpo-Emanação estão, ambos, incluídos no Corpo-Forma. Consultar *Caminho Alegre da Boa Fortuna*, *Oceano de Néctar* e *Solos e Caminhos Tântricos*.

Dedicatória A dedicatória é, por natureza, um fator mental virtuoso; é a intenção virtuosa que atua para impedir que a virtude acumulada se degenere bem como para causar seu aumento. Consultar *Caminho Alegre da Boa Fortuna*.

Destruidor de Inimigos "*Arhat*" em sânscrito. Refere-se a um praticante que abandonou todas as delusões e suas sementes por meio de treinar em caminhos espirituais e que nunca mais renascerá no samsara. Neste contexto, o termo "inimigo" refere-se às delusões.

Deuses Seres do reino dos deuses, o mais elevado dos seis reinos do samsara. Existem muitos tipos diferentes de deuses. Alguns são deuses do reino do desejo, enquanto outros são deuses do reino da forma ou do reino da sem-forma. Consultar *Caminho Alegre da Boa Fortuna.*

Dez direções As quatro direções cardeais, as quatro direções intermediárias e as direções para cima e para baixo.

Dharma Os ensinamentos de Buda e as realizações interiores obtidas na dependência da prática desses ensinamentos. "Dharma" significa "proteção". Por praticar os ensinamentos de Buda, nos protegemos de sofrimento e problemas.

Dharmakaya Termo sânscrito para designar o Corpo-Verdade de um Buda. Ver também Corpos de Buda.

Duas obstruções Obstruções à libertação e obstruções à onisciência. Os hinayana Destruidores de Inimigos e os Bodhisattvas além do sétimo solo abandonaram as obstruções à libertação, porém não as obstruções à onisciência. Consequentemente, quando eles não estão em equilíbrio meditativo na vacuidade, os objetos aparecem a eles como inerentemente existentes.

Dúvida deludida É uma bifocalidade, ou incerteza, da mente que obstrui a aquisição da libertação ou da iluminação. Consultar *Entender a Mente.*

Elemento (*Kham*, em tibetano) A natureza de qualquer fenômeno. Todos os fenômenos possuem sua própria natureza, que está incluída nos dezoito elementos. Consultar *Oceano de Néctar.*

Elementos (*Jung wa*, em tibetano) Terra, água, fogo, vento e espaço. Pode-se dizer que toda matéria é constituída de uma combinação desses elementos. Há cinco elementos interiores (que estão associados com o continuum de uma pessoa) e cinco elementos exteriores (que não estão associados com o continuum de uma pessoa). Esses elementos não são o mesmo que a terra do chão ou de um campo, a água de um rio e assim por diante. Em vez disso, os elementos terra, água, fogo vento e espaço designam, em termos amplos, as propriedades de solidez, fluidez, calor, movimento e espaço respectivamente.

Extremos, Dois O extremo da existência e o extremo da não-existência. Por exemplo, com respeito a uma mesa que aparece a nossa mente, a mesa não existente é um exemplo do extremo da não-existência, e a mesa inerentemente existente é um exemplo do extremo da existência. A mesa que vemos não é nenhum desses dois extremos, pois nenhum desses extremos existe. A mesa que vemos com uma consciência visual válida existe, mas é vazia de existência inerente.

Fator mental Conhecedor que apreende, principalmente, um atributo específico de um objeto. Existem 51 fatores mentais específicos. Cada momento da mente contém uma mente primária e vários fatores mentais. Consultar *Entender a Mente*.

Fenômeno impermanente Os fenômenos são permanentes ou impermanentes. "Impermanente" significa "momentâneo"; assim, um fenômeno impermanente é um fenômeno que é produzido e se desintegra em um instante, ou momento. "Coisa funcional", "coisa" e "produto" são sinônimos de fenômeno impermanente.

Fenômeno permanente Os fenômenos são permanentes ou impermanentes. Um fenômeno permanente é um fenômeno que não depende de causas e não se desintegra momento a momento. Ele carece das características de ser produzido, permanecer e se desintegrar.

Geshe Título concedido pelos monastérios kadampa para eruditos budistas realizados. Geshe é uma abreviação de "*ge wai she nyem*", que, em tibetano, significa literalmente "amigo virtuoso".

Geshe Chekhawa (1102–1176) Um grande Bodhisattva kadampa que escreveu o texto *Treinar a Mente em Sete Pontos*, um comentário às *Oito Estrofes do Treino da Mente*, do Bodhisattva Langri Tangpa. Geshe Chekhawa difundiu o estudo e a prática do treino da mente por todo o Tibete. Consultar *Compaixão Universal.*

Guia Espiritual "Guru" em sânscrito e "Lama" em tibetano. O Guia Espiritual é um professor que nos guia ao longo do caminho espiritual. Consultar *Caminho Alegre da Boa Fortuna* e *Grande Tesouro de Mérito.*

Guia do Estilo de Vida do Bodhisattva Texto budista mahayana clássico, escrito pelo grande iogue e erudito budista indiano Shantideva, que apresenta todas as práticas de um Bodhisattva, desde as primeiras etapas de gerar a bodhichitta até a conclusão da prática das seis perfeições. Para ler a tradução dessa obra, consultar *Guia do Estilo de Vida do Bodhisattva.* Para um comentário completo a esse texto, ler *Contemplações Significativas.*

Gungtang Gungtang Konchog Tenpai Dronme (1762–1823), erudito e meditador *gelug*, famoso por seus poemas espirituais e escritos filosóficos.

Guru Palavra sânscrita para "Guia Espiritual". Ver também Guia Espiritual.

Hinayana Termo sânscrito para "Pequeno Veículo". A meta hinayana é meramente a conquista da libertação do sofrimento para si próprio pelo completo abandono das delusões. Consultar *Caminho Alegre da Boa Fortuna.*

Imagem genérica O objeto aparecedor para uma mente conceitual. A mente conceitual confunde a imagem genérica, ou imagem mental, com o próprio objeto. Por exemplo, se pensarmos sobre nossa mãe, uma imagem da nossa mãe aparecerá a nossa mente conceitual e, para essa mente, parecerá que a nossa mãe, ela própria, está aparecendo. No entanto, o objeto que principalmente aparece a essa mente é a imagem genérica da nossa mãe. Essa imagem genérica aparece a nossa mente por meio da exclusão mental de todos os objetos que não são nossa mãe. Ela é, por essa razão, a aparência de uma *não* não-mãe. Como tal, ela é um fenômeno permanente – assim como todas as imagens genéricas –, ao passo que nossa mãe é, ela própria, impermanente. Consultar *Entender a Mente*.

Indra Um deus mundano.

Iniciação Uma iniciação tântrica é a porta de entrada pela qual ingressamos no Tantra. Uma iniciação nos concede bênçãos especiais que curam nosso continuum mental e despertam nossa natureza búdica. Quando recebemos uma iniciação tântrica, estamos a semear as sementes especiais dos quatro corpos de um Buda em nosso continuum mental. Consultar *Mahamudra Tantra* e *Solos e Caminhos Tântricos*.

Ishvara Um deus que habita a Terra em que se Controlam Emanações, o estado mais elevado de existência dentro do reino do desejo. Ishvara possui poderes miraculosos contaminados e limitados, que fazem dele o ser mais poderoso dentre os seres do reino do desejo. Se confiarmos em Ishvara, poderemos receber algum benefício temporário nesta vida, como uma melhora em nossa saúde ou aumento de nossa riqueza ou posses, mas Ishvara irado é o inimigo de todos aqueles que buscam libertação, e ele interfere em seu progresso espiritual. É dito que, por essa razão, Ishvara é um tipo de mara Devaputra.

Je Tsongkhapa (1357–1419) Uma emanação do Buda da Sabedoria Manjushri. Sua aparição no século XIV como um monge e detentor da linhagem da visão pura e de feitos puros, no Tibete, foi profetizada por Buda. Je Tsongkhapa difundiu um Budadharma muito puro por todo o Tibete, mostrando como combinar as práticas de Sutra e de Tantra e como praticar o puro Dharma durante tempos degenerados. Sua tradição ficou conhecida posteriormente como "Gelug" ou "Tradição Ganden". Consultar *Joia-Coração* e *Grande Tesouro de Mérito.*

Lama Palavra tibetana para "Guia Espiritual" ("Guru" em sânscrito).

Lamrim Termo tibetano que significa literalmente "etapas do caminho". O Lamrim é uma organização especial de todos os ensinamentos de Buda, que é fácil de compreender e de ser colocado em prática. Ele revela todas as etapas do caminho à iluminação. Para um comentário completo ao Lamrim, consultar *Caminho Alegre da Boa Fortuna.*

Linhagem Continuum (*line*, em inglês) de instruções transmitido de Guia Espiritual para discípulo, em que cada Guia Espiritual da linhagem obteve uma experiência pessoal da instrução antes de passá-la para os outros.

Madhyamika Termo sânscrito que literalmente significa "Caminho do Meio". A mais elevada das duas escolas de princípios filosóficos mahayana. A visão madhyamika foi ensinada por Buda nos *Sutras Perfeição de Sabedoria* durante a segunda girada da Roda do Dharma e foi elucidada, posteriormente, por Nagarjuna e seus seguidores. Existem duas divisões dessa escola: Madhyamika-Svatantrika e Madhyamika-Prasangika, sendo esta última a visão última e conclusiva de Buda. Consultar *Contemplações Significativas* e *Oceano de Néctar.*

Mahayana Termo sânscrito para "Grande Veículo", o caminho espiritual à grande iluminação. A meta mahayana é alcançar a Budeidade para o benefício de todos os seres vivos pelo completo abandono das delusões e de suas marcas. Consultar *Caminho Alegre da Boa Fortuna* e *Contemplações Significativas.*

Manjushri Corporificação da sabedoria de todos os Budas. Consultar *Grande Tesouro de Mérito* e *Joia-Coração.*

Marca Existem dois tipos de marca: marcas das ações e marcas das delusões. Cada ação que fazemos deixa uma marca na consciência mental, e essas marcas são potencialidades cármicas para experienciar determinados efeitos no futuro. As marcas deixadas pelas delusões permanecem mesmo depois das próprias delusões terem sido removidas, do mesmo modo que o cheiro de alho permanece num recipiente depois do alho ter sido removido. As marcas das delusões são obstruções à onisciência e são completamente abandonadas somente pelos Budas.

Meditação analítica Processo mental de investigar um objeto virtuoso, isto é, analisar sua natureza, atuação (ou função), características e outros aspectos. Consultar *Caminho Alegre da Boa Fortuna* e *Novo Manual de Meditação.*

Meditação posicionada Concentração estritamente focada em um objeto virtuoso. Consultar *Caminho Alegre da Boa Fortuna* e *Novo Manual de Meditação.*

Mente conceitual Pensamento que apreende seu objeto por meio de uma imagem genérica, ou mental. Consultar *Entender a Mente.*

Mente equivocada Mente equivocada é uma mente que está equivocada com respeito ao seu objeto aparecedor. Embora todas as mentes dos seres comuns sejam equivocadas, elas não são necessariamente errôneas. Uma mente errônea é uma mente que está equivocada com respeito ao seu objeto conectado. Assim, nossa percepção visual que percebe esta página é uma mente equivocada porque a página aparece como inerentemente existente, mas essa percepção é uma mente correta porque ela apreende de modo correto a página como sendo uma página. Consultar *Entender a Mente.*

Mente muito sutil Existem diferentes tipos de mente: densa, sutil e muito sutil. As mentes sutis manifestam-se quando os ventos interiores se reúnem e se dissolvem dentro do canal central. Consultar *Clara-Luz de Êxtase* e *Mahamudra Tantra.*

Mente não conceitual Conhecedor para o qual seu objeto aparece com clareza, sem estar misturado com uma imagem genérica. Consultar *Entender a Mente.*

Mente primária Conhecedor que apreende, principalmente, a mera entidade de um objeto. Sinônimo de consciência. Existem seis mentes primárias: consciência visual, consciência auditiva, consciência olfativa, consciência gustativa, consciência tátil e consciência mental. Cada momento da mente contém uma mente primária e vários fatores mentais. Uma mente primária e seus fatores mentais acompanhantes são a mesma entidade, mas atuam (ou funcionam) de maneiras diferentes. Consultar *Entender a Mente.*

Milarepa (1040–1123) Grande meditador budista tibetano, celebrado por suas belas canções de realização.

Monastério de Nalanda Grande local de aprendizagem e prática budista, na antiga Índia.

Naga Ser não humano que, normalmente, não é visível aos humanos. Diz-se que a metade superior de seu corpo tem forma humana e, a metade inferior, de serpente. Os nagas costumam viver nos oceanos, mas, algumas vezes, habitam em terra firme, em regiões rochosas e em árvores. Eles são muito poderosos – alguns são benevolentes, ao passo que outros são malévolos. Muitas doenças, conhecidas como "doenças naga", são causadas pelos nagas e somente podem ser curadas por meio da execução de rituais naga apropriados.

NAMO Palavra sânscrita de homenagem e respeito.

Natureza búdica Mente raiz de um ser vivo e sua natureza última. Semente búdica, natureza búdica e linhagem búdica são sinônimos. Todos os seres vivos possuem a natureza búdica e, portanto, têm o potencial para alcançar a Budeidade. Consultar *Mahamudra Tantra*.

Nova Tradição Kadampa-União Budista Kadampa Internacional (NTK-UBKI) União dos Centros Budistas Kadampas, uma associação internacional de centros de estudo e meditação, que seguem a pura tradição do Budismo Mahayana originária dos meditadores e eruditos budistas Atisha e Je Tsongkhapa. Foi introduzida no Ocidente pelo mestre budista Venerável Geshe Kelsang Gyatso.

Objeto manifesto Objeto cuja realização inicial por um conhecedor válido não depende de raciocínios lógicos. Consultar *Entender a Mente*.

Objeto oculto Um objeto cuja realização inicial por um conhecedor válido depende de raciocínios lógicos corretos. Consultar *Entender a Mente*.

Oferenda do mandala Oferenda do universo inteiro visualizado como uma Terra Pura, com todos os seus habitantes como seres puros. Consultar *Grande Tesouro de Mérito* e *Guia à Terra Dakini*.

Ouvinte Um dos dois tipos de praticantes hinayana. Ouvintes e Conquistadores Solitários são, ambos, hinayanistas; porém, diferem em sua motivação, comportamento, mérito e sabedoria. Em relação a todas essas características, os Conquistadores Solitários são superiores aos Ouvintes. Consultar *Oceano de Néctar*.

Percebedor direto Conhecedor que apreende seu objeto manifesto. De acordo com as escolas budistas inferiores, um percebedor direto é necessariamente não-conceitual, mas, de acordo com os Madhyamika-Prasangikas, os percebedores diretos incluem os momentos subsequentes de um conhecedor inferente, ou conhecedor subsequente, que são mentes conceituais. Consultar *Entender a Mente.*

Postura vajra A perfeita postura de pernas cruzadas. Consultar *Caminho Alegre da Boa Fortuna.*

Rei chakravatin Um rei chakravatin é um ser extremamente afortunado que acumulou uma vasta quantidade de mérito e, como resultado, renasceu como um rei que possui domínio sobre todos os quatro continentes ou, pelo menos, sobre um dos quatro continentes, de acordo com o que está descrito na cosmologia budista. No momento presente, não há reis chakravatin em nosso mundo e não há ninguém que tenha domínio completo sobre nosso continente, Jambudipa. Consultar *Grande Tesouro de Mérito.*

Reino do desejo Os ambientes dos seres-do-inferno, fantasmas famintos, animais, seres humanos, semideuses e dos deuses que desfrutam os cinco objetos de desejo.

Reino da forma O ambiente dos deuses que possuem forma e que são superiores aos deuses do reino do desejo. São assim chamados porque os deuses que habitam esse reino têm formas sutis. Consultar *Oceano de Néctar.*

Reino da sem-forma O ambiente dos deuses que não possuem forma. Consultar *Oceano de Néctar.*

Roda do Dharma Coleção dos ensinamentos de Buda. Buda deu seus ensinamentos em três principais momentos, que são conhecidos como "as três giradas da Roda do Dharma". Durante a primeira girada da Roda do Dharma, ele ensinou as Quatro Nobres Verdades; durante a segunda girada, ensinou os *Sutras Perfeição de Sabedoria* e revelou a visão Madhyamika-Prasangika; e durante a terceira girada, Buda ensinou a visão Chittamatra. Esses ensinamentos foram dados de acordo com as inclinações e disposições de seus discípulos. A visão final e conclusiva de Buda é a da segunda girada da Roda do Dharma.

Saraha Professor de Nagarjuna e um dos primeiros Mahasiddhas. Consultar *Essência do Vajrayana*.

Semideus Ser do reino dos semideuses, o segundo reino mais elevado dos seis reinos do samsara (o mais elevado é o reino dos deuses). Os semideuses são semelhantes aos deuses, mas seus corpos, posses e ambientes são inferiores. Consultar *Caminho Alegre da Boa Fortuna*.

Ser comum Qualquer pessoa que não tenha realizado diretamente a vacuidade.

Ser senciente Qualquer ser que possua uma mente que está contaminada pelas delusões ou pelas marcas das delusões. Os termos "ser senciente" e "ser vivo" são, ambos, utilizados para fazer a distinção entre os seres cujas mentes estão contaminadas pelas duas obstruções (ou por uma delas) e os Budas, cujas mentes são completamente livres das duas obstruções.

Shantideva (687–763) Grande erudito e mestre de meditação budista indiano. Escreveu *Guia do Estilo de Vida do Bodhisattva*. Consultar *Contemplações Significativas* e *Guia do Estilo de Vida do Bodhisattva*.

Shariputra Um dos principais discípulos de Buda Shakyamuni. Ele tem o aspecto de um hinayana Destruidor de Inimigos.

Tantra Sinônimo de Mantra Secreto. Os ensinamentos tântricos diferem dos ensinamentos de Sutra por revelarem métodos para treinar a mente por meio de trazer o resultado futuro – a Budeidade – para o caminho atual. Os praticantes tântricos superam as aparências e concepções comuns visualizando seu corpo, ambiente, prazeres e atividades como os de um Buda. O Tantra é o caminho supremo à plena iluminação. As práticas tântricas devem ser feitas reservadamente e apenas por aqueles que receberam uma iniciação tântrica. Consultar *Budismo Moderno*, *Mahamudra Tantra* e *Solos e Caminhos Tântricos.*

Tantra Ioga Supremo O supremo caminho rápido à iluminação. Os ensinamentos sobre o Tantra Ioga Supremo são a intenção última de Buda. Consultar *Budismo Moderno*, *Mahamudra Tantra* e *Solos e Caminhos Tântricos.*

Tempos sem início De acordo com a visão budista sobre o mundo, não èxiste um início para a mente e, portanto, não existe um início para o tempo. Por essa razão, todos os seres vivos tiveram incontáveis renascimentos.

Terra dos Trinta e Três Paraísos Uma das seis moradas dos deuses do reino do desejo. Consultar *Oceano de Néctar.*

Terra Pura Ambiente puro onde não há verdadeiros sofrimentos. Existem muitas Terras Puras. Por exemplo, Tushita é a Terra Pura de Buda Maitreya, Sukhavati é a Terra Pura de Buda Amitabha, e a Terra Dakini (ou Keajra) é a Terra Pura de Buda Vajrayogini e Buda Heruka. Consultar *Viver Significativamente, Morrer com Alegria.*

Tranquilo-permanecer Concentração que possui o êxtase especial da maleabilidade física e mental. Essa concentração é obtida na dependência de se completar as nove permanências mentais. Consultar *Caminho Alegre da Boa Fortuna* e *Contemplações Significativas.*

Treinar a mente Uma linhagem especial de instruções que vieram de Buda Shakyamuni e passaram de Manjushri e Shantideva para Atisha e para os geshes kadampas, na qual se enfatiza gerar a bodhichitta por meio das práticas de equalizar eu com outros e de trocar eu por outros, em associação com o tomar e dar. Essa linhagem é conhecida como "*lojong*" em tibetano. Consultar *Compaixão Universal*, *Oito Passos para a Felicidade* e *Budismo Moderno*.

Trijang Dorjechang (1901–1981) Um lama tibetano especial que viveu no século XX e que foi uma emanação de Buda Shakyamuni, Heruka, Atisha, Amitabha e Je Tsongkhapa. Também conhecido como "Kyabje Trijang Rinpoche" e "Losang Yeshe".

Vajra Em geral, a palavra sânscrita "vajra" significa "indestrutível como o diamante e poderoso como o raio". É também o nome dado a um objeto ritual feito de metal. Consultar *Solos e Caminhos Tântricos*.

Vajradhara O fundador do Vajrayana, ou Tantra. Vajradhara aparece diretamente somente para Bodhisattvas altamente realizados, para os quais dá ensinamentos tântricos. Para beneficiar seres vivos com menos mérito, manifestou-se na forma mais visível de Buda Shakyamuni. Vajradhara também disse que, em tempos degenerados, apareceria sob uma forma comum, como a de um Guia Espiritual. Consultar *Grande Tesouro de Mérito*.

Bibliografia

Geshe Kelsang Gyatso é um mestre de meditação e erudito altamente respeitado da tradição do budismo mahayana fundada por Je Tsongkhapa. Desde sua chegada ao Ocidente, em 1977, Geshe Kelsang tem trabalhado incansavelmente para estabelecer o puro Budadharma no mundo todo. Durante esse tempo, deu extensos ensinamentos sobre as principais escrituras mahayana. Esses ensinamentos foram publicados em inglês e estão sendo traduzidos em muitas línguas, proporcionando uma exposição completa das práticas essenciais de Sutra e de Tantra do budismo mahayana.

Consulte o website da Tharpa Brasil para conferir os títulos disponíveis em língua portuguesa.

Livros

Budismo Moderno. O caminho da compaixão e sabedoria. (2a edição, 2012).

Caminho Alegre da Boa Fortuna. O completo caminho budista à iluminação. (4a edição, 2010).

Clara-Luz de Êxtase. Um manual de meditação tântrica.

Como Solucionar Nossos Problemas Humanos. As Quatro Nobres Verdades. (4a edição, 2012).

Compaixão Universal. Soluções inspiradoras para tempos difíceis. (3a edição, 2007).

Contemplações Significativas. Como se tornar um amigo do mundo. (2009)

Entender a Mente. A natureza e o poder da mente. (2002)
Essência do Vajrayana. A prática do Tantra Ioga Supremo do mandala de corpo de Heruka.
Grande Tesouro de Mérito. Como confiar num Guia Espiritual.
Guia do Estilo de Vida do Bodhisattva. Como desfrutar uma vida de grande significado e altruísmo. Uma tradução da famosa obra-prima em versos de Shantideva. (2a edição, 2009).
Guia à Terra Dakini. A prática do Tantra Ioga Supremo de Buda Vajrayogini. (2001)
Introdução ao Budismo. Uma explicação do estilo de vida budista. (6a edição, 2012)
Joia-Coração. As práticas essenciais do Budismo Kadampa. (2008)
Mahamudra Tantra. O supremo néctar da Joia Coração. (2006)
Novo Coração de Sabedoria. Uma explicação do Sutra Coração. (3a edição, 2013).
Novo Manual de Meditação. Meditações para tornar nossa vida feliz e significativa. (2a edição, 2009).
Oceano de Néctar. A verdadeira natureza de todas as coisas.
Oito Passos para a Felicidade. O caminho budista da bondade amorosa. (2012)
Solos e Caminhos Tântricos. Como ingressar, progredir e concluir o Caminho Vajrayana.
Transforme sua Vida. Uma jornada de êxtase. (2a edição, 2013)
Viver Significativamente, Morrer com Alegria. A prática profunda da transferência de consciência. (2007)
O Voto do Bodhisattva. Um guia prático para ajudar os outros. (2a edição, 2005).

Sadhanas

Geshe Kelsang também supervisionou a tradução de uma coleção essencial de sadhanas, ou livretos de orações. Consulte o website da Tharpa Brasil para conferir os títulos disponíveis em língua portuguesa.

Caminho de Compaixão para quem Morreu. Sadhana de Powa para o benefício dos que morreram.

Caminho Rápido ao Grande Êxtase. Sadhana de autogeração de Vajrayogini.

Caminho à Terra Pura. Sadhana para o treino em Powa – a transferência de consciência.

Cerimônia de Powa. Transferência de consciência de quem morreu.

Cerimônia de Refúgio Mahayana e Cerimônia do Voto Bodhisattva.

A Confissão Bodhisattva das Quedas Morais. A prática de purificação do Sutra Mahayana dos Três Montes Superiores.

Dakini Ioga em Seis Sessões. Guru-Ioga em seis sessões combinado com a autogeração como Vajrayogini.

Essência da Boa Fortuna. Preces das seis práticas preparatórias para a meditação sobre as Etapas do Caminho à iluminação.

Essência do Vajrayana. Sadhana de autogeração do mandala de corpo de Heruka, de acordo com o sistema do Mahasiddha Ghantapa.

Essência do Vajrayana Condensado. Sadhana de autogeração do mandala de corpo de Heruka.

O Estilo de Vida Kadampa. As práticas essenciais do Lamrim Kadam.

Festa de Grande Êxtase. Sadhana de autoiniciação de Vajrayogini.

Gota de Essência de Néctar. Uma prática especial de jejum e purificação em associação com Avalokiteshvara de Onze Faces.

Grande Libertação do Pai. Preces preliminares para a meditação no mahamudra em associação com a prática de Heruka.

Grande Libertação da Mãe. Preces preliminares para a meditação no mahamudra em associação com a prática de Vajrayogini.

A Grande Mãe. Um método para superar impedimentos e obstáculos pela recitação do *Sutra Essência da Sabedoria* (o *Sutra Coração*).

O Ioga de Avalokiteshvara de Mil Braços. Sadhana de autogeração.

O Ioga de Buda Amitayus. Um método especial para aumentar tempo de vida, sabedoria e mérito.

O Ioga de Buda Heruka. A breve sadhana de autogeração do mandala de corpo de Heruka & Ioga Condensado em Seis Sessões.

O Ioga de Buda Maitreya. Sadhana de autogeração.
O Ioga de Buda Vajrapani. Sadhana de autogeração.
O Ioga da Grande Mãe Prajnaparamita. Sadhana de autogeração.
O Ioga do Herói Vajra. Uma breve prática de autogeração do mandala de corpo de Heruka.
O Ioga da Mãe Iluminada Arya Tara. Sadhana de autogeração.
O Ioga de Tara Branca, Buda de Longa Vida.
Joia-Coração. O Guru-Ioga de Je Tsongkhapa associado à sadhana condensada de seu Protetor do Dharma.
Joia-dos-Desejos. O Guru-Ioga de Je Tsongkhapa associado à sadhana de seu Protetor do Dharma.
Libertação da Dor. Preces e pedidos às 21 Taras.
Manual para a Prática Diária dos Votos Bodhisattva e Tântricos.
Meditação e Recitação de Vajrasattva Solitário.
Melodioso Tambor Vitorioso em Todas as Direções. O ritual extenso de cumprimento e de renovação de compromissos com o Protetor do Dharma, o grande rei Dorje Shugden, juntamente com Mahakala, Kalarupa, Kalindewi e outros Protetores do Dharma.
Oferenda ao Guia Espiritual (Lama Chöpa). Uma maneira especial de confiar no Guia Espiritual.
Prece do Buda da Medicina. Um método para beneficiar os outros.
Preces para Meditação. Preces preparatórias curtas para meditação.
Preces pela Paz Mundial.
Preces Sinceras. Preces para o rito funeral em cremações ou enterros.
Sadhana de Avalokiteshvara. Preces e pedidos ao Buda da Compaixão.
Sadhana do Buda da Medicina. Um método para obter as aquisições do Buda da Medicina.
O Tantra Raiz de Heruka e Vajrayogini. Capítulos Um e Cinquenta e Um do Tantra Raiz Condensado de Heruka.
Tesouro de Sabedoria. A sadhana do Venerável Manjushri.
União do Não-Mais-Aprender. Sadhana de autoiniciação do mandala de corpo de Heruka.
Vida Pura. A prática de tomar e manter os Oito Preceitos Mahayana.
Os Votos e Compromissos do Budismo Kadampa.

Os livros e sadhanas de Geshe Kelsang Gyatso podem ser adquiridos nos Centros Budistas Kadampa e Centros de Meditação Kadampa e suas filiais. Você também pode adquiri-los diretamente pelo site da Editora Tharpa Brasil.

Editora Tharpa Brasil
Rua Fradique Coutinho, 710
Vila Madalena
05416-011 São Paulo – SP
Tel: (11) 3812 7509
Web: www.tharpa.com.br
E-mail: contato@tharpa.com.br

NTK - UBKI

Programas de Estudo do Budismo Kadampa

O Budismo Kadampa é uma escola do budismo mahayana fundada pelo grande mestre budista indiano Atisha (982-1054). Seus seguidores são conhecidos como "Kadampas": "Ka" significa "palavra" e refere-se aos ensinamentos de Buda e "dam" refere-se às instruções especiais de Lamrim ensinadas por Atisha, conhecidas como "as Etapas do Caminho à iluminação". Integrando o conhecimento dos ensinamentos de Buda com sua prática de Lamrim e incorporando-a em suas vidas diárias, os budistas kadampas são incentivados a usar os ensinamentos de Buda como métodos práticos para transformar atividades diárias em caminho à iluminação. Os grandes professores kadampas são famosos não apenas por serem grandes eruditos, mas também por serem praticantes espirituais de imensa pureza e sinceridade.

A linhagem desses ensinamentos, tanto sua transmissão oral como suas bênçãos, foi passada de mestre a discípulo e se espalhou por grande parte da Ásia e, agora, por diversos países do mundo ocidental. Os ensinamentos de Buda, conhecidos como "Dharma", são comparados a uma roda que gira, passando de um país a outro segundo as condições e tendências cármicas de seus habitantes. As formas externas de se apresentar o budismo podem mudar de acordo com as diferentes culturas e sociedades, mas sua autenticidade essencial é assegurada pela continuidade de uma linhagem ininterrupta de praticantes realizados.

O Budismo Kadampa foi introduzido no Ocidente em 1977 pelo renomado mestre budista Venerável Geshe Kelsang Gyatso. Desde então, ele vem trabalhando incansavelmente para expandir o Budismo Kadampa por todo o mundo, dando extensos ensinamentos, escrevendo textos profundos sobre o Budismo Kadampa e fundando a Nova Tradição Kadampa-União Budista Kadampa Internacional (NTK-UBKI), que hoje congrega mais de mil Centros Budistas e grupos kadampa em todo o mundo. Esses centros oferecem programas de estudo sobre a psicologia e a filosofia budistas, instruções para meditar e retiros para todos os níveis de praticantes. A programação enfatiza a importância de incorporarmos os ensinamentos de Buda na vida diária, de modo que possamos solucionar nossos problemas humanos e propagar paz e felicidade duradouras neste mundo.

O Budismo Kadampa da NTK-UBKI é uma tradição budista totalmente independente e sem filiações políticas. É uma associação de centros budistas e de praticantes que se inspiram no exemplo e nos ensinamentos dos mestres kadampas do passado, conforme a apresentação feita por Geshe Kelsang.

Existem três razões pelas quais precisamos estudar e praticar os ensinamentos de Buda: para desenvolver nossa sabedoria, cultivar um bom coração e manter a paz mental. Se não nos empenharmos em desenvolver nossa sabedoria, sempre permaneceremos ignorantes da verdade última – a verdadeira natureza da realidade. Embora almejemos felicidade, nossa ignorância nos faz cometer ações não virtuosas, a principal causa do nosso sofrimento. Se não cultivarmos um bom coração, nossa motivação egoísta destruirá a harmonia e tudo o que há de bom nos nossos relacionamentos com os outros. Não teremos paz nem chance de obter felicidade pura. Sem paz interior, a paz exterior é impossível. Se não mantivermos um estado mental apaziguado, não conseguiremos ser felizes, mesmo que estejamos desfrutando de condições ideais. Por outro lado, quando nossa mente está em paz, somos felizes ainda que as condições exteriores sejam ruins. Portanto, o desenvolvimento dessas qualidades é da maior importância para nossa felicidade diária.

Geshe Kelsang Gyatso, ou "Geshe-la", como é carinhosamente chamado por seus discípulos, organizou três programas espirituais especiais para o estudo sistemático e a prática do Budismo Kadampa. Esses programas são especialmente adequados para a vida moderna – o Programa Geral (PG), o Programa Fundamental (PF) e o Programa de Formação de Professores (PFP).

PROGRAMA GERAL

O Programa Geral (PG) oferece uma introdução básica aos ensinamentos, à meditação e à prática budistas e é ideal para iniciantes. Também inclui alguns ensinamentos e práticas mais avançadas de Sutra e de Tantra.

PROGRAMA FUNDAMENTAL

O Programa Fundamental (PF) oferece uma oportunidade de aprofundar nossa compreensão e experiência do budismo por meio do estudo sistemático de seis textos:

Caminho Alegre da Boa Fortuna – um comentário às instruções de Lamrim de Atisha, as Etapas do Caminho à iluminação.

Compaixão Universal – um comentário ao Treino da Mente em Sete Pontos, do Bodhisattva Chekhawa.

Coração de Sabedoria – um comentário ao Sutra Coração.

Contemplações Significativas – um comentário ao Guia do Estilo de Vida do Bodhisattva, escrito pelo Venerável Shantideva.

Entender a Mente – uma explicação detalhada da mente, com base nos trabalhos dos eruditos budistas Dharmakirti e Dignaga.

Oito Passos para a Felicidade – um comentário às *Oito Estrofes do Treino da Mente*, do Bodhisattva Langri Tangpa.

Os benefícios de estudar e de praticar esses textos são:

Caminho Alegre da Boa Fortuna – ganhamos a habilidade de colocar em prática todos os ensinamentos de Buda, de Sutra e de Tantra. Podemos facilmente fazer progressos e concluir as etapas do caminho à felicidade suprema da iluminação. Do ponto de vista prático, o Lamrim é o corpo principal dos ensinamentos de Buda e todos os demais ensinamentos são como seus membros.

Compaixão Universal e Oito Passos para a Felicidade – ganhamos a habilidade de incorporar os ensinamentos de Buda em nossa vida diária e de como solucionar todos os nossos problemas humanos.

Coração de Sabedoria – obtemos a realização da natureza última da realidade. Por meio desta realização, podemos eliminar a ignorância do agarramento ao em-si, que é a raiz de todos os nossos sofrimentos.

Contemplações Significativas – transformamos nossas atividades diárias no estilo de vida de um Bodhisattva, tornando significativo cada momento de nossa vida humana.

Entender a Mente – compreendemos a relação entre nossa mente e seus objetos exteriores. Se entendermos que os objetos dependem da mente subjetiva, poderemos mudar a maneira como esses objetos nos aparecem, mudando nossa própria mente. Aos poucos, vamos adquirir a habilidade de controlar nossa mente e de solucionar todos os nossos problemas.

PROGRAMA DE FORMAÇÃO DE PROFESSORES

O Programa de Formação de Professores (PFP) foi concebido para as pessoas que desejam treinar para se tornarem autênticos professores de Dharma. Além de completar o estudo de quatorze textos de Sutra e de Tantra, que incluem os seis textos acima citados, o estudante deve observar alguns compromissos que dizem respeito ao seu comportamento e estilo de vida e concluir um certo número de retiros de meditação.

Todos os Centros Budistas Kadampa são abertos ao público. Anualmente, celebramos festivais nos EUA e Europa, incluindo dois festivais na Inglaterra, nos quais pessoas do mundo inteiro reúnem-se para receber ensinamentos e iniciações especiais e desfrutarem de férias espirituais. Por favor, sinta-se à vontade para nos visitar a qualquer momento!

Para mais informações sobre o Budismo Kadampa
e para conhecer o Centro Budista mais próximo de você,
por favor, entre em contato com:

Centro de Meditação
Kadampa Brasil
www.budismokadampa.org.br

Centro de Meditação
Kadampa Mahabodhi
www.meditadoresurbanos.org.br

Escritórios da Editora Tharpa no Mundo

Atualmente os livros da Tharpa são publicados em inglês (americano e britânico), chinês, francês, alemão, italiano, japonês, português e espanhol. Os livros na maioria desses idiomas estão disponíveis em qualquer um dos escritórios da Editora Tharpa listados abaixo.

Inglaterra
Tharpa Publications UK
Conishead Priory
ULVERSTON
Cumbria, LA12 9QQ, UK
Tel: +44 (0)1229-588599
Fax: +44 (0)1229-483919
Web: www.tharpa.com/uk/
E-mail: info.uk@tharpa.com

Estados Unidos
Tharpa Publications USA
47 Sweeney Road
GLEN SPEY NY 12737
USA
Tel: +1 845-856-5102
Toll-free: 888-741-3475
Fax: +1 845-856-2110
Web: www.tharpa.com/us/
E-mail: info.us@tharpa.com

África do Sul
c/o Mahasiddha Kadampa Buddhist Centre
2 Hollings Road, Malvern
DURBAN
4093 REP. OF SOUTH AFRICA
Tel : +27 31 464 0984
Web: www.tharpa.com/za/
E-mail: info.za@tharpa.com

Alemanha
Tharpa Verlag (Zweigstelle Berlin)
Sommerswalde 8
16727 Oberkrämer OT Schwante
GERMANY
Tel: +49 (0)33055 222135
Fax : +49 (0) 33055 222139
Web: www.tharpa.com/de/
E-mail: info.de@tharpa.com

Austrália
Tharpa Publications Australia
25 McCarthy Road
PO Box 63
MONBULK
VIC 3793
AUSTRALIA
Tel: +61 (3) 9752-0377
Web: www.tharpa.com/au/
E-mail: info.au@tharpa.com

Brasil
Editoria Tharpa Brasil
Rua Fradique Coutinho 710
Vila Madalena
05416-011 São Paulo – SP
BRASIL
Tel: +55 (11) 3812 7509
Web: www.tharpa.com.br
E-mail: contato@tharpa.com.br

Canadá
Tharpa Publications Canada
631 Crawford Street
TORONTO ON
M6G 3K1, CANADA
Tel: +1 (416) 762-8710
Toll-free: 866-523-2672
Fax: +1 (416) 762-2267
Web: www.tharpa.com/ca/
E-mail: info.ca@tharpa.com

Espanha
Editorial Tharpa España
Camino Fuente del Perro s/n
29120 ALHAURÍN EL GRANDE
(Málaga)
ESPAÑA
Tel.: +34 952 596808
Fax: +34 952 490175
Web: www.tharpa.com/es/
E-mail: info.es@tharpa.com

França
Editions Tharpa
Château de Segrais
72220 SAINT-MARS-D'OU-
TILLÉ
FRANCE
Tél : +33 (0)2 43 87 71 02
Fax : +33 (0)2 76 01 34 10
Web: www.tharpa.com/fr/
E-mail: info.fr@tharpa.com

Hong Kong
Tharpa Asia
2nd Floor, 21 Tai Wong St. East,
Wanchai,
HONG KONG
Tel: +852 25205137
Fax: +852 25072208
Web: www.tharpa.com/hk-cht/
E-mail: info.hk@tharpa.com

Japão
Tharpa Japan
Dai 5 Nakamura Kosan Biru #501,
Shinmachi 1-29-16, Nishi-ku,
OSAKA, 550-0013
JAPAN
Tel/Fax : +81 6-6532-7632
Web: www.tharpa.com/jp/
E-mail: info.jp@tharpa.com

México
Enrique Rébsamen No 406,
Col. Narvate, entre Xola y
Diagonal de San Antonio,
C.P. 03020,
MÉXICO D.F., MÉXICO
Tel: +01 (55) 56 39 61 86
Tel/Fax: +01 (55) 56 39 61 80
Web: www.tharpa.com/mx/
Email: tharpa@kadampa.org/mx

Suiça
Tharpa Verlag
Mirabellenstrasse 1
CH-8048 ZURICH
Schweiz
Tel: +41 44 401 02 20
Fax: +41 44 461 36 88
Web: www.tharpa.com/ch/
E-mail: info.ch@tharpa.com

Índice Remissivo

a letra "g" indica entrada para o glossário

A

C

E

N

Q

R

S